中国国情调研丛书
乡镇卷
China's national conditions survey Series
Vol towns

中国国情调研丛书·**乡镇卷**
China's national conditions survey Series · **Vol towns**
主　编　刘树成
　　　　吴太昌

崛起中的革命老区新镇

——江西省宁都县赖村镇经济社会发展调研

Rising of New Town in Revolutionary Base Area:
Social-Economic Development of Laicun Town, Ningdu County, Jiangxi Province

杨丽琼　王振中　武力　等著

中国社会科学出版社

图书在版编目（CIP）数据

崛起中的革命老区新镇 / 杨丽琼等著 . —北京：中国社会
科学出版社，2011.12

（中国国情调研丛书 ·乡镇卷）

ISBN 978 - 7 - 5161 - 0309 - 8

Ⅰ.①崛…　Ⅱ.①杨…　Ⅲ.①乡镇－概况－宁都县

Ⅳ.①K925.65

中国版本图书馆 CIP 数据核字（2011）第 237529 号

策划编辑　冯春凤
责任编辑　刘　倩
责任校对　王兰馨
封面设计　孙元明
技术编辑　王炳图

出版发行　中国社会科学出版社
社　　址　北京鼓楼西大街甲 158 号　　　邮　编　100720
电　　话　010 - 84029451（编辑）　64058741（宣传）　64070619（网站）
　　　　　010 - 64030272（批发）　64046282（团购）　84029450（零售）
网　　址　http：//www.csspw.cn（中文域名：中国社科网）
经　　销　新华书店
印　　刷　北京君升印刷有限公司　　装　订　廊坊市广阳区广增装订厂
版　　次　2011 年 12 月第 1 版　　　印　次　2011 年 12 月第 1 次印刷
开　　本　710×1000　1/16
印　　张　17.5　　　　　　　　　　插　页　2
字　　数　260 千字
定　　价　45.00 元

中国国情调研丛书·企业卷·乡镇卷·村庄卷

总　序

陈　佳　贵

　　为了贯彻党中央的指示，充分发挥中国社会科学院思想库和智囊团作用，进一步推进理论创新，提高哲学社会科学研究水平，2006 年中国社会科学院开始实施"国情调研"项目。

　　改革开放以来，尤其是经历了 30 多年的改革开放进程，我国已经进入了一个新的历史时期，我国的国情发生了很大变化。从经济国情角度看，伴随着市场化改革的深入和工业化进程的推进，我国经济实现了连续近 30 年的高速增长。我国已经具有庞大的经济总量，整体经济实力显著增强，到 2006 年，我国国内生产总值达到了 209407 亿元，约合 2.67 万亿美元，列世界第四位；我国经济结构也得到优化，产业结构不断升级，第一产业产值的比重从 1978 年的 27.9% 下降到 2006 年的 11.8%，第三产业产值的比重从 1978 年的 24.2% 上升到 2006 年的 39.5%；2006 年，我国实际利用外资为 630.21 亿美元，列世界第四位，进出口总额达 1.76 万亿美元，列世界第三位；我国人民生活水平不断改善，城市化水平不断提升。2006 年，我国城镇居民家庭人均可支配收入从 1978 年的 343.4 元上升到 11759 元，恩格尔系数从 57.5% 下降到 35.8%，农村居民家庭人均纯收入从 1978 年的 133.6 元上升到 2006 年的 3587

元，恩格尔系数从 67.7% 下降到 43%，城市化率从 1978 年的 17.92% 上升到 2006 年的 43.9% 以上。经济的高速发展，必然引起国情的变化。我们的研究表明，我国的经济国情已经逐渐从一个农业经济大国转变为一个工业经济大国。但是，这只是从总体上对我国经济国情的分析判断，还缺少对我国经济国情变化分析的微观基础。这需要对我国基层单位进行详细的分析研究。实际上，深入基层进行调查研究，坚持理论与实际相结合，由此制定和执行正确的路线方针政策，是我们党领导革命、建设与改革的基本经验和基本工作方法。进行国情调研，也必须深入基层，只有深入基层，才能真正了解我国国情。

为此，中国社会科学院经济学部组织了针对我国企业、乡镇和村庄三类基层单位的国情调研活动。据国家统计局的最近一次普查，到 2005 年底，我国有国有农场 0.19 万家，国有以及规模以上非国有工业企业 27.18 万家，建筑业企业 5.88 万家；乡政府 1.66 万个，镇政府 1.89 万个，村民委员会 64.01 万个。这些基层单位是我国社会经济的细胞，是我国经济运行和社会进步的基础。要真正了解我国国情，必须对这些基层单位的构成要素、体制结构、运行机制以及生存发展状况进行深入的调查研究。

在国情调研的具体组织方面，中国社会科学院经济学部组织的调研由我牵头，第一期安排了三个大的长期的调研项目，分别是"中国企业调研"、"中国乡镇调研"和"中国村庄调研"。"中国乡镇调研"由刘树成同志和吴太昌同志具体负责，"中国村庄调研"由张晓山同志和蔡昉同志具体负责，"中国企业调研"由我和黄群慧同志具体负责。第一期项目时间为 3 年（2006—2008），每个项目至少选择 30 个调研对象。经过一年多的调查研究，这些调研活动已经取得了初步成果，分别形成了《中国国情调研丛书·企业卷》、《中国国情调研丛书·乡镇卷》和《中国国情调研丛书·村庄卷》。今后这三个国情调研项目的调研成果，还会陆续收录到这三卷书中。我们期望，通过《中国国情调研丛书·企业卷》、《中国国情调研丛书·乡镇卷》和《中国国情调研丛书·村庄卷》这三卷书，能够在一定程度上反映和描述在 21 世纪初期工业化、市场化、国际化和信息化的背景下，我国企业、乡镇和村庄的发展变化。

　　国情调研是一个需要不断进行的过程，以后我们还会在第一期国情调研项目基础上将这三个国情调研项目滚动开展下去，全面持续地反映我国基层单位的发展变化，为国家的科学决策服务，为提高科研水平服务，为社会科学理论创新服务。《中国国情调研丛书·企业卷》、《中国国情调研丛书·乡镇卷》和《中国国情调研丛书·村庄卷》这三卷书也会在此基础上不断丰富和完善。

2007 年 9 月

中国国情调研丛书·乡镇卷

序　言

　　中国社会科学院在 2006 年正式启动了中国国情调研项目。该项目为期 3 年，于 2008 年结束。经济学部负责该项目的调研，分为企业、乡镇和村庄 3 个部分，经济研究所负责具体组织其中乡镇调研的任务，经济学部中的各个研究所都有参与。乡镇调研计划在全国范围内选择 30 个乡镇进行，每年 10 个，在 3 年内全部完成。

　　乡镇作为我国最基层的政府机构和行政区划，在我国社会经济发展中，特别是在城镇化和社会主义新农村建设中起着非常重要的作用，担负着艰巨的任务。通过个案调查，解剖麻雀，管窥蠡测，能够真正掌握乡镇层次的真实情况。乡镇调研可为党和政府在新的历史阶段贯彻城乡统筹发展，实施工业反哺农业、城市支持乡村，建设社会主义新农村提供详细具体的情况和建设性意见，同时达到培养人才，锻炼队伍，推进理论创新和对国情的认识，提高科研人员理论联系实际能力和实事求是学风之目的。我们组织科研力量，经过反复讨论，制定了乡镇调研提纲。在调研提纲中，规定了必须调查的内容和自选调查的内容。必须调查的内容主要有乡镇基本经济发展情况、政府职能变化情况、社会和治安情况三大部分。自选调查内容主要是指根据课题研究需要和客观条件可能进行的各类专题调查。同时，调研提纲还附录了基本统计表。每个调研课题可以参照各自调研对象的具体情况，尽可能多地完成和满足统计表所规定的要求。

　　每个调研的乡镇为一个课题组。对于乡镇调研对象的选择，我们没有特别指定地点。最终确定的调研对象完全是由课题组自己决定的。现在看来，由课题组自行选取调研对象好处很多。第一，所调研的乡镇大都是自己工作或生活过的地方，有的还是自己的家乡。这样无形之中节约了人力和财力，降低了调研成本。同时又能够在规定的期限之内，用最经济的支出，完成所担负的任务。第二，在自己熟悉的地方调研，能够很快地深入下去，同当地的父老乡亲打成一片、融为一体。通过相互间无拘束和无顾忌的交流，能够较快地获得真实的第一手材料，为最终调研成果的形成打下良好的基础。第三，便于同当地的有关部门、有关机构和有关人员加强联系，建立互惠共赢的合作关系。还可以在他们的支持和协助下，利用双方各自的优势，共同开展对当地社会经济发展状况的研究。

第一批乡镇调研活动已经结束，第二批和第三批的调研将如期进行。在第一批乡镇调研成果即将付梓之际，我们要感谢经济学部和院科研局的具体安排落实。同时感谢调研当地的干部和群众，没有他们的鼎力支持和坦诚相助，要想在较短时间内又好又快地完成调研任务几乎没有可能。最后要感谢中国社会科学出版社的领导和编辑人员，没有他们高效和辛勤的劳动，我们所完成的乡镇调研成果就很难以最快的速度以飨读者。

课题负责人：王振中　　杨丽琼　　武　力
主要撰稿：杨丽琼　　赖向荣
　　　　　赖芸芳　　邱教民

目　　录

前　言

　　赖村镇位于宁都县南部，是宁都县的南大门，也是四县七乡（即宁都、兴国、于都、瑞金四县，青塘、竹笮、田头、黄石、梅窖、葛坳、丁陂七个乡镇）的中心重镇。319 国道贯穿全境，镇人民政府驻赖村圩，距宁都县城 30 公里。

图 1　赖村景

　　新中国建立前夕，赖村属于都县上北乡。新中国建立初属于都县第六区。1954 年 12 月，赖村改属宁都县，为第十四区。1956 年 6 月，赖村区曾辖青塘域地。1958 年 10 月撤区并乡，赖村乡成立跃进公社，后改称赖村公社。1961 年 11 月，又设区扩社，赖村公社分为赖村、石街、邮村 3 个公社。1963 年再撤区并社，邮村、石街复并赖村公社。1984 年 6 月改为赖村乡。1995 年 11 月，赖村乡改为县辖镇建制，实行镇管村体制。镇辖赖村、莲子、邮村、山坑、老嵊场、陂田、虎井、蒙坊、浮竹、水西、围足、石街、新民、高岭 14 个村民委员会，211 个村民小组。以后又增设岩背村、羊岭居民委员会。至今，全镇共辖 15 个村委会，1 个居委会，208 个村小组。2009 年，全镇户籍人口 50013 人，均为汉族。

赖村资源丰富，亚热带气候，构成优越的地理条件。

赖村总面积 177.99 平方公里。地域形似条盘。东西长约 34 公里，南北宽约 19.5 公里。地势西北部较高，海拔 800 米左右，向南倾斜。山地约占总面积的三分之一，丘陵占三分之二，最高点为西北部的子同山，海拔 830.4 米，最低处是浮竹的王欧里，海拔 160 米。

境内现有耕地面积 26092 亩，林地面积 153000 亩，水域面积 9355 亩，以种植水稻为大宗，是全国商品粮生产基地镇（宁都是基地县）。地方土特产主要有脐橙、甘蔗、花生、蔬菜、豌豆、油菜、早熟蒲子、辣椒、鱼苗、种鸭等。林业资源以杉木、湿地松、毛竹为主，全镇有木本植物 300 余种。野生动物 200 余种，鸟类中的喜鹊、鹧鸪、杜鹃、八哥、白鹤、画眉，以及兽类中的狐狸、野兔、野猪、山羊等是境内常见的动物。矿产资源主要有煤、石灰石和大理石等。煤矿点很多，储量大，煤质为无烟煤；石灰石分布于围足、水西、石街等村，有的整座山都是；大理石纹理有土黄、黑色、灰白、红色数种。境内河流纵横，水系发达，主要河流有青塘河、陂田河、新民河、石街溪、围足河、水西河、岩背河、老嵊场溪等。源于青塘镇的青塘河自北向南纵贯全镇，流入宁都县梅江河，境内流长 25 公里，水力资源丰富。还有地下的岩溶水，泉流量每秒 3.9 公升至 5.2 公升，暗河流量每秒 1.6 公升至 5.35 公升。

全境地处低纬度，气候属亚热带季风性湿润区，四季分明，气候温和，冬无严寒，无霜期长，日照充足，雨量充沛。植物四季常青，农业复种指数高。境内多年平均气温 19.2℃，极端最高气温 39.6℃，极端最低气温 -6.3℃；年平均降水量 1583.9 毫米；年平均日照时数 1938.6 小时；年平均蒸发量 1557.8 毫米；年平均风速为 2 米/秒。

图 2　经纬阁

历史悠久，人文和自然景观，形成优良的文化传统。（见图2）

据资料证明，赖村镇早在原始社会晚期，境内已有人类活动。历史的长河，在赖村这块土地上，留下了不少遗址。主要有牛坑背的古人类遗址、清雍正年间的步青塔、清咸丰七年的经纬阁。还有第二次国内革命战争时期，邓小平等老一辈革命家留下的足迹，攻克赖村土围的战争遗址，以及名垂史册的1230名红军烈士；主要景观有九寨十八岩、印山八景、浮溪四景等风景名胜之地。还有清代宋昌悦、宋昌凤、宋光国、宋华国等名士颂扬山寨、阁楼的诗赋文章，更增添了天然景观的神秘色彩。（见图3）

境内茶文化具有独特的风格，茶文化的形式：一是采茶戏。大约在清乾隆年间的中期，发源于赖村，经长期交流和相互影响，逐步从曲艺、歌舞、三角班、前半班、半整杂、后半班等演变成一种戏种——采茶戏。采茶戏使用地方语言，粗野、风趣、热闹，并赋予新的内容，紧跟当今时代的节拍，其锣鼓越敲越欢；二是茶食。又名擂茶，是赖村人待客的传统礼节。相传茶食始自唐代，盛于宋朝，至今有一千多年的历史。茶食具有香酥、鲜甜的特点，表达了赖村人热情好客的美德。

图3　步青塔

农村改革的春风，调动了农民生产积极性，经济社会的发展上了新台阶。

本着"高起点、高标准、高品位"要求，赖村圩镇规划成集贸区、办公区、文化娱乐活动区、步行一条街和别墅小区，常住人口8675人，逢农历二、五、八、十为圩日。赶圩人口近万人，是"四县七乡"商品集贸地。近年以"三清三改"（清污泥、清垃圾、清路障，改水、改厕、改厨）为基础，深化新农村建设内容，改善了农村环境卫生。全面启动了新型农村合作医疗，参加率达92.4%。以宣传先进文化为目标，群众文化日益丰富多彩，广播电视覆盖全镇，宽带网络贯通圩镇。（见图4）

图4　莲子新农村全貌

　　本着"大开发、推进特色农业，实现农业产业化"的目标，赖村镇自2002年以来，新规划万亩脐橙基地2个，现已开发14650亩，其中9867亩已投资，7800亩已挂果，脐橙产量800万斤。另拥有蜜橘园7个，面积986亩；甜柚园3个，面积780亩。近年来，赖村镇的脐橙在全市评比中连获金奖。农业着重以商品蔬菜、西瓜、甜玉米、花生、薯类、药材等经济作物和优质稻、稻田养鱼、蘑菇生产为主，初步形成了脐橙之镇、蔬菜之镇、蘑菇之镇。

　　本着"优化环境、改善服务、以工招商、以商招商"的宗旨，近些年大力开展招商引资，促进工业发展。相继引资兴建桂兴种猪场、永盛秧盘厂、祥胜精制煤厂、活性炭厂、杨氏灯饰厂、兴隆粮食加工厂，洋江、莲子、石街紫色页岩砖厂，莲子、坝口、永江、竹迳等电站和脐橙场。同时加大教育投入，近两年引资投入校建资金56万元，引资创办民办私立育才学校1所。

　　改革开放30年，赖村的经济社会发展变化大，人民生活水平普遍提高。全镇农民已脱贫，部分农民过上了小康生活。

第一章

建制区划变迁

赖村，原名赖水里。《大溪赖氏四修族谱》载：唐贞观年间（627—649年），赖自耀从虔化县（今梅江镇）徙羊子垴（今赖村车站）开基建村，改名赖村。

第一节 区位与建制

一 区位面积

赖村镇位于宁都县西南部，地处北纬26°20′东经115°49′。东毗竹笮乡、田头镇、黄石镇，南连瑞金市、于都县，北接青塘镇。

全镇总面积177.99平方公里。2009年末有耕地面积26092亩，山地面积91775亩，水域面积9355亩。山、水、田、路、屋所占比例大致为"四山一水三分田，两分道路和庄园"。

二 建制沿革

据《于都县志》载，在原始社会晚期，境内已有人类居住。

春秋时期，楚若敖二十一年（公元前770年）属楚，吴阖闾十一年（公元前504年）属吴。战国时期，周元王三年（公元前473年），越灭吴，属越。周显王三十五年（公元前334年），楚灭越，复为楚。秦始皇二十六年（公元前221年），属九江郡。西汉高祖四

年（公元前 209 年），九江郡改为淮南国。六年（公元前 207 年），
析淮南设豫章郡，始设于都县，赖村属于都县。直至民国时期未变。

苏区时期，1930 年 4 月，于都县苏维埃政府设立于北区，赖村
属之。1932 年 10 月，于都县析为于都、登贤、胜利、瑞西 4 县，赖
村属胜利县。

民国时期，1934 年 10 月，赖村复属于于都县。1943 年，设立于
北区，赖村属于于都县于北区。1947 年 8 月，撤销区建制，赖村直
属于都县。

1949 年中华人民共和国成立后，赖村属于都县第六区（赖村
区）。1954 年 12 月，于都县第六区（赖村区）划入宁都县管辖。

第二节　行政区划

一　民国以前区划

赖村行政区划，明代以前缺考。清设乡、里。境内东塘、欧地、
女冠（老嵊场）、古铜排、油村坪（刘村坪）、大马头属兰田乡长安
里，浮竹属智义乡安仁里。

民国初期，沿袭清制。

苏区时期，设乡。1932 年 10 月底，于都析为于都、胜利、登
贤、瑞西 4 县，赖村划入胜利县。设立赖村区，辖赖村、莲子、水
西、虎井、山迳、岩背、围足、高岭 8 乡。半迳、铜锣乡属半径区。

1934 年，推行保甲制度。1938 年 9 月，实行新县制，县以下设
区、乡（镇）、保、甲。1943 年 1 月，于都县设于北区署，辖赖村
15 乡。1947 年 8 月，全县调整为 16 乡、166 保、2177 甲。赖村乡第
一至六保与东塘乡合并，成立康乐乡，乡公所驻赖村坪，辖 7 保、88
甲；赖村乡第七、八、九保并入宁都县青塘乡。

二　新中国成立以后区划

1949 年 8 月 13 日，于都解放。8 月中旬，全县划为 6 个区，赖
村为第六区（赖村区），辖永和乡、康乐乡、青塘乡。

1950 年 1 月，永和乡划入曲洋区管辖。康乐、青塘乡分设坎田、赖村、石街、青塘、谢村、浮竹、水西、虎井、邮村、南堡 10 个乡。同年 12 月，增设围足、山迳、莲子、赤水、社岗 5 乡。赖村区共辖 15 个乡，64 个行政村。

1951 年 4 月，将青塘、邮村、谢村、南堡、赤水、社岗、坎田 7 个乡划出，成立青塘区。赖村辖石街、围足、水西、浮竹、山迳、赖村、莲子、虎井 8 个乡、39 个行政村。

1952 年 5 月，增设中坑、岩背、新民乡。赖村区（第六区）共辖赖村、莲子、围足、水西、新民、石街、浮竹、山迳、中坑、虎井、岩背 11 乡。

1954 年 12 月 25 日，于都县第六区（赖村区）所属 11 乡划入宁都县管辖，设立宁都县第十四区（赖村区）。下辖 11 乡、57 个行政村、202 个自然村。

1955 年 12 月，调整乡，莲子乡并入赖村乡，围足乡并入水西乡，新民乡并入石街乡。赖村区辖赖村、浮竹、山迳、中坑、虎井、岩背、水西、石街 8 乡。

1956 年 6 月，调整区乡，青塘域地并入，赖村区下辖赖村、虎井、青塘、邮村、石街、水西、社岗、坎田 8 乡。

1958 年，撤区并乡，成立人民公社，水西、虎井、邮村、石街 4 乡并入赖村乡，设跃进（赖村）人民公社。

1961 年 11 月，设区扩社，赖村析为赖村、石街、邮村 3 个公社，属青塘区管辖。

1962 年 4 月，调整公社规模，石街公社并入赖村公社。

1963 年 3 月，撤销区建制，调整公社规模，邮村公社并入赖村公社。

1967 年，全县调整区划，赖村公社辖赖村、陈坎、莲子、邮村、老嵊场、陂田、虎井、蒙坊、浮竹、水西、石街、新民、围足、塘下、高岭 15 个大队。

1968 年 10 月 20 日，赖村公社革委会根据贫下中农代表讨论意见，决定老嵊场大队并入邮村大队，陈坎大队并入莲子大队，塘下大队并入赖村大队，石街大队并入新民大队，围足大队、水西大队合并设立卫东大队，陂田大队、虎井大队合并设立红星大队，水西大队、山坝生产队并入浮竹大队，改称群英大队。

1972 年 5 月 19 日，全县设 19 个公社，赖村公社辖赖村、莲子、邮村、红星、前进、群英、卫东、新民、高岭 9 个大队。

1974 年，全县设 24 个公社，赖村公社辖赖村、莲子、邮村、陂田、老嵊场、蒙坊、浮竹、卫东、新民、高岭 10 个大队。

1979 年，调整大队规模，增设山坑、虎井、水西、石街 4 个大队。赖村公社下辖 14 个大队。

1983 年 3 月 15 日，卫东大队改称围足大队。

1984 年 6 月，撤社改乡，赖村公社改称赖村乡，下辖 14 个大队改为村民委员会，211 个生产队改为村民小组。

1995 年 11 月 8 日，经江西省人民政府批准，赖村乡改为县辖镇建制，实行镇管村体制，赖村镇辖赖村、莲子、邮村、山坑、老嵊场、陂田、虎井、蒙坊、浮竹、水西、围足、石街、新民、高岭 14 个村民委员会，211 个村民小组。

1996 年设立羊岭居民委员会。

2003 年，山坑村析为山坑、岩背两个村民委员会，全镇辖 15 个村民委员会，208 个村民小组。

2009 年，赖村镇下辖 15 个村民委员会，208 个村民小组及羊岭居民委员会。

第三节　村（居）委会

一　赖村村委会

位于赖村镇中部，东邻莲子村委会，南接水西村委会，西连围足村委会，北界岩背村委会。东南北石山耸立，青塘河穿境而过，沿河两岸地势较平坦。宁都至赣州公路（319 国道）从境内西北侧而过。赖村，清朝属于都县蓝田乡长安里。苏区时期，1932 年 10 月设赖村乡，属于胜利县。民国时期，1935 年属于都县赖村区赖村保联，

1943 年属于都县于北区，1947 年属于都县康乐乡。新中国成立后，1950 年 1 月，属于都县赖村区，设赖村乡。1954 年 12 月，划入宁都县辖。1958 年属赖村公社，设赖村大队。1984 年 6 月，改称赖村村民委员会，属赖村乡。1995 年 11 月，乡改镇属赖村镇。

1958 年，大队部驻司马地祠堂。1975 年 5 月，迁球兰坪新建办公楼，土木结构，建筑面积 600 平方米。2005 年 10 月，村委会迁狐狸排新建办公楼，四层砖混结构，建筑面积 843.6 平方米，一层店铺，二层以上办公。

2009 年，村委会下辖 22 个村民小组，共 846 户、4410 人，其中，男 2210 人，女 2200 人。全村耕地面积 2187 亩，其中，水田 2024 亩，旱地 163 亩，山地 5508 亩。粮食总产量 72.66 万公斤，主种水稻，兼种蔬菜及其他农作物。村办企业总产值 2 万元，村级集体经济收入 3.1 万元，农业总产值 915.6 万元，人均收入 1960 元。

二　老嵊场村委会

位于赖村镇东北部。东与竹笮乡交界，南与陂田村委会毗邻，西与邮村村委会相连，北与青塘镇接壤，为一条狭长坑垄，两旁低山环绕，总面积 10 平方公里。宁都至赣州公路穿境而过。

老嵊场村，清朝属于都县兰田乡长安里。民国时期，属于都县赖村区赖村联保，1947 年 8 月改属于都县青塘乡。新中国成立后，1950 年 1 月属于都县赖村区邮村乡。同年 4 月随青塘区划入宁都县。1955 年 12 月随邮村乡并入赖村区。1958 年属赖村公社，设老嵊场大队。1984 年 6 月，改称老嵊场村民委员会，属赖村乡。1995 年 11 月，乡改镇，属赖村镇。

村委会驻老嵊场。1958 年大队部设刘氏祠堂，1976 年迁新建办公楼，两层砖木结构，建筑面积 300 余平方米。

2009 年，村委会下辖 7 个村民小组，共 360 户、1725 人，其中，男 880 人，女 845 人。全村有耕地 1905 亩，其中，水田 1264 亩，旱地 641 亩，山地 5256 亩。粮食总产量 20 万公斤，主种水稻，兼种花生、红薯及其他作物。村级集体经济收入 386 万元，工农业总产值

385.3 万元，人均纯收入 1949 元，全村装电话 100 部，电视接收器 60 户。

三 邮村村委会

位于赖村镇东北部。东与老嵊场、陂田村委会毗邻，南与虎井村委会相连，西与莲子村委会相接，北与青塘镇交界。南北丘陵起伏，西面低山环绕，东西较平坦，总面积 13 平方公里。

邮村，清朝属于都县兰田乡长安里。苏区时期，1932 年 10 月，属胜利县。民国时期，1934 年属于都县赖村区赖村联保，1947 年属于都县青塘乡。新中国成立后，1950 年 1 月设邮村乡，属于都县赖村区。1952 年改属于都县青塘区，同年 4 月随青塘区划入宁都县。1954 年 12 月改属赖村区。1958 年属赖村公社，设邮村大队。1961 年 4 月改设邮村公社。1963 年 3 月并入赖村公社，复设邮村大队。1984 年 6 月改称邮村村委会，属赖村乡。1995 年 11 月，乡改镇属赖村镇。

1958 年，大队部驻邮村坪。1976 年大队部迁大坝底，新建办公楼，3 层砖木结构，建筑面积 300 余平方米。2001 年，在大坝底临319 国道旁新建办公楼，占地 170 平方米，4 层砖混结构，建筑面积680 平方米。

2009 年初，村委会下辖 11 个村民小组，32 个自然村，共 802户、4150 人，其中，男 2116 人，女 2034 人。全村有耕地 2506 亩，其中，水田 2237 亩，旱地 269 亩，山地 11255 亩。粮食总产量 18 万公斤，主要种水稻，兼种花生、红薯及其他作物。农业总产值 770.3万元，村办企业总产值 54 万元，村级集体经济收入 2.18 万元，人均纯收入 1980 元。

四 岩背村委会

位于赖村镇北部山坑中，距赖村圩 12 公里。东邻青塘镇、莲子村委会，南毗邻赖村村委会，西接山坑村委会，北与兴国县交界，总面积 4.19 平方公里。

岩背村，清朝属于都县兰田乡长安里。民国时期，1934 年属于都县赖村区赖村联保。苏区时期，1930 年属于都县康乐乡。新中国成立后，1951 年 1 月属于都县赖村区。1952 年 5 月设岩背乡，属赖村区。1954 年 12 月随赖村区划入宁都县。1958 年并入赖村公社塘下大队。1965 年并入莲子大队。1979 年并入山坑大队。1984 年 6 月，属赖村乡山坑村委会。2003 年从山坑村委会分出，设岩背村委会，属赖村镇。

2009 年，村委会下辖 5 个村民小组，11 个自然村，共 157 户、750 人，其中，男 440 人，女 310 人。全村有耕地 725 亩，其中，水田 686 亩，旱地 39 亩，山地 5558.2 亩。粮食总产量 45 万公斤，主要种水稻，兼种花生、红薯及其他作物。农业总产值 165.1 万元，村级集体经济收入 6000 元，人均纯收入 1940 元。

五　山坑村委会

位于赖村镇西北部。东与赖村村委会相邻，西与高岭村委会交界，北与岩背村委会相接，南与围足村委会接壤。地势向东倾斜，中间有一条坑垄。总面积 3.46 平方公里。村委会驻罗山下。

山坑村，清朝属于都县兰田乡长安里。民国时期，1934 年属于都县赖村区。1947 年属于都县康乐乡。新中国成立后，1950 年 1 月属于都县赖村区。1954 年 12 月随赖村区划入宁都县。1958 年属赖村公社塘下大队。1968 年改属赖村大队。1979 年分出设立山坑大队。1984 年 6 月，改称山坑村民委员会，属赖村乡。1995 年乡改镇，属赖村镇。

2009 年，村委会下辖 6 个村民小组，共 194 户、856 人，其中，男 437 人，女 419 人。全村有耕地 566 亩，其中，水田 526 亩，旱地 40 亩，山地 4637 亩。粮食总产量 24 万公斤，主要种水稻，兼种花生、红薯及其他作物。农业总产值 196.1 万元，人均纯收入 1869 元。

六　高岭村委会

位于赖村镇西部，东与山坑村委会相连，南接石街、新民村委会，西、北与兴国县交界，北面与园岭、子同山相对峙，向中间倾斜，高岭、低岭水库横卧中部。

高岭村，清朝属于都县兰田乡长安里。民国时期，1932 年 10 月设高岭乡，属胜利县。1947 年属于都县康乐乡。新中国成立后，1950 年 1 月属于都县赖村区。1954 年 12 月随赖村区划入宁都县。1958 年属赖村公社，设高岭大队。1984 年 6 月改称高岭村民委员会，属赖村乡。1995 年 11 月乡改镇，属赖村镇。村委会驻王家排。2007 年迁驻低岭新建办公楼，2 层砖混结构，建筑面积 200 平方米。

2009 年，高岭村委会下辖 5 个村民小组，共 112 户、491 人，其中，男 250 人，女 241 人。全村有耕地 306 亩，其中，水田 295 亩，旱地 11 亩，山地 2300 亩。粮食总产量 7.5 万公斤，主要种水稻。农业总产值 74.4 万元，村级集体经济收入 3000 元。人均纯收入 1935 元。

七 莲子村委会

位于赖村镇东北部，东邻蒙坊村委会，北连青塘镇，南接赖村圩，西界山坑村。宁都至赣州公路从境内穿过，西北面低山环绕，向东南倾斜，为丘陵地。村委会驻陈坎。

莲子村，清朝属于都县兰田乡长安里。苏区时期，1932 年 10 月设莲子乡，属胜利县。民国时期，1934 年属于都县赖村区赖村保联。1947 年，属于都县康乐乡。新中国成立后，1950 年 1 月属于都县赖村区，同年 12 月设莲子乡。1954 年 12 月划入宁都县。1955 年 12 月并入赖村乡。1958 年属赖村公社，设莲子大队。1984 年 6 月改称莲子村民委员会，属赖村乡。1995 年 11 月乡改镇，属赖村镇。

2009 年，村委会下辖 22 个村民小组，52 个自然村。共 1239 户、5750 人，其中，男 3167 人，女 2583 人。全村有耕地 2957 亩，其中，水田 2070 亩，旱地 887 亩，山地 14475 亩，水面 38 亩。粮食总产量 206.5 万公斤。以种水稻、葫芦瓜、辣椒为主。农业总产值 1440 万元，工业总产值 80 万元，村级集体经济收入 10000 元。人均纯收入 1940 元。

八　陂田村委会

位于赖村镇东部。南与蒙坊村委会、黄石镇相接，东与老嵊场村委会、竹笮乡、田头镇相邻，西连虎井村委会，北接邮村。地势由东向西倾斜。村委会原驻陂田，1995年迁驻江下村兴建办公楼，3层砖混结构，建筑面积300平方米。

陂田村，清朝属于都县兰田乡长安里。苏区时期，1932年10月属胜利县。民国时期，1934年属于都县赖村区赖村保联。1947年，属于都县康乐乡。新中国成立后，1950年1月属于都县赖村区虎井乡。1954年12月划入宁都县。1958年属赖村公社，设陂田大队。1984年6月改称陂田村民委员会，属赖村乡。1995年11月乡改镇，属赖村镇。

2009年，村委会下辖14个村民小组。共579户、2970人，其中，男1465人，女1505人。全村有耕地2031亩，其中，水田1725亩，旱地306亩，山地14227亩。粮食总产量129.3万公斤，主种水稻。农业总产值519.8万元。农民人均纯收入1944元。

九　虎井村委会

位于赖村镇东部。东邻陂田村委会，南毗蒙坊村委会，西傍莲子村委会，北傍邮村村委会。境内丘陵起伏，溪水交错，地势由西向东倾斜。村委会驻苏村，1995年新建办公楼，砖木结构，建筑面积210平方米。

虎井村，清朝属于都县兰田乡长安里。苏区时期，1932年10月设虎井乡，属胜利县。民国时期，1934年属于都县赖村区赖村保联（乡）。1947年，属于都县康乐乡。新中国成立后，1950年1月属于都县赖村区，设虎井乡。1954年12月划入宁都县。1958年属赖村公社，设虎井大队。1984年6月改称虎井村民委员会，属赖村乡。1995年11月乡改镇，属赖村镇。

2009年，村委会下辖11个村民小组，15个自然村。共325户、1253人，其中，男639人，女614人。全村有耕地1280亩，其中，水田 1024 亩，旱地 256 亩，山地 14720 亩。粮食总产量 96 万公斤，主种水稻。农业总产值 353 万元，村办企业总产值 8 万元，村级集体经济收入 4.6 万元。农民人均纯收入 1914 元。

十　围足村委会

位于赖村镇西南部。东连赖村村委会，南接水西、石街村委会，西邻高岭村委会，北界山坑村委会。宁都至赣州公路境内穿过。村委会驻足下，2000 年投资 40 万元，兴建办公楼一幢，3 层砖混结构，占地 198 平方米，建筑面积 650 平方米。

围足村，清朝属于都县兰田乡长安里。苏区时期，1932 年 10 月设围足乡，属胜利县。民国时期，1934 年属于都县赖村区赖村保联（乡）。1947 年，属于都县康乐乡。新中国成立后，1950 年 1 月属于都县赖村区，设围足乡。1954 年 12 月划入宁都县。1955 年 12 月，围足乡并入水西乡。1958 年属赖村公社水西大队。1967 年设围足大队。1968 改称卫东大队。1983 年复为围足大队。1984 年改称围足村民委员会，属赖村乡。1995 年 11 月乡改镇，属赖村镇。

2009 年，围足村委会下辖 18 个村民小组，28 个自然村。共 760 户、3881 人，其中，男 2080 人，女 1801 人。全村有耕地 2321.2 亩，其中，水田 2260.1 亩，旱地 61 亩，山地 7100 亩。粮食总产量 169.5 万公斤，主种水稻。农业总产值 808.5 万元，村办企业总产值 60 万元，村级集体经济收入 1 万元。农民人均纯收入 2015 元。

十一　水西村委会

位于赖村镇西南部，青塘河西岸。距镇政府 4 公里，距 319 国道 2 公里。东邻浮竹村委会，南毗石街村委会，西接围足村委会，北傍赖村圩镇，丘陵、冈地各一半。总面积 5 平方公里。

水西村，清朝属于都县兰田乡长安里。苏区时期，1932 年 10 月设水西乡，属胜利县。民国时期，1934 年属于都县赖村区赖村保联（乡）。1947 年，属于都县康乐乡。新中国成立后，1950 年 1 月属于都县赖村区，设水西乡。1954 年 12 月划入宁都县。1958 年属赖村公社，设水西大队。1961 年 11 月改属石街公社。1963 年 3 月附属赖村公社。1968 年并入卫东大队。1979 年设水西大队。1984 年 6 月改称水西村民委员会，属赖村乡。1995 年 11 月乡改镇，属赖村镇。村委会驻陈岭排。2006 年迁公桥新建办公楼，建筑面积 400 平方米，为 2 层砖混结构。

2009 年，村委会下辖 17 个村民小组，19 个自然村。共 655 户、2950 人，其中，男 1629 人，女 1321 人。全村有耕地 2030 亩，其中，水田 1624 亩，旱地 406 亩，山地 400 亩。粮食总产量 209 万公斤，主种水稻，年出栏生猪 860 头，出笼家禽 4 万羽。农业总产值 1135.4 万元，村级集体经济收入 4 万元。农民人均纯收入 1989 元。

十二　石街村委会

位于赖村镇西南部。四面环山，中间呈盆地状。村委会原驻王碑石，2005 年迁驻枫树岐，新建办公楼，2 层砖混结构，总建筑面积 250 平方米。

石街村，清朝属于都县兰田乡长安里。苏区时期，1930 年属于都县赖村乡。1932 年改属胜利县赖村乡。民国时期，1934 年属于都县赖村区赖村保联（乡）。1947 年，属于都县康乐乡。新中国成立后，1950 年 1 月属于都县赖村区，设石街乡。1954 年 12 月划入宁都县。1958 年属赖村公社，设石街大队。1961 年 11 月改设石街公社。1963 年 8 月并入赖村公社，仍设石街大队。1968 年并入新民大队。1979 年复设石街大队。1984 年 6 月改称石街村民委员会，属赖村乡。1995 年 11 月乡改镇，属赖村镇。

2009 年，村委会下辖 14 个村民小组，17 个自然村。共 630 户、3140 人，其中，男 1601 人，女 1539 人。全村有耕地 1470 亩，其中，水田 1145.82 亩，旱地 324.18 亩，山地 6184 亩。粮食总产量 85 万公斤，主种水稻。农业总产值 539 万元，村办企业总产值 10 万元。村级集体经济收入 1 万元。农民人均纯收入 1820 元。

十三　蒙坊村委会

位于赖村镇东南部。东邻黄石镇，南毗瑞金市丁陂乡。西接浮竹、水西村，北傍莲子村。地势南高北低，丘陵居多。总面积21平方公里。村委会原驻牛角丘，2006年迁驻牛路底，新建办公楼一幢，占地面积160多平方米，建筑面积320平方米。

蒙坊村，清朝属于都县兰田乡长安里。苏区时期，1930年属于都县赖村乡。1932年改属胜利县赖村乡。民国时期，1934年属于都县赖村区赖村保联（乡）。1947年，属于都县康乐乡。新中国成立后，1950年1月属于都县赖村区山迳乡。1954年12月划入宁都县。1958年属赖村公社山迳大队。1961年改称蒙坊大队。1968年改称蒙坊前进大队，1972年复名蒙坊大队。1984年6月改称蒙坊村民委员会，属赖村乡。1995年11月乡改镇，属赖村镇。

2009年，村委会下辖21个村民小组，56个自然村。共841户、4430人，其中，男2304人，女2126人。全村有耕地3162亩，其中，水田3017亩，旱地145亩，山地22928亩。粮食总产量143万公斤，主种水稻。农业总产值633.1万元，村办企业总产值8.6万元，村级集体经济收入6万元。农民人均纯收入1800元。

十四　新民村委会

位于赖村镇西南部。东邻石村村委会，西与于都县交界，北连高岭村委会。宁都至赣州公路穿境而过。东西丘陵地环绕，中间较平坦，总面积15平方公里。村委会驻樟树。2007年迁驻洋田口，新建办公楼3层，建筑面积585平方米。

新民村，清朝属于都县兰田乡长安里。苏区时期，1930年属于都县赖村乡。1932年10月改属胜利县赖村乡。民国时期，1934年属于都县赖村区赖村保联（乡）。1947年，属于都县康乐乡。新中国成立后，1950年1月属于都县赖村区石街乡。1952年5月设立新民乡，1954年12月划入宁都县。1955年12月并入石街乡，1958年属赖村公社设新民大队。1984年改称新民村民委员会，属赖村乡。1995年11月乡改镇，属赖村镇。

2009年，村委会下辖19个村民小组，23个自然村。共735户、3521人，其中，男1763人，女1758人。全村有耕地1798.12亩，其中，水田 1567.79 亩，旱地 230.33 亩，山地 17000 亩。粮食总产量 77 万公斤，主种水稻。农业总产值 619.2 万元，村办企业总产值 20 万元，村级集体经济收入 1.5 万元。农民人均纯收入 1920 元。

十五 浮竹村委会

位于赖村镇南部。东邻蒙坊村委会，南毗于都县葛坳，西接水西村水西，北傍水西村新圩村小组。青塘河自北往南从境内流过。总面积 25 平方公里。

浮竹村，清朝属于都县兰田乡长安里。苏区时期，1930 年属于都县赖村乡。1934 年改属胜利县赖村乡。民国时期，1934 年 11 月后，属于都县赖村区赖村保联（乡）。1947 年，属于都县康乐乡。新中国成立后，1950 年 1 月属于都县赖村区，设浮竹乡。1954 年 12 月划入宁都县。1958 年属赖村公社，设浮竹大队。1968 年改称群英大队。1972 年 5 月复名浮竹大队。1984 年 6 月改称浮竹村民委员会，属赖村乡。1995 年 11 月乡改镇，属赖村镇。村委会驻上浮竹，新建办公楼，建筑面积 300 平方米，2 层砖混结构。

2009 年，村委会下辖 16 个村民小组，36 个自然村。共 662 户、3818 人，其中，男 1947 人，女 1871 人。全村有耕地 2565 亩，其中，水田 2500 亩，旱地 65 亩，林地面积 19300 亩。粮食总产量 125 万公斤，主种水稻。农业总产值 665 万元，村办企业总产值 6 万元，村级集体经济收入 2 万元。农民人均纯收入 1929 元。

第二章

自然环境

第一节　地形　地貌

赖村地域，形似条盘，东西长约 34 公里，南北宽约 19.5 公里。地势西北部较高，向南倾斜。沿宁都至赣州公路两旁及青塘河畔为丘陵，最高点为西北部子同山，海拔 830.4 米；最低处系浮竹的王欧里村，海拔 160 米。源于青塘镇的青塘河自北向南纵贯全镇，境内流长 25 公里。

赖村地质构造属新华夏系第二隆起带上的一个次级构造。出露的各系地层有白垩系、石炭系、侏罗系。地质岩性多为变质岩，由紫红色、暗紫色粉砂岩、砂岩、粉砂页岩组成。其地貌依照自然形态，大致分为四种：

丘陵　赖村属碎屑岩丘陵区。高程为 300 至 400 米，相对高度约 200 米，与低山地貌类似，"⌣"形河谷，水系呈梳子状。

盆地　属红岩盆地，是县内三大红岩盆地之一。相对高程为 45 至 50 米。另赖村还有小片陷断盆地，沉积平原。

冈地　展布在赖村盆地四周，相对高度 40 至 100 米，地势平缓。冈顶呈圆形馒头状。

山地　属中低层山地。海拔 400 至 500 米，相对高度 100 至 200 米，坡度 25 至 30 度，河流切割较深，"⌣"形河谷发育。

第二节　山峰　河流

一　山

境内山峰属雩山山脉，主要有磨岭崀、子同山、牵牛石、寨子崀㘭、园火崀、东华山、天子岭、牛婆崀。

磨岭崀　赖村镇北部，位于岩背村委会境内。东北与青塘镇洋垅村毗邻，西南抵岩背。海拔462米，范围1.5平方公里。东西走向。有少量松、杂树。因山形似磨石状而得名。

子同山　位于赖村镇西北部，山坑村委会境内。东连山坑，南临低岭水库，西北与兴国县梅窑相邻。海拔803.4米，范围5平方公里。东西走向。有少量松、杂树。因山上建有子同庵而得名。

牵牛石　位于赖村镇北部，山坑村委会境内。东临小溪，南接葛坑里，西连山坑，北靠社前排。海拔475米，范围1.5平方公里。南北走向。因山形似牧童牵牛而得名。

寨子崀㘭　位于赖村镇东部，陂田村委会境内。东与田头镇迳底相连，南靠太子坪，西连虎井，北接老嵊场公路。海拔507.9米，范围8平方公里。南北走向。有少量松、杂树。

园火崀　位于赖村镇西部，石街村委会境内。东连围足村，南至猫石下，西毗于都县，北邻高岭水库。海拔824.6米，范围4平方公里。东西走向。有松、杂树。因山顶是黄泥土质，远眺似一团火得名园火崀。

东华山　位于赖村镇东南部，陂田村委会境内。东连田头镇，南邻黄石镇，西至中坑垄，北接太子坪。海拔436米，范围8平方公里。东西走向。有少量松树。因位于虎井东南，风光秀丽，取名东华山。

天子岭　位于赖村南部，浮竹村委会境内。东邻瑞金市东家庄，南接于都县坪背㘭，西接安福塅，北至下浮竹。海拔501.6米，范围4平方公里。东西走向。有松、油茶树。旧称此山龙脉好，故称天子岭。

牛婆崇 位于赖村镇北部，山坑村委会境内。西与兴国县交界。海拔 570 米。因山崇形似牛婆而得名。

二 河流

赖村境内有大小河溪 30 多条，主干河青塘河，发源于青塘镇罗家光山，由青塘镇洋坑村入境，流经邮村排上、莲子村大马石、清水潭、水西村岭背、浮竹村王欧里，至于都县曲阳，汇入梅江河，境内流长 25 公里，平均河宽 30 米左右。境内控制流域面积约 160 平方公里，年平均流量 9.59 立方米/秒。河床为粗细沙堆积物。其主要支流有：

陂田河 发源于陂田村西坑，经陂田村罗坊、兔子排、虎井村禾上坪、蒙坊村谢布，在莲子村狮石下附近，流入青塘河，河长 19 公里。

石街溪 发源于石街村寨下，经石街村岭下、水溪村虎爪排，在岭背流入青塘河，河长 6.2 公里。

围足河 发源于高岭村子同山附近，经低岭水库、围足村箬坑、新村、围足下，在水西村境内汇入青塘河，河长 12 公里。

水西河 发源于山坑村山坑寨附近，经山坑村墩心、赖村村园田，在水西村桥头附近流入青塘河，河长 10 公里。

岩背河 发源于岩背村磨岭下，经排子上、莲子村高排、上排下，在圩头流入青塘河，河长 8.5 公里。

老嵊场溪 发源于老嵊场村大坑，经疏墩、邮村村禄子丘、大芬上，在路江排流入青塘河，河长 12 公里。

新民河 发源于新民村长家山，经新民村长家岭、土围流入于都县境，汇入青塘河，境内河长 7.5 公里。

第三节 气 候

赖村，属典型的亚热带丘陵山区湿润季风气候。具有气候温暖，雨量充沛，四季分明，夏冬长，春秋短等特点。

一　四季

春季3月中、下旬入春，蒙古冷高压强度逐渐减弱，太平洋副热带高压逐渐靠近，气温渐升，雨日增多，但前期气温仍较低，尚有较强冷空气影响，有时天气较冷，有"清明谷雨，冻死老虎"、"春无三日晴"和"春天孩儿面，一日变三变"之俗说。后期是南北风互相推移时节，汛期来临，降水强度大，且较为集中，常有暴雨发生，是冰雹多发季节。

夏季5月下旬，受太平洋副热带高压控制，天气炎热。当副热带高压加强或减弱时，容易形成暴雨天气或强对流天气，多发生在下午或傍晚，且地方性明显。有"共天各世界"、"夏雨隔道墙，淋女不淋娘"之说。是大风、暴雨多发季节。

秋季9月下旬入秋。处暑过后，夏季风减弱，但气温仍较高。俗称"秋老虎"。这时期，地面至中低空受冷性高压控制，中高空仍受暖性高压影响，从地面至高空均为高压，上暖下冷，气层稳定度大，不容易形成云雨，大部分年份天气晴朗，秋高气爽。温差较大，湿度小，有风和日丽的小阳春天气，有的年份降雨稀少，形成秋旱天气。

冬季11月下旬至12月上旬入冬。这期间，一般有寒潮侵袭，并伴有霜、雪、冰冻天气。正常年份是：前冬冷晴多严霜，天气干燥；后冬则多雨雪，天气阴寒。有"三九、四九，相见不出手"和"大寒、小寒流水成团"的俗说。1月中旬至2月中旬，是全年最冷的时节，大雪、冻雨多发生在这个时期。

二　气温

年平均气温19.2℃，月平均气温，12月至次年2月平均气温在10℃以下，其中1月气温最低。从3月开始有连续9个月的时间，平均气温在10℃以上，其中7月气温最高，极端最高气温是39.5℃，极端最低气温 -6.4℃。

多年月平均气温见下表：

表 2 - 1

月份	1	2	3	4	5	6	7	8	9	10	11	12	全年
温度（℃）	7.3	8.8	13.6	19	23.2	25.7	29	28.3	25.4	20.3	14.7	9.3	19.2

三 降水

赖村，年均降水量为 1698.5 毫米，最多年份的 1997 年，降水量达 2792 毫米。

据气象部门资料记录：降水量相对集中的月份是 4 至 6 月，占年降水量的 40% 至 70%。7 至 9 月降水量与 4 至 6 月降水量比，明显减少。这一时期，容易形成伏、秋旱。10 至 12 月降水量最少。1 至 3 月降水量次于 7 至 9 月降水量。

从 4 至 6 月降水量大小的资料统计分析，可认定该年份是丰水年还是枯水年。若 4 至 6 月降水量超过该时期多年平均降水量的 30%，一般为丰水年，有可能出现洪涝灾害；若 4 至 6 月降水量低于该时期多年平均降水量的 30%，一般为枯水年，容易发生干旱灾害。

表 2 - 2　　　　　多年各月降水量特征情况表

月份	1	2	3	4	5	6	7	8	9	10	11	12
降雨量（毫米）	64.1	91.5	227.4	296.3	262.8	128.8	119.2	63.8	85.9	35.3	51	78.6

四 日照

赖村，多年平均日照 1938.6 小时，日照百分率为 44%。多年平均太阳辐射总量 112189.7 卡/平方厘米。日照在季节上分配不均，2 至 3 月份最少，平均每月在 100 小时以下；7 至 8 月最多，平均每月超过 260 小时。受地形和植物影响，各地日照时间长短不一，一般是山区比丘陵地方短，丘陵比平原地方短，荫蔽度较大的地区比开阔地区短。

日照时数和太阳辐射总量比较见下表

表 2 - 3

月份	1	2	3	4	5	6	7	8	9	10	11	12	全年
日照时数 （小时）	116.4	91.3	98.9	114.8	139.8	153.9	278.6	261.3	207.2	184.5	156.7	135.4	1938.6
日照百分率 （%）	35	29	27	30	34	38	67	65	57	52	48	42	44
太阳辐射总量 （卡/平方厘米）	6093.8	5921.7	7160	8366.4	9770.3	10919.7	15156.5	14188.7	11294.8	9561.6	7385.2	6371.2	112189.7

五 蒸发

据县气象站 1976 年以来的资料记载：赖村多年平均蒸发量 1557.8 毫米，蒸发量各年、各月均不相同。蒸发量大的年份超过 1700 毫米，小的年份仅达 1300 余毫米。蒸发量的各月，4 至 10 月平均在 100 毫米以上，其余各月在 100 毫米以下。7 至 10 月平均月蒸发量大于平均降水量的 2 倍左右，其中 7 至 8 月蒸发量尤大，平均每天减少水层深约 4 厘米。全年平均蒸发量最大的是 7 月，最小的是 2 月。

多年平均月蒸发量比较见下表。

表 2 - 4

月 份	1	2	3	4	5	6	7	8	9	10	11	12	全年
蒸发量（毫米）	66	65.3	9.17	118.4	139.2	190.4	234.6	211.5	170.2	138.9	97.6	73.9	1557.8

六 霜冻

赖村，无霜期长，多年平均值 279.3 天，最长 319 天，最短 224 天，平均初霜日期为 11 月 5 日，最晚为次年 1 月 3 日。平均终霜日期为 2 月 22 日，最早 1 月 16 日，最晚 3 月 28 日。

冰雨（雨淞）多年平均出现日数为 2.1 天。积雪多年平均为 1.9 天。

七 大风

风随季节而变化。夏季多南风或西南风，春、秋、冬多北风。全年以东北风为主。风速冬秋偏大，春夏偏小。年平均风速为 2 米/秒。最大风速为 28 米/秒。大风平均日数为 7.3 天，最多日数为 18 天。大风出现频率最多和台风活动次数最多的月份是 5 月和 7 月。

第四节 土壤 植被

一 土壤

据全县土壤普查结果表明，赖村镇属变质岩组，质地坚硬，均匀，土质较细，抗蚀能力强。按其成土因素和是否适宜耕作划分，大致可分为农田土壤和山地土壤两大类。

（一）农田土壤

水稻田　为赖村镇主要耕作土壤。全镇共有23640亩，占耕地面积的85%左右。水田有淹育型、潴育型、表潜型、侧渗型、潜育型5个亚类，68个土种。旱作土壤有草甸土、红壤、紫色土和石灰土4个亚类，15个土种。

按成土母质分类，赖村大部分属第四纪红黏土发育的黄泥田、黄顽泥田、黄泥火隔田和乌黄泥田等土种。此外，还有红砂砾岩风化而成的红土田、红砂泥田、红砂结板田、漂洗红砂田等土种。这类土种经过多年改良，酸、瘦板结的状态有所改变，适宜栽种双季稻；旱作土壤，宜种红薯、花生、烟叶、蔬菜、蚕豌豆等作物。

（二）山地土壤

境内山地土壤主要有下列

红壤　为镇内地带性土壤的主要类型，约占全镇丘陵和冈地的42%。成土母质以第四纪红色黏土、第三纪红砂为主。亦有发育在花岗岩、千枚岩等母岩上的。土层较好，风化作用较强烈。其表土有机质含量一般在1%至4%。林地一般在5%至6%，呈酸性反应，pH值为4.5至5.5。

分布在500米以下，300米以上的山麓和部分丘陵地区红壤，成土母质为花岗岩、片麻岩、砂页岩等岩石的残积—坡积物。

山地黄红土壤　为镇内山地土壤的又一主要类型。主要分布在海拔400至700米的山地，是山地红壤与山地黄壤的一种过渡型土壤。成土母质为花岗石、砂页岩等页岩残积—坡积物。表层为暗灰色的腐殖质层，有机质含量较高，一般在5%至7%，pH值为5.2至5.9。

山地黄棕土壤　主要分布在镇内海拔700米以上的山头高岭、山坑和岩背等地。成土母质多为花岗岩、片麻岩、砂页岩、千枚岩、砾岩等。土层厚薄不一，呈灰黄棕色和暗黄棕色。有机质含量高，屑粒状结构，疏松多孔。

山地草甸土壤　多分布在中低山顶部，成土母质与山地黄棕土壤相似。土质中常夹有砾石，有机质含量为10%。pH值为5，土壤的潜在肥力较高。

山地土壤除上述几种主要类型外，还有少量紫色土，石灰性土等。

二 植被

赖村地处中亚热带南部湿润地区，水量和热量充沛，适宜植物生长，地带性植物主要为常绿阔叶林，以山毛榉科（壳斗种）为建群种，次为樟科、山茶科、金缕梅科等一些种属组成。由于受海拔高度影响，森林植被有垂直变化，但不够明显。植被覆盖度因人口密度的大小和交通条件的好坏而有所不同，一般在边远山区，植被覆盖度较高，人口稠密的丘陵、平原地区植被覆盖率较低。多年来，由于人类不合理的生产活动，植被的原生状态已被破坏，故多为次生的天然林和极少量的人工林。以常绿阔叶树、马尾松、杉树等为主，丘陵地区及山顶多为灌丛和草地。人为破坏特别严重的花岗岩、砂砾岩、紫色页岩地区，水土流失严重，呈现光山秃岭。全镇现尚有水土流失面积25100亩。

镇内森林植被，大致可分为五个植被类型。

（一）常绿阔叶林

主要建群种为青刚栎、苦槠、钩栗、甜槠、华楠槠、木荷等。常绿阔叶林中壳斗科为最多，坚果含淀粉，壳斗含单宁，既是硬木用材，又是木本粮食和槠胶原料；樟科之樟树、楠树都为珍贵的用材树种。

（二）针叶与阔叶混交林

主要有杉、马尾松与阔叶树混交林和杉、毛竹、阔叶树混交林。其主要类型的水源林，是境内产材的主要林种。

（三）不稳定灌丛林

主要分布在丘陵或人为影响较大的地区，以胡枝子、茅栗、乌饭、黄端木、杜鹃、乌药等为主。是更新造林和封山育林的主要林种。也可起保持水土作用。

（四）马尾松、木荷、油茶混交林

多分布在丘陵或海拔 300 至 500 米的丘陵山地，乔木层由马尾松、木荷和油茶树组成，林下除坡积土有杜鹃、乌饭等灌木和一些草本外，一般无明显的下木层，地面植物由发达的蕨类所组成。地面不裸露，水土流失轻微，林木生长尚好。

（五）马尾松纯林

主要分布在低丘和平原地区，海拔 100 至 300 米的花岗岩、砂砾岩地区，土壤瘠薄干燥，没有下木、草类层。地面裸露，水土流失严重，土壤肥力差，林木生长不良。

第五节　自然资源

赖村自然资源丰富，遍布境内各地，有植物、动物、水、矿物等主要自然资源。

一　植物资源

（一）种类

野生药用植物　主要有菌阵、金银花、黄枝子、车前子、金樱子、何首乌、野百合、石菖蒲、五加皮、野山楂、夏枯草、凤尾草、半边莲、金钱草、益母草、野菊花、千里光、白花蛇舌草、蛤蟆藤、七叶一枝花、野党参、青木香等。

野生木本油料植物　主要有木梓（油茶）、山鸡椒（果实叫山苍子）、黄樟、红脉钩樟、大叶钩樟、乌桕、山桐子、白乌桕等。

野生木果植物　历史较长的有杨梅、君迁子、棠梨、野荔枝、毛栗、板栗、酸枣、沙果、猕猴桃等。

木本植物　主要有杉树、马尾松、木荷、湿地松、毛竹、苦楝等。

（二）部分野生果、木简介

猕猴桃　俗称藤梨子、羊桃。落叶藤本植物。性耐旱，叶互生，圆卵形，花黄色，果实农历八月成熟，状似桃，因猕猴爱吃而得名。

营养丰富，含有多种维生素，有"水果之王"的美称。果核可入药，茎皮纤维可做纸，花可制香料。

君迁子　俗称野柿子，主要有两种。一种为椭圆形（或卵圆形）；一种为球形，小的一斤十多个，大的一斤四五个。大部分山区均有出产。

毛栗　落叶灌木，与板栗同科，果实比板栗小。有两种：一种是一包多粒，果体较大；一种是一包一粒，果体小而圆。均无苦味，可生吃，炒吃。

杨梅　常绿乔木或灌木，果实表面有紫红色粒状突起，味酸甜，可吃。山区较多，每年四、五月间采摘。

酸枣　落叶灌木或乔木，枝上有刺，叶呈长椭圆形。果实长圆，紫红色，肉清，味酸，核可入药。

樟树　常绿乔木，叶呈椭圆（或卵形），花白，稍带绿色。果实为暗紫色。木质致密，有香气，可防虫蛀。为制家具、工艺品的优质木材。枝、叶、果实可提制樟脑。清末、民国时期，境内百年古樟尤多，60年代以来，因滥伐严重，所剩无几。

二　动物资源

（一）种类

鸟类　主要有鸦鹊、乌春、鹧鸪、斑鸠（督鸪鸪）、鸺鹠（乌翼子）、竹鸡、禾鸡、乌鸦、野鸭、猫头鹰、夜哀子、啄木鸟、白头翁等。60年代以来，农作物普遍用剧毒农药，许多山禽亦被毒死，加之大量人工捕杀，许多鸟类明显减少。

兽类　主要有狐狸、山羊、野猪、鸡狼（俗称黄鼠狼）、山兔、野猫、狼、豹、水獭（俗称豪猪）、穿山甲等，华南虎、野牛、野马已灭绝。

鱼类　除人工放养的草鱼、鲢鱼、鳙鱼、鲤鱼等传统品种外，非人工放养的主要有鳖、鳝、鳅、鲫、河鲤、石鲩、虾、鲹、鲶、鳗等。60年代以来，由于过量捕捞，电触、爆炸、药毒情况严重，江河水域的鱼类越来越少。

　　蛇类　主要有金环蛇、银环蛇、眼镜蛇、蕲蛇（瓦子角）、竹叶青（青竹蛇）、水蛇（泥蛇）、乌梢蛇、蝮蛇等。

　　虫类　益虫主要有蜘蛛、蚂蚁、蜻蜓、臭大姐、螳螂等，可入药的有蜜蜂、蚯蚓、斑蝥、蜈蚣、蛇、蝎、蚕、蝉、水蛭（蚂蟥）、蟾蜍等。

　　除上述类外，还有青蛙（田鸡）、石鸡、蝙蝠、蟹、蚌、螺等多种。

（二）部分野生动物简介

鸟类

　　斑鸠　俗称督鸪鸪，又叫野鸽。毛灰黑，颈后有斑点，嘴短，脚淡红色，吃谷类。主要有两种鸠类：斑如梨花点者，体稍大，不善鸣；颈上斑如珍珠者，体稍小，声大能鸣，名鹁鸠。斑鸠为珍贵食品，味鲜，清补，可入药。山区、丘陵多见。

　　鹧鸪　形似母鸡，头如鹑，腹部黑白相杂，胸前有白圆点如珍珠，背毛有紫青波浪纹，脚黄色。雌雄多对鸣，肉嫩脆，味鲜美。山地、丘陵都有。

　　画眉　似莺，体小，毛棕褐色，腹部灰白，白眉如画故名。后颈和背部有黑褐色斑纹，善鸣，声多半动听，雄鸟好斗，可供玩赏。

　　雉　俗称雉鸡、野鸡。雄的尾长，羽毛甚美，可做装饰品。雌的尾稍短，灰褐色，善走，不能久飞。

　　野鸭　也叫水鸭。形似家鸭，毛黑褐色，有亮光，能飞善泳。山塘、水库多见。

　　猫头鹰　俗称猫鸪雕。头似猫，羽毛黄色，有黑斑，吃老鼠，体形有两种，小的四五两，大的二三斤。

　　白鹤　头小、颈长，嘴长且直，锐利，脚细长，喜群居或双栖，吃鱼和昆虫。

　　杜鹃　又名杜宇、布谷、郭公。似鹤，体黑灰，尾有白斑，腹有黑纹，初夏常昼夜啼鸣。因其声似"布谷"故名。杜鹃啼时，可为农候。不能筑巢，多居树穴和借鹊巢为窝，吃毛虫。

　　喜鹊　俗称鸦鹊。嘴尖，尾长，毛大部分为黑色，肩腹为白色。

叫声嘈杂,多在村中古树筑巢。旧时民间传说听见它的叫声有喜事来临,故称喜鹊,受人欢迎。

兽类

野猪　野生哺乳动物,毛粗,呈黑褐色。犬齿长而外露,性凶猛。山区庄稼常遭践踏,对农作物危害甚大。

野兔　较家兔稍大,毛呈茶褐色(或略带灰色)。山区、丘陵均有分布。

狐狸　形略像狼,一般嘴尖、脚短、尾长。毛赤黄或灰褐色。性狡猾,昼伏夜出。毛皮可做衣料。常见的有果子狸、挖鳅狸、猫狸、白(乌)尾狗、短狗、白面等多种。

鱼类

河鲤　体侧扁,背苍黑,腹黄白,嘴边有须一对。每年汛期及排卵季节更易捕捞。

鲶　无鳞,体多黏液,背苍黑,腹白、头扁,口阔,上下颌有须四根。尾圆而短,无叉。

泥鳅　体呈圆柱形,头尖小,嘴有须,近尾扁平,有黏液,背浅黑,有斑点,腹灰白,生活在淤湿泥土中。肉嫩鲜美,遍布全镇各地。

黄鳝　体长而圆,像蛇,无鳞,黄褐色,有的有黑斑。多生活在池沼、水田泥洞中。全镇各地均有。

爬虫类

金环蛇　又称"黄苍蛇",整体有黄色与黑色相间的环纹围绕周身,黑色环纹较黄色环纹略宽。有毒,生活于平原、山地、湿地、池边等处。肉可食,可与灰鼠蛇、眼镜蛇浸制"三蛇酒"供药用。

银环蛇　亦称"寸白蛇"、"白公堂"。有毒,体背面有黑、白相间的环纹,毒腺极小,但毒性强烈。去内脏的幼蛇干燥后入药,主治风湿脾痛、筋脉拘急、口眼歪斜、半身不遂及大麻风等症。

眼镜蛇　又称"脚颈蛇"、"胀颈疯"。有毒,生活于丘陵地带及平原,激怒时,前半身竖起,颈部膨大"呼呼"作响,可供药用。

蕲蛇　俗称"瓦子角"。黑色体短,毒性剧烈,多生活于山区。

烘干可入药治病。

乌梢蛇 亦名"乌凤蛇",无毒,长可达2米以上,背部呈棕绿至黑褐色,背中央有两条黑线纵贯全身,生活于山地、田野间。可入药,肉可食,皮可制乐器。

蝮蛇 头呈三角形,颈细,有毒,捕食老鼠等小动物。

竹叶青 俗称"青竹蛇",全身绿色(有的尾端带红色),常匿竹叶及草丛中。夜间出动觅食,毒性很大。可入药。

水蛇 亦称"泥蛇"、"中华小蛇",毒性不甚烈,生活于田野,池沼、河沟等处。可治瘰疬病。

蜈蚣 体扁长,头部金黄色,背暗绿色,腹黄褐色,躯干分21节,每节有足1对,多栖于腐木、石隙或垃圾中,昼伏夜出,行动敏捷。干燥全虫入药,主治小儿惊风、偏头痛、恶疮、蛇咬等症。

三 水资源

赖村境内,水资源丰富,地表水、地下水遍布全镇。地下水的总储量及年产水量和年可采水量,未曾勘测落实。

(一)地表水

镇境内雨量充沛,水系发达,溪河密布,地表水相当丰富。

全镇年均降水量为1583.9毫米,年平均地表总量为10.34亿立方米,地表径流量最大的1975年为11.19亿立方米,地表径流总量最小的1967年为8.93亿立方米。无论丰水年或枯水年,地表水均较丰富。

青塘河,年末水量为1.55亿立方米。但年际变化较大,四季分布不均。地表径流年际变差系数为0.35,最大11.19亿立方米,最小8.93亿立方米。丰枯之比为4.14;四季差异为4至6月降水集中,故4至6月汛期径流量大,占全年地表径流总量的54.3%,7月份开始雨量急剧下降,故7至9月份径流量减小,占全年地表径量总量的20.3%;冬季和初春雨量稀少,故11月至翌年3月径流量最小,仅占全年地表径流总量的11.6%。

(二)地下水

地下水受岩性、地质构造和地貌条件的制约,按含水岩组及贮存条件，赖村地下水水型有 3 种。

松散岩类孔隙水　分布在水西两岸，面积约 50 平方公里，水量贫乏，单井涌水量每日 4 至 5 吨。

碎屑类裂隙孔隙水、岩溶水　分布在岩背，面积 3 平方多公里，水量中等，为红层底砾岩岩溶水，流量每秒 1.6 至 7 公升；含钙碎屑岩裂隙水，赖村全境均有分布，面积 200 平方公里，水量贫乏，单井涌水量每日 0.045 至 7.88 吨；在岩背以西还有碎屑岩裂孔隙水，面积 40 平方公里，水量一般，单井涌水量每日 29.67 至 45.72 吨。

碳酸盐岩溶水　分布岩背小盆地，为中等的岩溶水，面积 4 平方公里左右，泉流量每秒 3.9 至 5.2 公升，暗河流量每秒 1.6 至 5.35 公升。

温泉　山坑村委会塘下村小组龙塘尾，有一口温泉塘，现有担桶水量涌出，冬天水温 10 度以上，附近村民前往洗澡，洗脸。冬季曾养水浮莲和非洲鲫鱼过冬。

四　矿物资源

镇内已发现的矿物有煤、石灰石和大理石等。

煤　赖村煤的矿点很多，储量丰富。煤质为无烟煤，赋存于石炭系梓山组地层中。煤层不稳定，变化较大，且常为断层所破坏。多分布在高岭、山坑、岩背等村委会境内。

石灰石　分布在围足、水西、石街等村委会境内。有的整座山都是。

大理石　赖村大理石，纹理有土黄、黑色、灰白、红色数种。但目前尚未大量开发。

第六节　自然景观

优越自然地理环境，构成了赖村优美的风景名胜，鬼斧神工，造就了千奇百态、丰富多彩的天然景观。有赖村九寨十八岩；有印山八景、浮溪四景等。还有子同山、东华山、高岭等名山，均高峰耸拔，似对庐山五老峰。登上山顶眺望，风光无遗，远处莲花山为屏风并立，近瞰赖村，古镇秀色收入眼底。

一　赖村特景

境内有印（永）山八景、浮溪四景等。古人黄璟，南京吏部主事黄五云、黄宗生、黄绍杰等题诗赞誉。

（一）印（永）山八景

东岭晴云　位于清溪东，昔日雾霭沉沉，一轮明月升空时，光芒万丈，照彻天际。有诗赞曰："位震山头一朵红，非烟非雾满晴空。光联泰岳微茫外，气接蓬莱缥缈中。闲隐无心时出岫，飞扬有意定从龙。解施沛泽为霖雨，甦沐焦枯遍宇丰。"

西山爽气　位于清溪西，山高气爽，云烟缭绕，气候宜人。有诗赞曰："地理生成势自然，崔巍高耸扁青天。星分奎壁文光焕，位应长庚瑞气连。爱起清晨爱起暮，半疑云雾半疑烟。四时佳致清如许，绝胜王维在辋川。"

南峰胜景　在水西村境内东，南峰仙天龙岩，岩内建有天仙寺，寺旁有一眼"甘泉"，长年不涸，称"仙泉"。现名曰"龙泉"。地势广阔，上临三道石之关，下迎九洲江（即清溪河）之水。层峦拱照，灵气飞腾，气势磅礴，天工造就。有诗云："南峰仙景萃精灵，半壁中霄一点明。只谓无阊通紫气，犹疑碧落灿文星。玉林不夜祥光霭，瑶席长青淑气清。四顾迥然云物巽，飘然遗世在蓬瀛。"

北浦渔歌　位于青溪下游南山下，三面环水，一面环山。有诗言景："长江一曲抱村流，时有渔翁泛小舟。疑乃曲乡山漠漠，沧浪歌罢水悠悠。日忘机事鸥为侣，夜卧芦花雪满头。唱彻一声堤岸绿，余音嘹亮绕苹州。"

天龙瑞霭　位于水西天华山天龙岩。下绕清溪河，拾级而上，曲径通幽。山下路口有怡事（已废），山上茂林修竹，风景秀丽。有诗云："形挚峃峃逼上台，半巅石壁一岩开。岭头时引祥烟绕，洞口频招紫气来。云霭碧潭龙奋起，月明华表鹤飞回。须知媲美蓬台境，几度登临豁壮怀。"

仙马遗迹　位于莲子村境内大马石。石岩内建有寺庙（天马寺)。有诗曰:"维石岩岩镇上流,仙人曾此骋花虬。金鞭一跃腾空去,碧玉双翻印迹留。雨露滋时痕尚湿,云霞映处景还幽。天然奇概应无匹,一任骚人贤胜游。"

梓橦仙山　位于山坑村境内。高峰耸拔,上入云霄。山顶建有仙殿,山腰建有佛庐。有诗云:"巍巍形势倚晴空,错落星精号梓橦。绝顶每瞻红日近,层峦时惹白云封。经筵道月明千里,梵刹祥光射九重。最是景华尘迹少,清高不让广寒宫。"

岩前瀑布　位于天华山新云寺,落差约20米,为季节性瀑布,沿峭壁倾泻而下,水花飞溅,百声震耳,景色壮观。有诗云:"混混源泉涌满科,石岩瀑出势滂沱。泻来碧落琼珠溅,界破青山玉带抛。半壁寒气如散雪,四时清响似鸣珂。从教枕漱潺湲外,试听沧浪孺子歌。"

(二)浮溪四景

南溪夜月　在清溪河南,夕阳西下,夜光映照。清溪所潴,河水清澈,古人有诗云:"夕阳山外落,皓魄澹相宜。着水蟾蜍跃,穿林玉兔驰。庾楼无浅兴,牛渚有新诗。清意南溪取,忙人哪得知。"

东胜仙山　位于下溪竹天子岭,岭上于清朝同治年间建有东胜仙(寺)。因山高云霄,长年云雾缭绕,似天中一山,故名有诗云:"东胜由来久,蔍葱佳气停。轻烟笼远岫,淡月抹疏云。法鼓晨催梦,老僧夜诵经。尘氛飞不到,仙佛驭云轺。"

西岗旭日　位于清溪河东,凌晨从清河边遥望东方,一轮红日冉冉上升,在云海中闪烁异彩,令人眼花缭乱。有诗云:"旭日拂扶桑,人人喜欲狂。连珠留若木,翕壁耀西岗。隙地皆垂照,漫天尽透光。挥戈难还舍,无负断翔阳。"

北桥泂湍　位于溪竹村境内。清溪河流经水仙桥。昔时水击桥柱,有如钟声,行人观之乐。有诗云:"溪流喜曲折,绿树覆阴阴。潭上鱼龙气,液间钟磬音。涛回惊望眼,浪卷摧雄心。谁是障川者,应从此处寻。"

二　名寨、名岩

(一)名寨(九寨)

境内主要名寨有:圆石寨、杉山寨、竹胜寨、金牛寨、马尾寨、安福寨、文屋寨、关刀寨、长寨九寨。其中：

圆石寨　又名青云山。在赖村东南2.5公里。石圆而峻，壁立千仞，无路可登。唯寨南置"天桥"一座，与对山相接。山上绿树成荫，树丛中隐现古寺一座。寺前有水塘，清澈见底，人称"天池"。古时每逢兵燹，宋氏皆避乱于此。

杉山寨　在赖村东2.5公里。寨顶平坦展延，有田园可耕。村人构屋居之。

金牛寨　与杉山、竹胜寨相连，寨顶横画如屏。

竹胜寨　与金牛、杉山两寨相连，寨顶平坦如田，可耕种，可建房。

（二）名岩（十八岩）

境内名岩有：钟鼓岩、天马岩、狮石岩、屏障岩、猪婆岩、桐子岩、上岩、下岩、铜钱岩、坐静岩、牛尾岩、油榨岩、朝天岩、竹排岩、虾蟆岩、茶叶岩、洋石岩、马尾岩十八岩。其中：

钟鼓岩　在赖村东2.5公里，圆石寨脚下，二石险峻耸立，一如钟，一如鼓，因名。岩幽邃（深远而阴暗），岩顶有圆石，其右侧有一小梁伸向圆石，如槌击鼓。中有佛庐。

天马岩　在赖村水西新圩，窈窕曲折，青松翠蔓，参差披佛。岩内建寺庙，村人宋应桂读书佛堂，夜半静坐，忽见佛光满室，自是豁然有悟，所学大进，成进士。后宋昌玙、昌恂、昌凤、昌悦、华国、光国读书此地，并登科第。另寺旁有一眼甘泉，长年不涸，称为仙泉。

狮石岩　在钟鼓岩侧，如雄狮踞坐张口怒吼。相传古时有魔狮作怪，使此一带尽成汪洋。太上老君得知情由，以法镇伏魔狮，遂成今日奇景（狮子岩）。

三　名山

高岭　在赖村西部，距镇政府驻地10公里。高岭村委会境内。岭的北面为兴国县属地，岭势陡峻，路从中辟，萦绕如线，悬于百仞之上。其最高处，回望镇圩，一片青濛之气，因磊石峰矗起，隐约可见。

子同山　在赖村西北部，山坑村委会境内。高峰耸拔，上入云霄，脉实自宝华山来，专为赖村也。山顶建有仙殿，山腰有佛庐（即和尚居住的小屋）。

东华山　在赖村镇陂田村委会境内。苔莪上出，附以层峦曲阜，松竹阴森，中有僧舍，参差相沿，景色秀丽。

第三章

新中国成立以来经济社会发展概况

赖村镇自 1949 年至今，工农业生产虽有过波折，但总的趋势是向前发展，特别是改革开放以来，赖村的经济社会发展迎来了新的生机活力，其经济实力上了新的台阶。

第一节　1949—1978 年主要经济社会发展

1949 年 8 月，赖村人民获得解放。从此翻身做了主人，经济社会发展出现了新的变化。

一　农业

1949 年以前，赖村生产条件落后，生产力低下，抗灾能力小，农业生产每况愈下。1946 年国民党政府发动内战，苛税抓丁，民不聊生，粮食亩产从过去的 260 斤减至 170 多斤。

新中国成立以来，通过土地改革，农民分得土地，生产关系发生根本变化，先组建农业生产互助组、初级农业合作社，然后又迅速过渡到高级农业合作社。这一时期农业生产发展快，粮食产量持续增长，1957 年总产量达到 7060 万公斤。1958 年人民公社后，依靠集体力量，进行农田基本建设，改善了生产条件。但强调"一大二公"，经营管理方式单一化，农民的生产积极性没有充分调动起来。加之

"文革"开始后，受极"左"路线影响，忽视经济规律，农业生产虽有发展，但较缓慢，粮食产量长期在 6000 吨至 7000 吨之间徘徊，直到 1978 年，粮食总产也没有突破 1 万吨。

二　工商业

1953 年，赖村设立竹篾加工合作社、服装加工合作社。1958 年兴起地方办企业，赖村由公社、大队、生产小队集体投资（物、工）办起石灰厂、煤矿、农机厂、砖瓦厂、酒厂和综合厂（含铁器社、篾器社、缝衣社、搬运队）。1961 年国民经济转入调整时期，赖村撤并了原料不足、经济效益差的企业，仅保留煤矿、石灰厂、综合厂、砖瓦厂。1970 年始，开展群众性"工业学大庆"活动，社队企业有所发展，增设铸造厂、孵房厂等，尽管企业效益不高，但工业发展有了好的开端，企业职工的收入明显高于农民。

商贸发展路子窄。新中国建立后，政府只发展供销合作事业。1953 年起，先后成立供销合作社、合作商店、粮管所、食品站，最终形成由供销合作社统一管理商业的经济体制和经营格局，维护了市场稳定。

三　社会事业

教育方面：1949 年，政府接受公办各类学校，中心小学 1 所，小学 3 所。1958 年，境内小学校总数达 15 所，实现队队有小学。1960 年，赖村中心小学开设 1 个初中班，1961 年，初中班并入青塘初中。1968 年，赖村中心小学复开设初中班，1969 年设赖村初中，1970 年又开设高中班，至 1978 年，每年在校高中班 6 个，300 余名学生。

文化方面：1951 年，赖村各村成立腰鼓队，以后有 6 个村相继成立业余剧团，节目多自编自演，适应当时形势的小戏，也排演过革命样板戏，其中国足村卫东文宣队演出活动成绩显著，多次受到省、地县的表彰。1977 年，赖村公社及另 2 个村各配备放映机 1 部，经常到各生产大队、小队轮流放映。

卫生方面：1951 年成立联合诊所，以后改名卫生院。1965 年，赖村 15 个生产大队办起了保健室，1970 年易名为合作医疗站（卫生所）。至此，赖村形成公社、大队两级卫生网络，方便了农民治病防疫。

交通、通信设施方面：70 年代末，赖村各大队实现队队通公路，各大队办公室安装有线电话。1968 年家家户户装上有线广播。

第二节　改革开放 30 年经济社会发展变化

1978 年，中共十一届三中全会确定了中国改革开放的伟大战略，赖村大胆探索，勇于实践，坚持体制创新、产业创特，使当地的经济社会、人民生活发生了突出的变化。

一　转变经营体制

经过第一、二轮农村土地承包工作，赖村稳定和完善了家庭联产承包责任制；镇企业的经营管理体制进行了改革，由先实行厂（站、所）长承包制，后进行租赁、拍卖，并支持和鼓励发展个体、股份制企业；又通过招商引资，兴建民营企业；商贸各业在推行多种形式承包经营责任制时，紧接着进行国营商贸企业转为民有民营，并积极引导个体经营的范围、生产领域不断扩大，由从事商业、饮食业向加工业、交通运输等服务业发展。

二　调整农业产业结构

对大农业内部农林牧渔的结构进行了合理的调整，打破了单一的粮食作物种植，伸长了多种经营"短腿"。境内各村选定 1—2 种优势作物和一种优势养殖品种，建立了万亩无公害脐橙基地、反季节蔬菜基地、花卉基地、中药材基地、杂交水稻制种基地、稻田养鱼基地、麻鸭饲养基地、蘑菇基地等，初步形成了大农业发展的格局，也为镇村企业的发展开辟了新路。

三　经济发展上新台阶

改革开放以来，赖村镇的经济实力不断增强。1979 年至 2007

年，全镇的生产总值由 519 万元增加到 11587 万元，增长 22 倍；
1986 年至 2004 年，财政收入由 23.029 万元增至 649.56 万元，增长
28 倍；1979 年至 2009 年，金融机构存款余额由 10.79 万元增加到
12030 万元，增长 1114 倍。2009 年，赖村镇的综合经济实力居全县
24 个乡镇的前 10 位。

四 农民生活水平普遍提高

如今，赖村人民生活发生了巨大的变化，由过去的贫困进入温饱
型，部分农民已进入了小康生活。1979 年至 2009 年，农民人均纯收
入从 92 元增加到 2010 元；居民储蓄存款从 30.7 万元增加到 10120
万元，人均储蓄 2020 元，人均住房面积从 15 平方米增至 28.8 平方
米。衣、食、行有较大变化，人均生活消费支出达到 1500 余元。

五 社会发展全面协调

1979 年至 2009 年，每万人拥有医生由 5 人增加到 10.1 人；小
学、初中、高中和高等教育入学率分别由 90%、80%、40% 和 2% 增
加到 100%、100%、60% 和 10%；部分行政村实现通水泥路，新农
村建设步伐加快，镇村面貌大为改观。2005 年至今，赖村镇先后被
评为江西省文明镇，围足村被评为江西省文明村，莲子村新农村建设
被评为赣州市先进单位，邮村村党支部被评为赣州市优秀基层党支
部。此外，有 30 余项工作获县表彰。

第四章

农业经济发展情况

赖村是农业镇，自古产粮、油等作物，民间把粮销售到浙、闽、粤等地。新中国成立后，经过土地改革，农业合作化运动、人民公社化运动、家庭联产承包责任制的历史阶段，科学种田的程度不断提高，农业经济逐步走向产业化、市场化。

第一节　农业生产经营体制变化

农业生产的发展，不仅是取决于土地、劳动、资本等生产力的提高，而更重要的决定因素，也取决于生产经营体制是否与之相适应。

一　新中国成立后至改革前农村生产经营体制的变迁

（一）土地改革

1950 年，中央人民政府公布了《中华人民共和国土地改革法》，同年 11 月至 1951 年 3 月，赖村进行了第二次土地改革（第一次土地改革是 1932 年 2 月至 1933 年），1952 年 11 月至 1953 年 3 月进行土地复查。没收地主和公堂的土地，征收富农的多余土地，分给无地或少地的农民；废除了封建土地所有制，改变为农民土地所有制。土地改革期间，赖村共没收、征收耕地 11230 亩，农民户平均占有耕地 10.33 亩，人平均 2.79 亩。于都县人民政府向农户颁发了土地证，从法律上保障农民分得的土地权益。

1954 年 1 月，农民开始自发地组织季节性或常年性互助组，以解决农户劳力不足或缺牛少农具的困难。当年有 14 个互助组，参加互助组的农户 362 户，占总农户的 10.5%；劳力 353 人，占总劳动力的 8.7%；耕地 3496 亩。这时期，农民在经营管理上有自主权，在分得的土地上，自行安排种植农作物，自愿劳动组合，各户自行核算，自负盈亏，产品除完成国家征收任务外，由农户自己处理。但由于互助组规模较小，水利建设、农技推广等方面仍受到限制，特别是无力抵抗较大的自然灾害。

（二）农业合作社

1955 年初，赖村开始由互助组向初级农业合作社发展。赖村、莲子两个乡各组建初级农业合作社，同年 8 月，县委、政府批评农业合作化道路上的"小脚女人走路"，于是初级农业合作社迅速得到发展。年终，赖村境内建立初级农业合作社 9 个，入社农户 1462户，占总农户的 42.5%。初级农业合作社实行"统一领导，统一核算，土地分红，评工记分"的经营管理体制。这一年，赖村区农业总产值比 1954 年增长近 1 倍，充分显示了初级农业合作社的优越性。

1956 年 1 月，中共中央公布《农业生产合作社示范章程》，同年 11 月，赖村区所辖 11 个乡全部转入高级农业社。至此，实现了由农民土地所有制向集体所有制的转变。高级农业社实行"统一领导，统一计划，统一生产，统一核算"的管理体制，以贯彻执行中央"民主办社"、"勤俭办社"的方针，全面执行按劳分配的原则。

（三）人民公社

1958 年 8 月，中共中央发表《关于农村建立人民公社问题的决议》。同年 10 月，撤区并乡，赖村成立跃进人民公社，下辖 11 个生产大队，202 个生产小队；总户 3854 户，人口 16623 人，其中农业户 2613 户、15716 人，非农业户 241 户、907 人；劳动力约 2970 人，耕用土地 31800 亩。土地、耕牛、农具、劳动力等属公社所有。初期，以公社为核算单位，实行工资制和供给制的分配形式，采取组织军事化、生产战斗化、生活集体化管理制度。各大队、生产队有公共食堂，社员集体用餐。农业生产及农田水利建设实行大兵团作战。1959 年，赖村抽调青年劳力，投入了大炼钢铁的高潮，加上农业产量"放卫星"，导致粮食减产。公办食堂粮食供应不上，全社出现严重的饥饿现象。

1960 年冬至 1961 年底，根据中共中央《关于农村人民公社当前改革问题的紧急指示信》，开展了以纠正"五风"（共产风、浮夸风、命令风、干部特殊化风、瞎指挥风）为中心内容的整风整社活动。取消了粮食供给制和公共食堂，纠正了无偿调用生产、生活资料的"共产风"错误。1962 年 4 月，按照中共中央《农村人民公社工作条例修正草案》（即"农村 60 条"）和《关于改变农村人民公社基本核算单位问题的指示》，赖村对公社、生产大队、生产小队规模进行调整，实行"三级（公社、大队、生产小队）所有，队（生产小队）为基础"，以生产小队为核算单位的管理体制。公社将生产小队所有土地、劳力、耕畜固定给生产小队使用，公社和大队不再从生产小队提取公共积累，而生产小队提留的公共积累作小队发展生产之用。各小队建立财务，坚持按劳分配、各尽所能的原则，对社员实行定额管理，评工记分，底分活评与定额计酬相结合的办法。生产小队统一完成国家公购粮，余下的作社员口粮，按全劳力、半劳力、无劳力三个等级供粮；年终分配收入以生产小队当年每天分值乘社员全年工分的报酬，"五保困难户"由生产小队无偿供给粮油等物资；社员还分得自留地（一般按家庭人口），并允许饲养猪、鸡、鸭。这对恢复和发展生产起到了积极的作用。

1966 年进入文化大革命后，"左"的错误越来越严重，赖村也出现限制社员发展家庭副业的一些不当做法，少数生产队还推行过"政治评分"，不按社员的劳动数量和质量，以政治表现、劳动态度评工分。结果造成农业单一经营、形式主义、浮夸虚报等问题较普遍，社员收入一直低下，劳动积极性减退，越发凸显了集体经营体制的弊端。

二 改革开放后家庭联产承包责任制

1978 年 12 月 18 日至 22 日，中国共产党召开了十一届三中全会，由此，中国的改革从农村拉开了序幕。农业生产经营体制发生的最大变化，是推行家庭联产承包责任制，这种"包"字当头的制度，开始仅限于耕地，后延伸至林、牧、副、渔各业。

（一）实施农村土地承包责任制

土地承包起步从 1979 年至 1980 年。当时还是摸着石头过河。赖村大部分生产小队采取划分常年作业组的联产承包责任制，在坚持生产小队"统一领导、统一计划、统一核算、统一分配、统一管理"的前提下，把耕牛、土地、农具和劳动力合理搭配到组，固定使用，实行包工、包产、包投资等责任制；少部分生产小队划分临时作业组，实行定额小段包工责任制。

1981 年，推行"包干到户、包产到户"的家庭联产承包责任制，即坚持土地公有制不变，在兼顾国家、集体、个人三方利益的原则下，采取分户经营，包干完成国家下达的农副产品交售和集体提留指标，实行自负盈亏。1982 年，赖村境内的 234 个生产小队全面实行家庭联产承包责任制。从此结束了农村长期实行的"三级所有，队为基础，集中劳动，统一分配"的管理体制，建立了以家庭经营联产、统分结合的双层经营新型合作经济体制。"交足国家的，留够集体的，剩下全是自己的"。农村经济获得了内在活力。

由于经营管理体制的变革，农业劳动生产产值、商品率、社员口粮水平有了较大提高。劳动生产产值，1958 年每个劳动力产值 768元，1978 年 818 元，1982 年 913 元，1982 年与 1958 年相比，每个劳动力产值增加 118.88%；商品率，1958 年平均每个农业劳动力提供商品粮 553 斤，1978 年 598 斤。1982 年 604 斤，为 1958 年的109.22%；社员口粮，1958 年社员人均口粮 442 斤，1978 年社员人均口粮 505 斤。1982 年 663 斤，为 1958 年的 150%；社员收入水平，集体收入部分，1958 年社员人均收入 30.2 元，1978 年人均 90 元。1982 年人均 95 元，为 1958 年的 314.5%。

（二）完善农村土地承包责任制

农村实施家庭联产承包责任制后，从 1991 年起，赖村镇党委、政府着手抓了土地承包制的完善工作。耕地承包。主要解决乱占滥用、人为撂荒、频繁调整及适当扩大规模等问题。对乱占滥用、破坏耕地的坚决制止；对主要因外出打工、经商、无力耕作，造成撂荒的，罚交荒芜费，直至取消承包权由集体收回。坚持土地承包关系基本稳定，由于不可避免的因素，造成口粮田紧缺的农户，按"大稳定、小调整"的原则定期调剂，以出补进，从"农转非"和死亡减员收回的承包土地中或从"机动田"中解决，或采取"动账不动田"的办法调剂。对土地承包的小调整，做到从严掌握，逐级审批。山林承包。继续落实和稳定农民的"自营山"，经营权 50 年不变，并发给山林执照。同时仍着重解决农户自营山"分而不造"和集体山林"统而不管"的问题，采用国社联营的方式开发，即农户以山林经营权入股，国营单位出资造林，收益按股分红；或采用集体组织劳力统一营造、分户管理的方式，对听任山林荒芜的农户收取荒山费，并限期绿化。水面承包。为提高水面经营水平，对大型水面，鼓励国营、集体、个人集资入股，联合经营，实行按股分红，或由能人牵头合作承包，按比例分成；对小型水面按质划等，确定合理的投标基效，实行投标承包，利润包干，停止实行抽签承包。当时联合经营承包 6 个组，养殖水面 1067 亩，个体经营承包 91 户，养殖水面 982 亩。果园承包。坚持所有权与经营权分开，引进租赁、拍卖机制，对低产果园及荒山、荒坡按质议价，面向社会公开租赁拍卖，租赁期限自行协定。当时，赖村拍卖村级果园面积 157 亩，租赁果园面积 2400 余亩。

1998 年，第一轮农村土地承包基本到期，根据中共中央办公厅、国务院办公厅《关于进一步稳定和完善农村土地承包关系的通知》精神，赖村结合实际，制订具体工作方案，坚持"大稳定，小调整"，土地承包期再延长 30 年保持不变。对所有农村承包土地进行登记造册，发放《土地承包经营权证》。使农村基本政策保持延续性，农民的生产积极性长期得到发挥。

（三）流转土地承包经营权

第二轮农村土地承包责任制实施后，伴随农业经济结构细化，农户之间开始出现了责任田的出租、互换、转让等形式，对此，赖村顺应经济发展趋势，在自愿条件充分成熟的情况下，对要求适当扩大承包规模的，镇村各级组织既不鼓励也不限制，顺其自然发展。据了解，目前承包土地户共有 41 户，其中租用或转让耕田 21 户，互换耕田 13 户，租用土地面积 7 户，面积多的分别是山地 2000 余亩，耕地 40 余亩。

第二节　农业经济发展变化

农业生产经营体制的变革，带来了农业内部结构的分化与调整，并朝着农业的整体发展方向迈进。

一　农业结构调整

（一）粮食作物

赖村的粮食作物，以种植水稻为主，其次有红薯、大豆。1950 年至 1957 年，一年一熟制占主导地位，农田大部分种一季早稻或一季晚稻。1958 年，党中央、国务院提出"以粮为纲"的方针后，赖村（跃进）公社掀起以"三复"（旱地变水地、单季复双季、间作变连作）为主要内容的耕作制度改革。这年，复种指数达到 159%。以后通过兴修水利、农田基本建设，至 1960 年基本形成三熟制。主要类型：①早稻—晚稻—绿肥；②早稻—晚稻—油菜；③早稻—晚大豆—绿肥；④早稻—晚红薯—绿肥；⑤早花生—晚稻—油菜。三熟制增加肥料和劳动量，但农作物增产幅度大。自 1960 年推广农业三熟制至 1982 年，并没有改变种植业结构的单一化。农作物播种面积略见下表。

1984 年后，赖村在稳定粮食生产的基础上，逐步减少粮食种植面积，扩大经济作物，至 2007 年，全镇粮食作物 50846 亩（复种面积），经济作物 13630 亩（复种面积），粮食作物与经济作物之比为 78.8∶21.2。与 1978 年相比，粮食作物下调 15.4%。

表 4－1　　　　　几个年份农作物播种面积比较　　　　　单位：亩

项目 \ 年份		1952	1958	1964	1966	1970	1978	1982
粮食作物	早稻	18041	23002	25700	25800	26817	26900	26213
	一晚	7600	1570	1020	990	643	658	807
	二晚	11200	27300	28125	29076	30004	30301	28521
	红薯	3761	2976	2064	1692	1973	1802	1715
	大豆	1827	1127	1039	968	1126	1069	1120
经济作物	花生	3947	2942	2004	2012	1791	1911	1806
	油菜	84	219	908	1407	1627	1803	2301
	甘蔗	5.7	10	12				8

（二）经济作物

经济作物主要有花生、油菜。赖村的花生、油菜历史悠久，有"产油地"之称。花生品种：六月暴、横丝子、直丝子、白衣花生等；油菜品种：甘蓝 3 号、湘油 13 号等。花生是油料作物，种植面积一直保持在 1000 亩以上。甘蔗早在 50 年代就有种植，60 年代因遭水灾被冲而停止种植。80 年代以后，随着产业结构的调整，恢复了种植甘蔗，增加种植白莲、油菜、烤烟等经济作物。

1985 年至 1995 年，种植甘蔗面积 3000 至 5000 亩。1989 年，地（市）县提出大种油菜的号召，赖村乡村干部全力以赴，1990 年至 1991 年，油菜种植面积近 2 万亩，年产量达 1500 吨。1995 年起，县委县政府提出把发展烟叶生产作为财政增收、农民增收的支柱产业来抓，县烟草公司免费向烟农供应种子、营养袋、火管、炉条、温度计等，赖村虽未列入全县栽种的重点乡镇，但仍把种植烤烟作为调整产业结构的重要项目，先后召开乡、村、小组三级干部动员大会，积极部署烟叶生产，1995 年至 1998 年，年种植烟叶近千亩，年均产量 80 余吨。

通过以上三次农业结构的大调整，增大了经济作物面积，使农业结构趋向合理。1996 年于都糖厂关闭，1995 年、1999 年烟草价格的

表4-2　　　　　粮食作物面积与产量统计　　　　　　面积：亩；产量：吨

年份	粮食作物		早稻		中稻及一晚		二季晚稻		大豆		红薯	
	面积	总产	面积	总产	面积	总产	面积	总产	面积	总产	面积	总产
1984		12674	24314	6334	716	169.5	20698	5672.7	1137	114.9	1988	329.8
1985		11917	20800	5950.3	617	161.1	19512	5432.4	1060	111.9	2240	257.5
1986		8701.4	19485	5601.9	745	124.4	17774	2642	965	87.6	2429	236
1987	41058	10145	18777	5121	584	116	18111	4533	900	97	2369	261
1988	39763	11077	19479	5715	497	112	16806	4833	526	116	2011	281
1989	43477	12738	20243	6423	450	93	19780	5763	602	156	1701	266
1990	44643	13710	20549	6576	482	137	19980	6466	882	175	2452	326
1991	42573	13415	19686	6751	359	109	18158	5932	1261	196	2455	377
1992	37016	12535	14889	5137	356	104	17572	6719	1606	156	1597	368
1993	28576	9691	12608	3441	403	124	15565	6129	2357	217	1540	329
1994	38773	12015	14858	3831	428	129	16677	6754	1851	472	2953	673
1995	38017	13355	15696	5116	404	166	18247	7116	1449	259	2221	637
1996	38581	14275	15438	5959	404	164	18423	7185	1399	254	2181	629

续表

年份	粮食作物		早稻		中稻及一晚		二季晚稻		大豆		红薯	
	面积	总产	面积	总产	面积	总产	面积	总产	面积	总产	面积	总产
1997	41814	12986	14506	4926	153	63	20118	7082	1685	145	2489	597
1998	41438	14525	16333	5847	203	84	20104	7842	1222	122	2809	553
1999	42548	14372	16354	5959	404	168	20230	7485	697	71	2972	594
2000	45561	14612	13483	4854	3404	1391	19960	7087	512	53	3292	737
2001	44416	14708	13583	4958	3404	1429	20103	7317	628	67	3258	746
2002	41613	13613	17190	4538	3115	1249	18193	7089	258	53	2207	677
2003	41450	13499	15605	5540	3050	1248	16839	5513	198	39	3209	924
2004	52274	17615	22794	8160	789	314	24108	8290	132	26	1902	552
2005	51126	17355	18608	6475	3123	1143	24167	8617	2433	331	2631	766
2006	49763	17735	18662	6532	789	327	24167	9594	3514	351	2631	796
2007	50846	18494	19626	7262	1649	691	23194	9278	3660	315	2717	791
2008	53265	19433	19718	7651	1817	752	25419	9764	2833	375	2717	829
2009	53210	19400	19715	7660	1806	739	25005	9617	2841	382	2717	816

表4-3　　　　　　　　　　　经济作物面积与产量统计

面积：亩；产量：吨

年份	花生		油菜		果用瓜		甘蔗		烤烟		白莲		蔬菜	
	面积	总产	面积	总产	面积	总产	面积	总产	面积	总产	面积	总产	面积	总产
1984	1813	132	2401	73			8	35	83	3				
1985	2583	255	1777	608			1795	8015	130	9.7	42	2.1		
1986	2284	216	1899	59	32	48	3738	11745	49	1.4	20	1.2		
1987	2326	254	2173	48	29	37	4123	13744	24	2	3	0.1		
1988	2295	310	4183	204	70	237	3948	12500	277	18	33	11		
1989	2497	339	8700	174	84	140	2174	9132	171	9	28	3		
1990	2066	310	19987	1498	151	210	1943	5014	339	9	20	2		
1991	2181	260	18970	1506	77	142	3306	13323	84	5	35	4		
1992	3012	476	15740	976	163	68	5484	22210	24	3	364	20		
1993	3147	529	9308	462	1000	2521	3678	14712	46	2	1025	51		
1994	3359	485	8812	477	762	1524	3614	14412	30	2	986	57		
1995	3052	483	18128	2718	578	1445	2390	7170			740	37		
1996	3162	498	13012	1020	810	1215	512	1587			1012	50		

续表

年份	花生		油菜		果用瓜		甘蔗		烤烟		白莲		蔬菜	
	面积	总产	面积	总产	面积	总产	面积	总产	面积	总产	面积	总产	面积	总产
1997	2696	399	10070	394	623	529	612	2591	989	67	620	25		
1998	3325	497	8241	345	260	394	1341	4012	857	86	660	26		
1999	3899	585	8013	240	302	604	405	1620			40	2		
2000	4646	670	6642	327	1615	3231	114	399	43	31	42	4	5309	13019
2001	4245	619	8030	407	1242	2386	114	403	50	31			5689	14692
2002	3130	447	47	4	40	55					20	1	6153	13511
2003	2891	434	1837	97	95	143							5150	13592
2004	3588	538	1837	110	35	53							4200	10376
2005	3323	518	180	13	1100	1628							4128	10376
2006	4182	652	2081	156	42	83							4128	10374
2007	4191	654	2081	164	524	1035			516	49	2190	208	4128	10361
2008	4170	661			524	1035							3966	10352
2009	4186	669			526	1098							4117	10380

下跌，挫伤了农民种甘蔗、烤烟的积极性，以致 2002 年后停止种植甘蔗，2005 年，油菜面积也降至 180 亩。这为以后赖村镇党委、政府提出实现一村一品（特）积累了丰富的经验。

二　农业生产经营的产业化

由于人民生活水平的提高，在食品消费上的结构也出现了变化，从以粮为主食的消费型转为粮—肉并重，后又转为粮—肉—菜—果并重，为此赖村党委政府把发展思路扩宽到畜禽、果业、蔬菜等生产领域。赖村人多田少，人均耕地不足 1 亩，并且因建房、修路等因素，耕地面积存在逐年下降的趋势。于是，乡党委、政府把战略眼光放在"山、水、屋场"上做文章。

（一）山地发展。

五六十年代，农民在村前屋后零星种植，一般是桃树、梨树，产量极少。80 年代少数农户开始连片种植柑橘、梨，但不成规模。1991 年，赖村提出"乡有万亩林、千亩果，村有千亩林、百亩果"的绿色工程规划，每年动员全乡劳动力集中连片营造松、杉林，采取乡村集体开发与农民个体或联产开发相结合的方式发展果业生产。至1996 年，初步实现乡有林场、园场，公路沿线的 7 个村委会形成了以脐橙为主的果业带。2001 年起，赖村镇按照"政府推动、政策引导、市场化运作"的方式，以建设生态精品果园为重点，以"大户带动，千家万户主动"的开发原则，举全镇之力，掀起了新一轮脐橙开发热潮，在邮村、陂田、虎井 3 个村交界处建立新安万亩无公害脐橙基地。后经过 9 年的努力，总开发面积 14650 亩，其中汇聚各方脐橙开发商 167 户，开发面积 6100 亩。总投产面积 7800 亩，产量达800 万斤（只含脐橙果）。

（二）水面发展

赖村水产养殖以池塘、山塘、水库为主，至 2009 年，全镇有养殖水面 3120 亩（含稻田养鱼）。鱼种为传统的草鱼、鳙鱼、鲤鱼、鲢鱼，统称四大家鱼。1970 年以后，还引进荷包鲤、团头鲂（武昌鱼）、尼罗罗非鱼等。集体饲养时期，水产量不高，供社员自销。实

表 4 - 4　　　　　　　　果园面积与产量统计　　　　面积：亩；产量：吨

年份	果园面积	全年产量
1984	723	51. 4
1985	703	41. 45
1986	685	309. 3
1987	894	335
1988	1430	439
1989	2138	613
1990	2138	643
1991	2172	701
1992	2305	662
1993	1935	876
1994	6621	1442
1995	8452	2406
1996	11052	1933
1997	8519	287
1998	7112	417
1999	7112	523
2000	4262	216
2001	4262	516
2002	4262	580
2003	6578	1651
2004	6578	1651
2005	14578	2705
2006	14580	2718
2007	17063	11883
2008	19071	12529
2009	19180	12614

图 5　牛蛙养殖

行家庭承包责任制后，逐步转为投标承包，产量得到提高。(见图 5)

　　为扩大养鱼规模，1983 年开始鼓励农户稻田养鱼。至 1985 年，稻田养殖水面发展到 1900 亩，并形成一定的规模。其中山坑、赖村两村，养殖水面分别为 400 亩、800 亩，平均亩产值 650 元。山坑村有 1 家养鱼专业户，1985 年稻田养鱼 4 亩，当年收入 2900 元，占全年家庭经济收入的 75%。从此，赖村境内稻田养鱼持续发展。1996年起，还大力推广稻田养鱼新技术。1997 年，江西省农业厅派专家两次莅临赖村进行现场指导，并以赖村、围足、山坑三个村为示范点。这年，赖村全镇稻田养鱼扩大到 2100 亩，年总产量 16.8 万斤。

表 4-5　　　　　　　　水产面积与产量统计　　　　　　面积：亩；产量：吨

年份	养殖面积	其中			养鱼产量
		稻田养鱼	池塘	水库	
1984	1957	486	483	988	98
1985	2162	421	883	988	104.45
1986	1893	303	756	834	62.4
1987	1915	320	761	834	65

年份	养殖面积	其中			养鱼产量
		稻田养鱼	池塘	水库	
1988	2213	630	749	834	180
1989	2265	672	759	834	192.5
1990	2270	677	759	834	182
1991	2318	625	759	934	185.4
1992	2381	688	759	934	215
1993	2640	899	807	934	218
1994	3743	1520	1002	1221	295
1995	4099	1987	891	1221	345
1996	4112	2000	891	1221	425
1997	4212	2100	891	1221	401
1998	4112	2000	891	1221	690
1999	4337	2175	941	1221	752
2000	4293	2121	941	1221	710
2001	4264	2102	941	1221	710
2002	3376	1214	941	1221	720
2003	3363	1201	941	1221	727
2004	3165	1003	941	1221	746
2005	3163	1001	941	1221	781
2006	3085	923	941	1221	776
2007	3109	1947	941	1221	792
2008	3109	1947	941	1221	796
2009	3120	1958	941	1221	801

（三）畜禽场发展

赖村畜禽养殖以猪、牛、鸡、鸭、鹅为主。猪、牛、鸡、鸭都是传统养殖业。过去猪、牛、鸡、鸭都是一家一户少量饲养，有句俗语："养鸡（鸭）买盐，养猪过年，养牛作田。"1959 年起，政府提倡集体养猪，也鼓励私养。饲养方法由过去熟食饲养，改为中曲、庆曲发酵饲料生喂。

1991年，赖村开始实施"大面积推广养猪适应技术星火计划"、"生猪生产七五工程"、"畜禽业翻番"等一系列发展畜禽业生产计划，乡内兴起畜禽规模养殖，建起万头生猪养殖村1个，饲养20头以上生猪重点户、专业户56户；有养鸡场2个，养鸭场3个，养禽300羽以上重点户、专业户78户。从此，赖村的畜禽饲养量逐年增长。鸡、鸭、猪销往沿海，号称"十万雄鸡下广州，万头生猪去广东"。2005年，还通过招商引资，办起了桂兴种猪场，进一步推动了全镇养猪业的发展。

表4-6　　　　　　　　　畜禽饲养统计

年份	牛（头）		生猪（头）		家禽（百羽）	
	当年出栏	年末存栏	当年出栏	年末存栏	当年出笼	年末存笼
1984			5663	7752		
1985			4075	7612		
1986			5242	8018		
1987			8163	8422	529	710
1988			7203	11068	1318	762.89
1989			9099	11098	1286	832
1990			10390	11160	1533	936
1991			10413	11223	1553.5	796.9
1992			11128	11324	1980	847
1993			11561	11336	2185	1439
1994			10420	10227	1943	1704
1995			3600	5800	730	560
1996			3700	3200	760	510
1997			3500	3100	800	640
1998			4000	3660	810	550
1999			4280	3970	830	500

续表

年份	牛（头）		生猪（头）		家禽（百羽）	
	当年出栏	年末存栏	当年出栏	年末存栏	当年出笼	年末存笼
2000			4817	3861	27061	28213
2001			5011	3104	30120	36001
2002			5024	3400	40170	37102
2003			5012	3200	40200	36000
2004			5121	3210	40200	38200
2005			5280	3300	41600	39300
2006		3200	4160	2300	40800	38600
2007		3600	3100	1800	41200	39500
2008		3400	4200	3600	41400	38000
2009		3500	4320	4080	42060	39600

（四）农业产业的形成

2001 年，赖村按照"政府推动、政策引导、市场化运作"的方式，全力推进农业规模化。一是通过培植"种养"大户，带动千家万户。二是通过招商引资，建立台商科技示范园，引进先进的技术和优良品种。三是各村制定中远期规划，选定 1—2 种优势作物和 1 种优势养殖品种。初步形成了一镇一特、一村一品的规模化生产基地。如：建成新安万亩脐橙场，并已启动第二个万亩脐橙场的开发。水西、围足村建成药材基地。莲子村建成反季节蔬菜基地，并带动全镇发展商品蔬菜，复种面积 5000 亩以上。邮村建成蘑菇基地，其种植面积达 11500 平方米。山坑村建成稻田养鱼基地，每年面积保持在1000 亩以上。还有老嵊场等村的养猪、养鹅等基地。正是这些基地的辐射作用，加速了赖村镇农业生产规模化的进程。

三　农业经济分配多样化

农村经济结构的调整，形成了农、林、牧、副、渔等多种经济的全面发展，摒弃了过去由生产队统一分配的做法，由此也产生了农民收入的多样化。主要类型：①农田收入—畜禽收入；②农田收入—果业收入；③农田收入—渔业收入；④农田收入—季节性经商或务工收入；⑤土地出租（分红）收入—长期经商或务工收入。据调查，农户家庭有两种收入以上的占96%。这为农民增收拓宽了路子，加快了奔小康的步伐。

第三节　农业经济发展的服务功能

农业经济的发展，不但受到生产关系的制约，而且受到生产力多种因素的影响。从赖村农业经济的发展看，离不开各项有效的农业服务功能。

一　农业生产的服务机构

农业是国民经济的基础。新中国成立以来，党和政府十分重视指导和服务农业工作，不仅出台了一系列有利于农业发展的农村政策，而且建立了系统性的农业服务机构。

（一）服务机构

1953年，成立赖村农业科学技术推广站，负责引进新品种、病虫测报和病虫防治等工作。1955年，成立赖村畜牧兽医站，负责畜禽疫病的普查、防治、阉割等。1967年成立农机厂，后改名农机站，负责农业机械的推广和维修。1980年，还曾设种子公司，负责杂交制种和推广。1982年，成立赖村水利水电管理站，负责水利、水电工程的建设和水利电力、水政、水资源的管理。1991年，成立赖村果茶站，负责果业开发计划、技术指导、种苗繁育调配等。另外，镇内还有林业管理站、水土保持站、能源站、土地管理站等农业服务机构。

（二）服务内容

新中国成立以来，农业服务机构的贡献作用：推广科学育秧水稻。1954年推广新式秧田，以4×5尺宽开沟作畦，用塘水选种，精谷下田，分畦播种，控制播种密度，管秧水，提高成秧率。1959年推广湿润育秧。1964年采用黄泥水、盐水选种，清水、温水浸种，促进种子发芽。1968 年，推广快速育秧，小苗带土移栽。1980 年起，推广水稻半旱式栽培法，比同类田块的平作栽培每亩增产 36.28 公斤，亩纯增收 40.57 元。1994 年，试行旱床育秧，1998 年全面推广，平均每亩大田增产 27 公斤，增产率 7.1%；推广油菜种植新技术。20 世纪 70 年代以前，油菜栽培一直沿袭传统的直播栽培方法。80 年代开始推广油菜育苗移栽技术。90 年代以来，推广板田油菜栽培技术；推广良种水稻。50 年代初，多用传统的常规品种，主要早稻品种：分龙早、红米沙黏、早大禾、黏大禾、黏糯、矮脚早。晚稻品种：油黏子、霜降早、黄禾子、冬糯、床壳红等。1952 年至今引进推广水稻良种达 70 余种。

表 4 - 7　　　　　　　　　　引进推广良种统计

项目 年份	水稻品种
1952	南特号、黄禾子
1959	浙场 9 号、特白 8 号、赣南晚 1 号至 4 号、油黏子
1961	陆才号、矮脚金色银
1963	农垦 58 号、南京 1 号、长粒籼
1964	珍珠矮、广场矮 3784、江矮早、二九矮、矮脚南特号、团粒矮、过冬青
1967	莲塘早、科情三号、银粳选、晚粳 11 号、广秋
1969	朗白矮、胜矮 7 号、青山金早、红安早、广解 9 号、赣南早、龙草 113 号、苗接、六八早 7055、6044、红金早、青麻早、早熟广二矮、一晚井泉糯、二晚矮谷、矮农、赣南晚 5、6、8、16 号
1973	秀江早
1980—1990	威优 35、威优 64、威优 49、48—2、威优 63、萍优 63、D 优 64、汕优 33
1992	两系杂交稻、三系杂交稻、协优华联 2 号
2007—2009	优—2 华联 2 号、优 I66、协优 404、汕优 77、V064、V077、优 I647

经济作物引进推广的品种，主要有烤烟良种：翠碧一号、K326、C28、C80；白莲良种：赣莲 62；西瓜良种：无籽西瓜；油菜良种：

湘油 13、湘油 325 等。畜禽引进推广的品种，主要有大型约克夏、中型约克、赣白、日本大耳兔、兴国灰鹅、湖南叙浦鹅等。科学用肥。50 年代初农民利用猪、牛骨灰和硫磺混合沾早稻秧根，施用农家肥增加肥力。1958 年起，除施用农家肥料，开始推广施用化学肥料。主要推广磷硫沾秧根，氮、磷、钾混合打面肥，尿素、钾肥叶面追肥，碳酸、氢氨肥深施等科学施肥技术。1986 年以后，推广使用磷、钾肥育秧，提高秧苗素质；使用氮磷、氮磷硫、氮磷钾混合作基肥，达到以磷固氮，减少肥料损失；使用磷硫沾秧根，做到集中施肥，使用根补追肥，增加结实率和个粒重。通过多年配方施肥，赖村农民耕种土地的土壤中氮、磷、钾比例由 1∶0.19∶0.04，调整为 1∶0.26∶0.2，90 年代，据农技人员测算，推广科学施肥，平均每亩比习惯施肥增产 39 公斤，增产 10.4%，每亩肥料投资减少 0.66元，增加收入 5.77 元。防病灭虫。五六十年代，赖村农民对农作物各种病虫防治，一般采取冬季铲田坎田睦草，深翻沤田、撒石灰，水稻田还采用烟秆沾兜，对种子消毒处理。还采取虫情测报、植物检疫等手段进行人工、药剂、生物等综合防治。70 年代，开始实行农业防治和农药防治并重，使用高效、长效、低毒、低残留的国外进口农药，对农作物病虫害得到了较好控制。80 年代，赖村乡配有"植物医生"，开设门诊室，接待农民带受病虫害的农作物标本求诊，并开展长年的病虫测报，指导农户防虫治病。同时，赖村乡内推行畜禽免疫程序改革，如猪瘟免疫改春秋两防为仔猪窝前注射。90 年代以后，又在全乡推广新免疫程序法，使畜禽防疫密度保持在 95% 以上，提高了防疫效果，畜禽死亡率逐年下降。

（三）服务新形式

为适应农业经营管理体制的变革，1991 年，赖村试行"公司＋农户"的服务新形式。其运作过程概括为：签合同，把公司（站、所）与农户捆在一起；靠网络，把服务送到千家万户；真心扶，切实把基地建设好；搞协调，处理好公司与农户的关系。"公司＋农户"的经营模式，集服务与股份合作为一体，通过公司—农户的桥梁与纽带作用，把服务送进农户，把农户带进市场，从而解决一家一户办不到或办不好的事，把家庭分散经营与社会化统一服务有机结合起来。

1994 年，"公司＋农户"的经营形式在全镇铺开，生猪销售、水果销售、杂交稻制种、稻田养鱼等项目均采取"公司＋农户"的经营模式，其操作方法多种多样，有"公司＋农户"、"能人＋农户"、"专业协会＋农户"、"站所＋农户"等，有效地调动各站所农村经营管理干部的积极性，进一步发挥了农村经营管理机构的服务功能。

二　农业生产的机械

以前，农业生产工具落后，农民一直沿用祖先创制的手工工具，用于耕作的有木犁、铁耙、辘轴；提水用的木质小车、动力木轮小车；收割用的禾镰、手播风车；中耕用的禾耙、锄头；脱粒用的禾桶；加工农副产品用的米筛、糠筛、箥箕、石碓、石磨、碾盘、风扇、动力风车、水轮车等。耕牛是唯一的耕作动力。

新中国成立后的 1958 年，开始推广使用机械化农具。为加强管理，1967 年成立农机厂。1975 年设赖村公社农业机械管理站，后易名赖村农业机械管理站。

赖村镇的现代农机分为耕作、排灌、收脱、植保、农产品加工、农用运输六大类机械。

（一）耕作机械

1958 年成立人民公社初期，推广双轮双铧犁，后因笨重，不适宜水田耕作而停用。1960 年至 1978 年期间，推广插秧机，使用不便停止。1960 年开始使用拖拉机耕田，至 1980 年发展到 19 台，以后转为运输。1968 年至 2007 年，陆续购进手扶拖拉机 135 台。从 1979年至 2009 年，共购置耕整机 143 台。

（二）排灌机械

1955 年引进牛拉水车，用于抗旱。1958 年停用。1960 年至 2007年，先后购买柴油机 145 台，前期主要用于抽水排灌，后期用于碾米等。1990 年至今，农户添置潜水泵 300 余台。

（三）收脱机械

1970 年以来，各生产小队添置机动脱粒机 2 至 5 台，至今农户家共有机动脱粒机 3100 台。2005 年购置联合收割机 1 台。

（四）植保机械

1969 年开始各生产小队购置人力打气喷务机 5 至 10 台，后发展手摇喷务机，至今农户家里仍广泛使用。70 年代各地还使用日光灯诱杀害虫。

（五）加工机械

1965 年，各生产大队开始购置碾米机，至今累计 267 台。1966 年使用刷粉机。1979 年起，先后购置榨油机 26 台、饲料粉碎机 42 台、磨面机 5 台，至今仍广泛使用。

（六）运输机械

20 世纪六七十年代，农闲时一般使用拖拉机运输，1979 年以后，购置农用运输车 93 台。同时，为适应修路、挖渠、治山等农田基本建设的需要，农户购置推土机 2 台、挖掘机 34 台、装载机 8 台。

据统计，至 2009 年，全镇机械总动力 4554 马力，22224 千瓦。有手扶拖拉机 135 台、柴油机 145 台、农运车 93 台、耕整机 143 台、机动脱粒机 3100 台、机动喷务机 13 台、排灌机 200 台、碾米机 267 台、饲料粉碎机 42 台、推土机 2 台、挖掘机 34 台、装载机 8 台。

表 4 - 8　　　　　　　　　农业机械统计

项目	年份	1965—1975	1976—1978	1979—1980	1981—1988	1989—1995	1996—2001	2002—2004	2005—2006	2007—2009	合计
拖拉机	台	2	4	13							19
	马力	54	108	351							513
手扶拖拉机	台	1	5	8	3	1	2	3	4	108	135
	马力	12	60	96	36	12	24	36	48	1024	1348
柴油机	台	2	8	30	20	41	16	7	9	12	145
	马力	24	96	360	240	492	192	84	108	144	1740
农运车	台			5	16	20	24	12	10	6	93
	马力			105	336	420	504	252	210	126	1953

续表

项目	年份	1965—1975	1976—1978	1979—1980	1981—1988	1989—1995	1996—2001	2002—2004	2005—2006	2007—2009	合计
收割机	台								1		1
	千瓦								33		33
耕整机	台			9	12	30	35	15	20	22	143
	千瓦			36	48	120	140	60	80	88	572
脱粒机	台						78	1500	1000	522	3100
	千瓦						142.7	2745	1830	955.3	5673
喷雾机	台						6	2	3	2	13
	千瓦						19.7	6.6	10	6.6	42.9
排灌机械	台	8	20	38	40	28	29	15	13	9	200
	千瓦	74.4	186	353.4	372	260.4	269.7	139.5	120.9	83.7	1860
碾米机	台	2	15	42	109	30	20	18	15	16	267
	千瓦	18.4	138	386.4	1002.8	276	184	165.6	138	147	2456.2
榨油机	台			3	4	9	10				26
	千瓦			26.4	35.2	79.4	88				229
饲料粉碎机	台			2	3	4	6	7	9	11	42
	千瓦			17.6	26.4	35.2	52.8	61.6	79.2	96.8	369.6
推土机	台						2				2
	千瓦						117.6				117.6
挖掘机	台						5	8	10	11	34
	千瓦						735	1176	1470	1617	4998
装载机	台						5	1	1	1	8
	千瓦						772.5	154.5	154.5	155	1236.5

三　农业水土保持

赖村山地属酸性花岗岩土壤，结构疏松，抗蚀性能低，吸水性、透水性大，遇水易分解，产生强烈的侵蚀，加上人为因素的影响，铲草皮、挖树根、烧山积肥、开荒、上山烧木炭、乱砍滥伐森林和修路、筑渠等基本建设，致使境内水土流失面积占山地总面积的60%以上，是全县水土流失最严重的5个乡镇之一。水土流失破坏了土壤中的物质循环和能量转换，导致土壤退化，由此造成一系列的严重后果。如河床抬高、农田被毁、淤塞水利工程、破坏农业生态环境等。

为治理水土流失，主要做了以下几项工作。

（一）植树造林

自古至今，赖村人民素有植树造林的传统习惯，旧时多系民间自发在村前屋后栽种桃、李、棕、桐、竹类，或塘边河堤插柳，或在私山上栽种油茶、马尾松和杉树。

清光绪年间，宋姓、黄姓、肖姓、温姓等，每年均要邀集乡民在公堂和私山上种植松树、杉树和杂树等。

民国35年，宁都中心苗圃赖村分圃种植马尾松2400株。

新中国成立后，人民政府积极发动和组织人民开展植树造林。20世纪50年代，植树方法大多采取"一锄法"，以马尾松实生苗造林为主，油茶则多以种子直播造林，种植果树经济林时，则运用穴状整地法。1952年，组织群众入股造林，收益四、六分红。1955年农村合作化后，以农业合作社为单位，立冬前整好地，立春前栽完树。1957年开始，规定凡营造杉树林必须整地。以块整地者，块幅1.5市尺至5市尺，每亩400至450株。环山带状整地者，带宽2市尺，带距4.5市尺至5市尺。

60年代初起，支持以营林为基础，造林以集体为主，国营单位为重点。因地制宜发展用材林、薪炭林、防护林和经济林。1964年始，公社配备营林员，负责管理和指导本公社的营林生产。1975年开始，飞播造林。6个大队飞播面积3100余亩。

1977年，赖村定为省办油茶林基地公社。至1978年，两年共营造油茶林13000亩。

1980年春，全县开展春季植树造林大会战。赖村公社两级书记挂帅，三级干部上阵，万人整地造林形成高潮。

1984年起，每年选择在部分人工造林难度大的地区，即高山、远山、石头山或半石头山的险坡和水土流失严重的荒山，飞播马尾松或与木荷混播造林。至1995年，赖村保存林地面积达50000亩以上。

1985年起，按照上级要求，乡（镇）、村层层签订《造林绿化责任状》，按育苗、造林、抚育、封山育林、森林病虫防治、木材采伐限额和外销计划的完成等六大指标，每年由村小组向村委会、村委会向镇（乡）立责任状。翌年进行责任状完成情况奖罚兑现。

1987年开始，开展"一任书记绿化一座山头"的造林绿化活动。乡、村书记在16个山头，集中连片造林10500亩。1988年，按照"集约化、基地化、标准化、工程化"造林要求，采取群众投劳，以工换票，年终结算，逐年抵除农建工，或建账积累，或以资代劳，以款代工等形式，调动社会力量集资造林。

1990年至1992年，开展了人工造林、飞播造林和容器育苗造林活动。1992年，在稳定山权的基础上，采取"划山入股，规模造林，国家扶植，自主经营"的办法，发展高效林业。是年，兴办乡经济林场1个，村办经济林场14个。

2002年冬，开始实施退耕还林工程，鼓励个人承包土地流转，共营造生态林7500亩。

表4-9　　　　　　　　部分年造林变化情况　　　　　　单位：亩

年份	造林总面积	其中		迹地更新
		人工造林	飞播造林	
1975	65000	30000	35000	
1976	34000	34000		
1977	34000	34000		
1978	29000	29000		
1979	20000	20000		
1980	21000	21000		
1981	20000	20000		
1982	28000	28000		
1983	29000	29000		

年份	造林总面积	其中		迹地更新
		人工造林	飞播造林	
1984	35000	35000		
1985	41000	10000	31000	
1986	35000	35000		
1987	30000	10000	20000	
1988	30000	10000	20000	
1989	20000	10000	10000	
1990	5000	5000		
1991	24000	10000	14000	
1992	21000	10000	11000	
1993	70000		7000	
1994	9000	9000		
1995	6300	6300		
1996	1000	1000		
1997	1500	1500		
1998	2000	2000		
1999	3000	3000		
2000	2000	2000		
2001	1000	1000		
2002	1000	1000		
2003	1800	1800		
2004	1500	1500		
2005	1300	1300		
2006	1000	1000		
2007	1000	1000		

（二）封山育林

新中国成立前，民间称封育林为"禁山"。所禁之山多为村庄的"后龙山"、"水口林"、防护林和名胜古迹风景村。禁山范围和"禁约"条款，因地方而异，多由乡绅姓氏族长牵头，经村民议定，晓谕各村、各户恪守。并在林间要道、林旁立牌告示村民和过路行人，违禁者处罚从严。

新中国成立后，人民政府把封山育林列为加快绿化祖国的战略措施，对荒山疏林地，采伐迹地、火烧迹地等采取划界封禁，开荒、樵采、放牧，杜绝山火。

50年代初，境内的封山育林多限于农村一家一户或以自然林为单位进行。1953年后，改为以农业合作社、生产队为单位进行。1958年人民公社化后，开始了较大面积的封山。全封山不准人畜进入，不准铲草，不准放牧，不准打枝和不准沤火土积肥；半封山则可放牧、割草，封而不死，开而不乱，有封有开，轮封轮开。

1961年6月，贯彻中共中央关于《确定林权，保护山林和发展林业的若干政策规定》（简称"林业18条"）和《农村人民公社工作条例》（简称"60条"），全面落实山林权属，封山育林面积再度扩大。1964年，开始以生产队（或大队）为单位进行规划，划定放牧区和砍禁区，指定专人管理，做到"封山必严，开山不乱"。

1982年11月，贯彻县人民政府《关于保护森林资源，制止乱砍滥伐，搞好封山育林的通告》，实行全封山育林和半封山育林规定。全封山场一律封死，坚持"五不准"，即不准砍伐林木，不准割草打枝，不准进山放牧，不准铲草皮沤肥，不准毁林开荒；半封山场只准定期且有组织地让群众进山割草和定期打枝。凡封山的地方坚持"四有"，即有组织领导，有封山合同，有专人护林，有乡规民约。并规定，全封山三年内做到"三无"，即无乱砍滥伐，无森林病虫害和无毁林开荒。五年内基本郁闭成林。

1985年1月，实施国家《森林法》。赖村乡成立封山育林纠察队1个，护林小组14个。县林业局为护林人员制发了护林证。

1990年起，坚持以封为主，封、管、造相结合。根据本地经营管理山林的具体情况，分别实行全封育林、半封育林和轮封育林。并与村和护林员分别签订封山合同，制定了乡规民约，确保封山育林工作到位。在抓好封山育林的同时，着力抓了改燃节能，广泛推广节柴、省柴灶，以草代柴，以电代柴和以气（沼）代柴，尽量减少木材的消耗，促进封山育林的发展。

2001 年起，启动国家重点防护林（国家公益林）保护工程。至 2006 年，镇内有 9 个村近 5 万亩山林纳入全封管理。

（三）森林防火

新中国成立前，境内无森林防火机构、设施、设备。山火发生后，小者群众自发扑灭，大者任其自燃自灭。

新中国成立后，人民政府成立护林防火机构，贯彻"预防为主，积极扑灭"的森林防火工作方针，森林防火工作不断加强。防火设施、设备也从无到有，从低级向中高级发展。

1. 防火机构

1953 年 1 月，开展护林防火月活动。赖村区和赖村各乡成立护林防火委员会，各村成立护林防火领导小组。区、乡、村三级形成层层有护林防火组织，级级有领导抓护林防火的新局面。

1989 年，乡成立以基干民兵为主的扑火应急分队和群众义务扑火队。至 2006 年，赖村镇森林扑火民兵应急分队有成员 50 人，群众义务扑火队有成员 300 人。

2. 防火措施

森林防火主要措施是贯彻上级文件，作出具体规定和民间建立乡规民约两种形式。

（1）贯彻上级文件指示精神，规范护林防火具体要求

1959 年，贯彻《宁都县护林防火布告》，规定森林防火要做到"三烧"、"三不烧"、"三禁"、"三结合"、"四化"。"三烧"，必烧之山需经批准后派人监烧，开好防火线后再烧。由上而下烧，从两旁向中间烧。"三不烧"，未经批准不烧，风大时和晚间不烧，未开好防火线不烧。"三禁"，在林内吸烟禁止乱丢烟头，在林内禁止小孩玩火，林内禁止点火照明。"三结合"，防止与生产相结合，林内防火与林外防火相结合，防火与天然相结合。"四化"，防火检查定期化，防火宣传经常化，防火工作多样化，进入林区搞副业组织化。

1982 年 11 月，贯彻县人民政府《关于保护森林资源，制止乱砍滥

伐，搞好封山育林的通告》，规定要严格用火管理，做到"两改"即改烧田坎为全产田坎，规定要严格用火管理，做到"两改"即改烧田坎为全产田坎，改烧山积肥为割草烧堆肥。"五不烧"，未经批准不烧，久晴久旱和刮风天气不烧，无人看管和未准备好打火工器具不烧，毗邻地区未事先联系好不烧，未开好防火线不烧。"四禁止"，禁止在山林中烧火驱兽，禁止在林中烧火取暖，禁止在林内上坟烧纸，禁止毁林开荒。1984 年，根据《违反森林法行政处罚暂行办法》，即违反上述用火规定者处以 10 至 30 元罚款。违反用火规定引起森林火灾烧毁面积 50 亩以下或造成损失 1000 元以下的责令限期更新造林，赔偿损失并处以 30 至 50 元罚款，情节严重触犯刑律的追究刑事责任，对发生森林火灾的村扣除封山育林经费和木材采伐限额指标。

1992 年起，实行森林防火行政领导负责制，层层签订责任状，级级抓领导，层层抓落实。1994 年起，将各村的护林防火工作与年终目标考评和干部的报酬、奖金挂钩。进一步强化了各级领导对森林防火工作的责任感和使命感。

（2）制订乡规民约，实施群众齐抓共管

境内农村特别是少林地区，历来都有制订乡规民约的护林习惯。新中国建立后，人民政府派员帮助各地制订，健全乡规民约。以自然村或大队（村委会）为单位订立。乡规民约都订有防止山林火灾的条款。条约规定，对引发山林火灾者处以打铜锣、罚款、写悔过书、放电影、杀猪、发食盐、补植树木等处罚。

附：护林公约

乡护林公约

第一章　总则

第一条：为保护和发展森林资源，维护全乡人民的共同利益和长远利益，依据《中华人民共和国森林法》及《宁都县封山育林实施方案》制定公约。

第二章　森林保护

第二条：全乡的封山划分为全封山、半封山、轮封山三类。

（一）全封山：全面封禁，禁止破坏林地植被的一切行为。

（二）半封山：禁止砍树打枝，禁止挖树根、树蔸、剥树皮、铲草皮，只允许割芒萁、茅草、砍小灌木。

（三）轮封山：封禁期执行全封山的规定，开禁期执行半封山的规定。

第三条：禁止毁林开垦和毁林采石、采沙，开禁期执行半封山的规定。

第四条：禁止违法收购、销售、运输、加工木竹、柴炭。

第五条：采伐林木凭采伐许可证进行。商品材向县林业局申办采伐许可证，自用材向乡林管站申办采伐许可证。

第六条：护林防火，人人有责。

（一）确定每年的 10 月 1 日至第二年的 4 月 30 日为森林防火期。防火期内，在林区禁止野外用火，因特殊情况需要用火的，应向县防火办申请领取生产用火许可证。

（二）任何单位和个人一旦发现森林火灾，必须立即扑救，并及时向上级部门报告。

第七条：按农业人口每人每年集资一元用于护林，按村组自筹自用，专款专用，严禁挪用。每两千亩左右的山地配备一名专职护林员。

第八条：偷砍树木的，除没收实物以外，并处以下标准的罚款。

杉木：每株 80—200 元；松木：每株 50—150 元；

杂木：每株 50—150 元；毛竹：每株 20—50 元；

蘑蔸子：每株 10—20 元；

打枝：每根 1—2 元；挖春笋：每只 5—10 元；

古树、樟树等树木：每株 500—2000 元；

珍贵树木：每株 50—400 元。

第九条：破坏全封山林草的，按以下标准罚款：

砍柴、割草、铲草皮、扒松针、挖树蔸：每人每次 20 元；

放牛、生猪进山：每头每次 10 元。

第十条：无证毁林开荒、采石、采矿、建房而未经林业主管部门批准的，除所毁林参照以上标准处罚外，每平方米处罚款 20—50 元。

第十一条：无林业部门放行证运输木材的，没收所运输的全部木材，并处相当于没收木材价款 10%—50% 的罚款。对驾驶员处以 500—1000 元的罚款。无证加工木材，对加工企业处以 500—1000 元的罚款，收购、销售无证木材，参照偷砍林木的标准处罚。

第十二条：无采伐许可证或违背采伐许可证规定滥伐林木的，按照偷砍林木罚款标准的 50% 处罚。

第十三条：违反护林防火规定的，按以下标准处罚：

（一）森林防火期内，在林区吸烟、随意用火但未造成损失的，处 10—50 元的罚款。

（二）不服从扑火指挥机构的指挥或者延误扑火时机，影响扑火救灾的，处 50—100 元的罚款。

（三）过失引起森林火灾，尚未造成重大损失的，责令限期更新造林，赔偿损失，并处 50—500 元的罚款。

第十四条：为扩大教育面，坚持对违约者执行"一打铜锣、二罚盐、三放电影、四杀猪、五还要写悔过书"的原则。实物折价和耗用的资金可折抵罚款。由护林员具体组织兑现。

第十五条：偷砍、滥伐林木，纵火烧山，情节和危害后果严重、构成犯罪的，报司法机关依法追究刑事责任。

第三章　附　则

第十六条：保护森林，人人有责。广大干部群众应自觉遵守本公约，支持和配合护林员的工作，谴责和检举破坏森林资源的行为。

第十七条：学校对学生、家长对子女应当经常进行"护林有功、毁林受罚"、"护林光荣、毁林可耻"的教育，使男女老幼都养成爱林护林的新风尚。

第十八条：对检举、揭发、协助查处毁林案件的有功人员，按落实处理为非作歹额的 10% 给予奖励。

（四）治理河流

1984 年起，贯彻县委、县政府"八年绿化宁都，十年控制水土流失"的奋斗目标，赖村乡党委、政府采取两手抓：抓山上造林，提出"一任书记绿化一座山头"。仅 1987 年，乡村书记带领农户在 16 个山头，集中连片造林 10500 亩，又通过飞播造林和实施退耕还林工程，鼓励个人承包山地流转等形式，至 2009 年，累计造林面积 35.33 万亩。抓河流治理。1995 年，围绕全县长江防护林工程建设，重点治理了里王河、石街河、围足河、陂田河、老嵊场等小流域，至 2009 年，共治理小流域面积 77724 亩，造水平梯田 3693 亩，穴垦 25372.8 亩，造经济林 3528.2 亩，造水保林 25424.6 亩，种草 7400 亩，封禁治理 37413 亩。通过两手抓，赖村的治山治水工作取得明显成效。1994 年，被评为赣州地区水土保持先进乡和十年绿化赣南先进乡，并获江西省造林绿化最佳乡奖励。2000 年，水利部、财政部发给证书，命名江西省宁都县王河小流域为"全国水土保持生态环境建设示范小流域"。

表 4 - 10　　　　　　　重点小流域治理统计　　　　　单位：亩

流域名称	治理时间	治理面积	工程措施面积		植物措施			
			水平梯田	穴垦	经济林	水保林	种草	封禁治理
里王河	1993 年	4398	289	150.8	125.2	202.6		112
石街河	1995 年	5350	464	464	464	464	189	4233
围足河	1997—2009 年	10781	539	3773	539	3773	446	6023
陂田河	1998—2009 年	31710	1095	10920	1095	10920	3375	16320
老嵊场	1998—2009 年	25485	1306	10065	1305	10065	3390	10725
合计		77724	3693	25372.8	3528.2	25424.6	7400	37413

四　水利水电建设

（一）水利建设

1. 蓄水工程

境内蓄水工程主要有：水库、山塘、平塘。2007 年，全镇共有蓄水塘、库工程 194 座，总库容 1198.1 万立方米，有效灌溉面积 11088 亩。

水库工程

小（一）型水库

高岭水库 位于赖村高岭村，距低岭水库 300 余米。坝底高程 491.7 米，是县内海拔最高的水库，比低岭水库高 120 米，有渠道与低岭水库相连。库水供高岭、低岭电站发电，一水多用，是县内枯水蓄能水库。于 1967 年冬动工，至 1970 年竣工。赖村公社组织劳力施工。集水面积 6.65 平方公里，总库容 463 万立米，有效库容 341 万立方米。以灌溉为主，结合发电、养鱼、防洪综合利用，灌溉面积 7000 亩（与低岭水库联合灌溉），养鱼水面 405 亩。枢纽工程：大坝为土石混合坝，最大坝高 30 米，顶宽 5 米，顶长 95 米，即水坡为干砌石护坡，背水坡为草皮护坡。副坝 1 座，为土石混合坝，最大坝高 18 米。溢洪道为河岸开敞式，溢流宽 28 米，最大下泄流量 96 立方米每秒，洪水经溢洪道下泄至低岭水库。灌溉涵管位于副坝下，为现浇钢筋混凝土结构，长 125 米，直径 0.6 米，引用流量 0.5 立方米每秒，圆球闸门控制。枢纽总投资 71 万元。水库工程由镇政府管理。（见图 6）

低岭水库 1958 年冬开工，1962 年竣工。是县内落差大，梯级开发好的枯水蓄能（枯水期发电）水库。库址位于赖村高岭村。集水面积 5.93 平方公里，总库容 407 万立方米，有效库容 326.9 万立方米，是以灌溉为主，结合养鱼、发电、防洪综合利用的水库。养鱼水面 300 亩，灌溉干渠 1 条 7 公里，支渠 25 公里，系利用发电蓄水灌溉面积 7000 亩（与高岭水库联合灌溉）。1976 年建成引水式二级电站，装机 4 台 800 千瓦。1977 年建成坝后式一级电站，装机 2 台 100 千瓦（1982 年毁）。大坝为土石混合坝，最大坝高 27.5 米，顶宽 5 米，顶长 115 米，迎水坡为干砌石护坡，背水坡为草皮护坡，副坝 1 座，为土石混合坝，最大坝高 7 米。溢洪道为河岸开敞式，溢流宽 28 米，最大下泄流量 188 立方米每秒。放水涵管位于副坝底部，为现浇钢筋混凝土结构，直径 1 米，长 91 米，引用流量 1.08 立方米

图 6　九东河拦水坝

每秒，圆球闸门控制。总投资 186.07 万元。由镇人民政府管理。

红星水库　1971 年冬兴建，1972 年冬竣工。由赖村公社组织劳力施工。库址位于陂田村境内，集水面积 176 平方公里，总库容 147 万立方米，有效库容 115.6 万立方米，以灌溉为主，结合发电、防洪、养鱼综合利用。灌溉干渠两条长 8 公里，渠系建筑物 12 座，灌溉面积 1600 亩，发电装机 20 千瓦，养鱼水面 165 亩，大坝为黏土心墙坝，坝高 17.5 米，顶宽 5.4 米，顶长 102 米，迎水坡干砌石护坡，背水坡草皮护坡。溢洪道为河岸开敞式，溢流宽 7.5 米，最大下泄流量每秒 18.2 立方米。灌溉涵管原在大坝底部，后因涵管破裂漏水，1985 年封堵原涵管，在大坝右岸山头新开隧洞，采用钢筋混凝土衬砌，圆球闸门控制。1986 年进行加固保安，对反滤坝加高加固，溢洪道陂槽开挖与衬砌，坝下埋涵改从山体新开隧洞。枢纽总投资 49.78 万元，其中国家水利补助 11.48 万元，银行贷款 3 万元，地方自筹及群众投工折款 35.3 万元。为建库淹没耕地 70 亩，移民 3 户。该水库由陂田村委会管理。

小（二）型水库

温屋寨水库　建于 1966 年，位于赖村莲子村委会温屋寨，大坝高 13 米，为心墙坝，总库容 17.38 万立方米，有效库容 12.23 万立方米，开引水渠 3 公里，有效灌溉面积 150 亩，由村委会负责管理。

石前水库 址在赖村莲子村委会境内。1972 年竣工受益，设计坝高 11 米，坝形为心墙坝，总库容 27.35 万立方米，有效库容 15.89 万立方米，渠道长 2 公里，有效灌溉面积 168 亩。村委会管理。

中田坑水库 址在赖村浮竹村委会境内。1969 年建成受益，以灌溉为主的水库，设计坝高 10 米，坝形为心墙坝，总库容 18.22 万立方米，有效库容 13.39 万立方米，灌溉渠道长 3 公里，灌溉面积 140 亩。村委会管理。

磨岭水库 位于赖村山坑村委会境内。1972 年竣工受益。以灌田为主，设计大坝高 12 米，坝形为心墙坝，总库容 16.72 万立方米，其中有效库容 15 万立方米，开设引水灌溉渠道长 3 公里，灌田 197 亩。村委会负责管理。

龙头水库 址在赖村蒙坊村委会境内。1970 年建成受益。以灌溉为主，设计坝型为黏土心墙坝，设计坝高 15 米，总库容 10 万立方米，其中有效库容 8.01 万立方米，开挖灌溉渠道长 2 公里，有效灌溉面积 465 亩。由村委会管理。

塘坝工程

清以前，塘坝工程无记载。民国时期，少量兴建。

新中国建立后，人民政府重视水利建设，领导赖村农民先后建成了蓄水 1 万立方米以上塘坝 11 座。1958 年，莲子大队建成锁子杰塘坝工程，最大坝高 10 米，蓄水 5.4 万立方米，灌田 138 亩。1974 年又建成磨檀塘坝工程，最大坝高 12 米，蓄水量 3 万立方米，灌溉面积 31 亩。1972 年，邮村大队建成鸭子迳塘工程，最大坝高 7 米，蓄水量 3.6 万立方米，灌田 116 亩；同年，该大队又建成大坪里塘坝工程，坝高 3 米，蓄水 1.2 万立方米，灌田 60 亩。1966 年，蒙坊大队建成石背塘坝工程，坝高 6.5 米，蓄水 3.5 万立方米，灌田 30 亩。1966 年，陂田大队建成石示角塘坝工程，最大坝高 8 米，蓄水量 7 万立方米，有效灌溉面积 110 亩。1968 年，陂田大队建成杉坑塘坝工程，最大坝高 6 米，蓄水量 5 万立方米，有效灌溉面积 60 亩。1971 年，虎井大队建成迳尾塘坝工程，坝高 6 米，蓄水量 4 万立方米，灌溉面积 70 亩。1959 年，石街大队建成石街坝塘工程，最大坝高 10 米，蓄水量 5.5 万立方米，灌田 60 亩。1959 年，新民大队建成上龙塘坝工程，最大坝高 6 米，蓄水量 5.8 万立方米，有效灌溉面积 160 亩。

2007 年，全镇共有塘坝工程 180 座，总蓄水量 90.4 万立方米，有效灌溉面积 2350 亩。

2. 引水工程

据《于都县志》（同治版）记载，赖村（长安里）从明代始有水陂工程共 27 座。

小型水陂

新中国建立前，赖村兴建的陂均以柴陂和乱石陂为主。新中国建立后，新建、改建了一大批浆砌块石和混凝土水陂工程。至 2007 年，全镇共有小型水陂 345 座，灌溉面积 9756 亩，其中灌溉面积 300 亩以上的水陂有：1969 年，邮村大队兴建的横坝水陂，为浆砌石坝，坝长 70 米，坝高 2 米，开引渠长 2 公里，引用灌溉流量 0.04 立方米每秒，灌溉面积 339 亩。新中国建立前兴建的莲子村龙门水陂，坝型为干砌石，坝长 8 米，坝高 3.5 米，渠道长 2 公里，灌溉流量 0.04 立方米每秒，灌溉面积 391 亩。

灌田 100 亩以上，300 亩以下的水陂有：建边陂、蛤蟆陂、龙钩陂、杀牛陂、下廖陂、草卜陂、护子陂、鹭鸶陂、牛婆陂、塘洋陂、山仙陂等 11 座。

千亩水陂

莲子水陂　址于赖村莲子村。1955 年始建，原为柴陂，1971 年改建为浆砌块石溢流坝，采用混凝土面板，浆砌块石包干砌孵石结构。陂坝拦截青塘河水，长 65 米，高 5 米。东西干渠长 12 公里，引用流量 0.5 立方米每秒。设计灌溉面积 1400 亩，实际灌溉莲子、水西、赖村 3 个村的 1620 亩耕地。投工 1.39 万个。1984 年陂坝左岸段被洪水冲决，缺口长 22 米，高 3.5 米，当年进行修复，用去投资 2.2 万元，其中国家水利款补助 1.2 万元。该水陂由高低岭水库管理委员会管理，年收水费 1 万元左右。

3. 提水工程

新中国建立前，赖村境内无机电提水设施，只有简易的人力提水工具，诸如戽斗、杓桶、龙骨车、筒车（高车）等。新中国建立后，仍沿用老式提水工具，后来机电提水工程有所发展，至2007年，全镇有电力灌溉站2座，灌溉面积600亩。

简易提水工具

赖村境内自古就有戽斗、龙骨水车、筒车、牛车等多种提水工具。其中以手摇龙骨水车使用较为普遍。

戽斗　分竹制、木制两种。竹制戽斗底部封闭，扁三角形，开口向上，连接两米左右长的竿把，使用时人立于水中，用竹斗将水戽上田内。木制戽桶为一圆柱形木桶，直径约40厘米，两边各系2根绳索，由两人操作，各拿住两条绳前后摆动，使桶舀水向高处。竹制戽斗单人使用，一般只适用于扬程0.5至1米之内的地方。木制戽桶可提水3米高。因两种戽斗效率均较低，且费力，非严重旱象，少用于灌溉，但其使用方便，可因地而立，价格低廉，至今仍有不少农户使用。

龙骨水车　用木制成，有脚踏和手摇两种，故又称脚车、手车。脚踏龙骨水车分车架、车槽和龙骨、叶片四部分。车槽一般宽约20厘米，高25至30厘米。龙骨系用木销连接薄木块而形成的木链条。叶片用樟木或杂木板制成，并用活动木销串连在龙骨上。车架按车槽长短所需动力大小，分别设2至3个踏位，个别车槽超过8米的设4个踏位。车水时，踩动踏位，使齿轮带动循环的龙骨，由装在龙骨上的叶片不断地将水拨入车槽，水沿车槽提升到高处。一部车昼夜可灌田1至2亩，只需两人即能搬运，使用方便，适宜单干农户使用。提水扬程一般为1至3米，超过3米的高度可用几部脚车分驳连车水。

手摇龙骨水车　结构与脚车相同，但无车架，车槽较短，为2至3米，使用时在齿轮（俗称龙头）中心轴两端各装一个活动木柄，推拉木柄带动车叶龙骨转动，即可将水车上高处。龙骨水车可车水灌田，又可车干塘水抓鱼，现农村仍使用。

筒车　又名高车，宜用沿河两岸，多在山区溪流较急，河岸较高的地方，缓流之溪，需筑小型拦水坝，使水流集中傍岸形成湍急水流，以冲动转轮。叫做"架转轮于河溪，系筒数十，下吸而上泻"。一般为几户至数十户所共有，提水扬程视转轮大小，一般6至10米。故又名高车，为竹木结构，在河岸旁设立木桩架，配以双层辐条轮，在轮的周上装有20至40个斜状竹筒，利用水流的冲力不断地转动木轮，将水提至高空泻至另一端接水木槽中，由木槽引入用水之田。一部筒车昼夜可灌田10至20亩，效益较好，但易被洪水冲毁。今已停用。

牛车 又名圆筒水车，宜在提水高程大，需水量多，灌溉成片农田的地方使用，为节省人力，多使用牛力。安装磨盘车，水管插入水中，管内系铁叶数片，牛拉动磨盘车，带动铁页沿管壁自下而上吸水上岸灌田。因成本高，效率不大，早已停用。

电灌站

浮竹电灌站 址在赖村浮竹村委会境内。1978年建成受益，提水扬程33米，装机1台30千瓦，有效灌溉面积300亩。

水西电灌站 址于赖村水西村委会境内。利用赖村供电所电源，青塘河水，装机1台22千瓦，提水扬程6米，1984年建成，有效灌溉面积300亩。

横坝电灌站 址在赖村邮村村委会境内。利用县电网电源，青塘河水，装机1台22千瓦，提水扬程9米，1972年建成，灌溉面积364亩。

赖村脐橙场电灌站 址在水阁下，设备容量1台55千瓦，提水扬程78米，1985年8月建成，灌溉面积86亩。

赖村林场电站工程 取水地点永乐坳，设计装机1台10千瓦，提水扬程18米，1991年建成，灌田210亩。

（二）电站建设

赖村境内从1971年始建水电站，至2007年，共建成水电站9座，装机14台2345千瓦。这些电站均与县变电站联网。全镇98%以上农户用上了电。

1. 县办水电站

高岭和低岭水库系赖村公社分别于1962年和1970年组织当地农

民修建而成。因水能条件好，水资源丰富，根据水电建设规划，县投资又分别于 1971 年和 1993 年建成低岭水电站和高岭水电站。

低岭水电站 1971 年 5 月开工，1976 年 10 月交付使用。站址位于赖村镇山坑村委会的塘下村境内。

低岭水电站是利用低岭水库渠道引水的高水头水电站，总集水面积 12.45 平方公里，多年平均日流量 0.40 立方米每秒，装机 4 台，总容量 800 千瓦。一、二号机组于 1974 年 10 月 5 日建成发电，三号机组于 1976 年 1 月 24 日并网发电，四号机组于同年 4 月 13 日投入运行。

1987 年 8 月，四号发电机组提前更新，装机容量由原装 200 千瓦，改为 250 千瓦。至此，总装机由原 800 千瓦增加到 850 千瓦。电站工程包括引水渠道、沉沙池、压力前池、压力水管、厂房、升压站和 35 千伏输电线路等，总造价 46 万元。电站工程由宁都县水电局设计，赣南水轮机厂、宁都电力公司承担安装工程。2003 年转制为赣州市供电公司经营。

高岭水电站 址于赖村高岭，技术参数为：集水面积 6.65 平方公里，引用高岭水库水发电，流量 0.5 立方米每秒，设计水头 118 米，设计装机 2 台 400 千瓦，已装机 2 台 450 千瓦，设计年电能 120 万千瓦时，选用水轮机型号 D—W65/10.5 和 J22—W—70/9 各一台，发电机型号 SFW85/31—10、SFW85/39—10 各 1 台，总投资 250.9 万元，1993 年 8 月建成投产。2003 年转由赣州市供电公司经营。

2. 乡（镇）村办水电站

竹迳水电站 址在浮竹村委会境内。1989 年 12 月动工兴建，1991 年 12 月投产发电。为河床式电站，建有坼工溢流大坝，坝高 7 米，坝顶长 80 米，取水头 4.5 米，装机 2 台，总容量 250 千瓦。建站总投资 78.2 万元，其中县老建部门扶贫贴息贷款 25 万元，水电部门拨款 7.2 万元，乡财政投资 31 万元，群众献工（3 万个工日）折款 15 万元。年发电量 100 万千瓦时左右。2006 年转制为个体经营。

石塘水电站（又称高低岭五级电站） 址在赖村围足石塘塘坝，引用流量 0.3 立方米每秒，设计水头 18 米，设计装机 1 台 40 千瓦，设计年电能 7 万千瓦时，水轮机型号 HL300—WJ—25，发电机型号 TSW23/20.5—6，国家投资 1 万元，群众集资 3 万余元，1978 年 12 月建成发电。现转为个体经营。

低岭水库坝后电站　赖村人民公社于 1968 年兴建。时为装机 125 千瓦。由于历史原因，1978 年停止运行，机电设备被拆。2005 年 5 月，由私人合股重建，装机 150 千瓦。

塘下水电站（又称高低岭四级电站）　位于山坑村塘下，引用低岭水电站尾水装机 125 千瓦，1997 年建成发电，2003 年转为股份制经营。

围足电站（又称高低岭六级电站）　位于围足村岭下，建于 1973 年，装机 100 千瓦。2004 年转为个体经营。

3. 个体办水电站

洋江水电站　位于邮村洋江，装机 110 千瓦，由私人合股兴办，2002 年 12 月建成发电运行。

映红水电站　址在蒙坊村与莲子村交界处。2002 年 12 月建站，装机 320 千瓦。

（三）防汛抗旱

1. 防汛抗旱机构

1957 年，乡内分管领导负责防汛抗旱工作，乡政府办公室秘书或文书负责日常工作处理。1969 年，公社正式成立防汛抗旱指挥部，由主管农水的领导担任总指挥。指挥部下设办公室，由公社秘书兼任办公室主任，80 年代后由公社（乡、镇）水利电力管理站长兼任，并配备 2 至 3 名兼职工作人员处理日常工作。各村和小（二）型以上水库分别设有防汛抗旱指挥所或指挥小组。

2. 防汛

遵照"以防为主，防重于抢"的防洪工作原则，每年第一季度，防汛抗旱指挥部对境内小（二）型以上水库及重点防洪堤坝进行一次安全检查，发现问题，汛前处理，并落实各项防汛器材，部署抗洪抢险的各项准备工作。每年 4 月 1 日至 9 月 30 日为汛期（其中 4 月 1 日至 6 月 30 日为主汛期）。在汛期，防汛抗旱指挥部办公室昼夜 24

小时值班，定期或不定期向县防汛抗旱指挥部报送雨情、水情或灾情，进行上下联络。当气象、水文预报有较大暴雨时，乡（镇）领导成员轮流值班，进行抗洪抢险调度。在汛情紧急情况下，乡（镇）防汛抗旱指挥部直接调用所需的防汛物资、设备和人员，确保防汛抗旱之急需。小（一）型红星、高岭、低岭水库在主汛期每日上午八时定时直接向县防汛抗旱指挥部报告一次雨情和水情（即库水位、库容量），为防汛抗旱提供指挥参考数据。

3. 抗旱

全镇已兴建的小（二）型以上水库有 8 座，塘坝工程 180 座，有效总蓄水量 938.42 万立方米。这对于减轻干旱损失起了重大作用。但由于水利设施分布不均，地处山区高排田、无水利设施的地方，仍不同程度的遭受干旱威胁，抗旱成为每年的一项重要工作。

2003 年，赖村遭遇百年罕见的旱灾，全镇 60% 以上农田不同程度受到干旱的影响，其中 20% 的农田旱情严重。镇组织广大干部群众采取积极有效措施抗旱保丰收；及时组织群众对莲子渠道、松山渠道、石街渠道等主要灌渠进行清淤疏通工作；对高低岭等水库灌溉用水进行科学调度，根据各灌区受灾面积和受灾程度，实行限时、限量供水，组织专门人员对用水情况进行监控，消除供水矛盾，调解争水纠纷；借助有利天气，及时实施人工增雨，共实施人工增雨 2 次，增雨量 5 毫米；积极筹措资金购置提灌设备，在县、市扶贫办和省物资集团总公司的大力帮助下，共筹措资金 3 万余元支援各村抗旱救灾。其中购置 20 多台提灌设备支援邮村、莲子、石街、浮竹街村群众抗旱，把受灾损失降到最低限度。

（四）水电管理

1. 管理体制

清以前水利管理体制查无资料。民国期间，政府没有管其事，多为民间自治。

新中国建立后，政府把兴修水利作为发展农业生产的首要任务，对原有的部分水陂、水塘、水利设施进行了全面维修、加固、改造。1955 年，农业合作化前，水利管理形式以自然村为单位，群众自建自管。1958 年人民公社化后，土地归集体经营，新建了一批小水库和引水工程，原有的水利灌溉关系发生了变化，水利灌溉形式按照灌溉范围的不同，实行三级管理：受益范围在一个生产队或自然村的水利工程，由本生产队（村组、自然村）管理，一般设管水员 1 人；受益范围跨两个以上生产队（村组）的水利工程，由生产大队（村委会）管理，配 1 名专职干部，若干名管水员；受益范围跨两个大队（村委会）的水利水电工程（如高岭、低岭水库），由镇人民政府（公社）设立工程（渠道工程）管理委员会配备专职人员管理。

1974 年，公社配备 1 名农民水利员，1982 年，公社建立水利水电管理站，定编 3 人，为乡（镇）政府的水利职能机构。

1981 年，推行家庭联产承包责任制后，水利管理体制又发生深刻变化，水利工程实行个人或集体承包形式管理。至今仍持续推行。

2. 工程管理

清代、民国时期，水利工程管理，多由地方绅士牵头，民间自治，对于大修工程，政府出面督修，民间一般设立"陂会"形式管理水利工程，并订有各种形式的乡规民约公布于众，共同遵守。

新中国建立后，1982 年开始，水利电力管理，由乡（镇）水利水电管理站负责管理。并制定了"工程管理办法"、"安全检查制度"、"灌溉用水管理制度"、"水库管理责任制"、"护库民约"、"禁约"和电站运行管理的"运行规程"、"安全规程"等。

1986 年，红星小（一）型水库因涵管破裂漏水，封堵涵管，进行保安处理。根据设计，在大坝右岸山头新开涵洞，采用钢筋混凝土衬砌新建涵管 1 座，圆球闸门控制放水。同时对反滤坝加高加固，溢洪道陡槽开挖与衬砌，坝下埋涵改从山体新开隧洞等，共同投资 49.78 万元。

1988 年，对高岭和低岭两座小（一）型水库进行了加固防护。高岭和低岭均对大坝单落问题进行加宽培厚，全面块石护坡；溢洪道加宽至设计标准，用浆砌石和钢筋混凝土浇筑。加固后均达设计标准。可抵御 50 年以上洪水标准。

3. 用水管理

新中国建立前，土地私有，分散个人经营，水利工程少而小，用水管理一般是群众自管自用，群管轮用。

新中国建立后，从 1955 年开始，逐步建立互助组、农业合作社，农田用水逐步实行"集中水权，统一管理，统一调配"。按灌溉面积多少、定时、定量进行用水分配。水费征收办法，逐步实行以组或农业社为单位统一负担，一般采取按亩计收水费粮或现金。对小型水利工程的用水水费收取方式，以工代费为主。

1958 年，人民公社化后，土地归集体经营，水利工程也转为公社、大队、生产队管理。管水员的报酬一律记工，年终参加统一分配，工程维修所需器材由集体购置。水利灌溉用水一般不收水费，但跨队的工程按国家规定征收水费。

1982 年，实行家庭联产承包责任制后，农田灌溉用水由过去以生产队、大队为单位的统一管理，改为千家万户自管自用。也有少数村，在天旱时，实行统一管理用水，以村或自然村为单位，公推一个办事公道的人，制定用水原则，实行一把锄头管水的办法。

1987 年，贯彻国务院《水利工程水费核定、计收和管理办法》，按县制定的水费征收标准，农田自流灌溉每年每亩收水费 2.5 至 3 元；养鱼用水每年每亩收水费 4 元；发电用水每度收水费 0.02 元。1990 年，县政府调整水费标准，农业用水每年每亩收 4 至 6 元或稻谷 8 至 10 公斤；养鱼用水每年每亩 10 至 15 元；发电用水每度收 0.015 元。所收水费专户储存，由乡（镇）水利水电管理站掌握，专款专用。1991 年至 1999 年，水费征收标准又作过多次调整，1999 年标准为：粮食作物每亩每年收稻谷 9 至 13 公斤，林果等经济作物每亩每年收稻谷 10 至 14 公斤。水电站用水按售电电价的 12% 计收。鱼塘用水每亩每年收稻谷 8 至 14 公斤。

1998 年，贯彻赣州地区行署《关于水利工程水费计收、管理、使用暂行规定》，水费实行"乡收县管"，60% 留乡（镇）专账管理，用于本地水利建设；40% 上交县财政预算外专户，用于解决水管补助部分公务费和上交省、地。2001 年后规定，只收工程水费，无水利设施灌溉的耕地不收水费。

4. 用电管理

1974 年 10 月，高低岭水电站投产后，其电量全部供赖村圩镇和赖村公社各大队农户所需。供用电管理由高低岭水电站负责。并在赖村圩上设立变电站，用 3 条 10 千伏配电线路将电量送往各地。一条从变电站出线经莲子到蒙坊，全长 7 公里，配电变压器 2 台 150 千伏安，低压线路 8 公里。二是从变电站出线经石街至新民等村，全长10 公里，配电变压器 2 台 100 千伏安，低压线路 12 公里。三是从变电站出线，经赖村圩、林场、水西、浮竹等地，全长 12 公里，配电变压器 6 台 360 千伏安，低压线路 20 公里。1977 年，赖村公社建成塘下电站后，与高低岭电站赖村变电站联网，成立赖村供电所，负责境内 15 个（村、大队）和圩镇供用电调度管理。1991 年，乡办竹迳水电站建成后，与县电网联网，由赖村供电所进行电量调度。

用电管理采取"统筹安排，保证重点，择优供电，农忙保农，农闲保工，动力填谷，晚保照明"的计划分配原则，做到用电有计划，消耗有定额，考核有指标，节电有措施，管电有制度。配备专职用电监察人员，管理与监察供用电协议、合同和计划用电各项指标的执行，制定电耗定额，调整负荷，审查事故调查和新装扩建电力设计文件与资料，进行报装检验、按地检查、处理违章与窃电事件，以及普及用电常识等。

1985 年 5 月起，境内供电全部取消包灯，实行电表计费供电。各种用电定价为：农业排灌每千瓦时 0.07 元，农副产品加工每千瓦时 0.2 元，圩镇工业用电每千瓦时 0.2 元，生活照明每千瓦时 0.3 元，非工业与普通工业用电每千瓦时 0.18 元。后来曾进行过调整，生活照明用电每千瓦时 0.25 元。2003 年 6 月，城乡用电实行同网同价，每千瓦小时为 0.6 元。1999 年 6 月，镇供电所无偿改属供电部门管理。年收入 180 余万元，固定资产近千万元。

2000 年 4 月，镇内开始进行输变电线路改造。2003 年 12 月，农网改造工程竣工。共投资 300 余万元。

第五章

工业发展情况

古时，赖村交通不便，信息不灵，处于自给自足的封闭状态，直到民国时期，赖村的圩镇街道，出现了少量的加工作坊。新中国成立后的 1958 年，全国农村掀起了大办工业的高潮，赖村公社办起了少量的集体企业，至今企业达到 502 个，其工业产值超过三千万元。发展虽说是缓慢的，但却折射出中西部地区一般乡镇工业的发展规律。

第一节 工业发展历程

乡镇企业是对我国重工业结构断层的补充。几十年来，各地企业依托资源优势，发展经济，吸纳农村剩余劳动，成为一支异军突起的工业力量。下面通过分析赖村工业所走过的历程，了解其各阶段的发展水平。

一 工业形成阶段（1953 年至 1959 年）

1949 年 8 月，赖村解放。以后经过土地改革，农业互助组，农民的生产积极性得到调动。但是，由于生产方式落后，抵御自然灾害的能力有限，农业增产难度大，农民收入偏低，致使部分农民家庭从事做手艺和养殖来补充不足。当时赖村已有私人自发地办起了缝纫、木器、竹篾、酿酒等店。1956 年，国家开始对个体手工业进行社会主义改造。赖村成立木竹篾器加工合作组、服装加工合作组和供销合作商店、合作社。随后又以公私合营的形式改造个体作坊。这样，使分散的手工业集中起来。

1958 年，中央制定了推动农村工业发展的政策，提出全力推动农村工业化。这年 10 月，赖村撤销区的建制，成立跃进人民公社。赖村木竹篾器加工合作组、服装加工合作组和供销合作商店、合作社划归公社管理。然后由公社、大队、生产队全方位的集体投资，办起了豆腐加工厂、石灰厂、煤矿、农机厂、砖瓦厂、酒厂和综合厂等企业。作为公社工业的组成部分，公社管委会指定了 1 名副主任负责管理企业工作。这些厂矿吸纳了部分农民务工。至 1959 年，社办企业职工达到 150 多名，工业产值 29 万元，上缴税金 3 万余元。

二 工业发展阶段 （1960 年至 1990 年）

这一阶段时间较长，经历二次调整二次大发展，为以后乡镇工业的壮大打下了坚实基础。

1960 年，全国遭受严重自然灾害，农业生产出现大幅度减收。中共中央及时提出"调整、巩固、充实、提高"的八字方针，赖村公社对社队企业实行关转并停，保留的企业仅有豆腐厂、酒厂、综合厂（含铁器社、篾器社、缝衣社、搬运队）。并对企业健全和完善了各项规章制度，积极贯彻按劳分配的社会主义原则，企业效益有明显提高。

经过几年的调整，农业生产得到恢复和发展，赖村陆续恢复了煤矿、石灰厂、砖瓦厂。进入 70 年代，全国各地开展"农业学大寨"、"工业学大庆"活动。赖村在自力更生的基础上，发挥地方资源优势，兴办电站、铸造厂、农机站、孵房厂等企业。至 1978 年，公社企业已近 20 个，职工总数 320 多人，工业总产值 200 余万元。

表 5 - 1　　　　　　　1978 年赖村主要社办企业产品量

企业名称	产品	年产量
综合厂	小型农机、农具	1800 余件
煤矿	煤	1500 吨
石灰厂	石灰	4000 吨
砖瓦厂	沟瓦、红砖	瓦 15 万片、砖 10 万块
孵房厂	鸭苗	15 万羽
铸造厂	铁锅	1.6 万口
农机站	维修农机	1200 人次件
电站	供电	150 万千瓦时

1978 年 12 月，中共中央作出《关于加快农业发展若干问题的决定》，明确提出"社队工业要有个大发展"。1979 年 7 月，国务院颁发《关于发展社队企业若干问题的规定》（试行草案），根据规定提出的各项政策意见，赖村贯彻执行"调整、改革、整顿、提高"的八字方针，开始改革不适应生产力发展的管理体制，由原来集体统负盈亏改为企业自负盈亏，实行在国家计划指导下的市场调节，扩大企业自主权，增强企业经济活力，对历年亏损的孵房厂等企业实行停办。

1982 年，农村体制改革全面展开，在"无工不富、无商不富"的大潮中，社队工业开始走上农工商综合经营的轨道，进入了蓬勃发展时期。1984 年，中国撤除公社和大队建制，设立乡和村。赖村的社队企业更名为乡村企业。乡成立了经济联合委员会，指定了 1 名副乡长负责企业工作。乡政府把抓企业放到了议事日程。随后兴办饲料加工厂、自来水厂、建筑队、建材厂、竹迳发电站、赖村脐橙场等乡办企业。至 1990 年，赖村乡企业年总产值达 446 万余元。

三　工业壮大阶段（1991 年至 2009 年）

这一阶段通过"四轮驱动"（镇办企业、村办企业、股份办企业、私人办企业）和招商引资兴办企业，赖村工业不断发展壮大，民营企业成为镇工业的主翼。

1991 年，赖村坚持"四轮驱动"，既重视兴办乡村企业，又积极支持和鼓励发展个体私营经济以及股份制企业，使赖村企业逐步壮大。1993 年，赖村乡村企业开展"抓管理、上升级、全面提高素质"活动。乡成立企业升级领导小组，由乡长任组长，实行"分类指导，逐步提高"的方针，根据企业规模大小、行业类别、管理水平和经济效益的高低，分级分等，对企业分别提出要求，逐步建立乡企业等级体系。至 1996 年，赖村镇仅赖村村全村有企业 173 个，从业人员 772 人，总产值 1187 万元（其中工业产值 735 万元），总收入 982 万元，利税 134 万元，成为宁都县乡镇企业年总产值超千万元的 8 个村之一。

1997 年以后，赖村工业坚持"三主攻、四为主"（即主攻改革、主攻产品产业结构调整、主攻营销；以发展个体私营经济为主、以招商引资为主、以技术改造为主、以农业开发、农业产业化为主），发挥优势，优化结构，强化管理，增强素质，推动了镇企业再上新台阶。至 2009 年，镇企业由 1997 年的 266 个，增至 502 个，总产值超 3000 万元。其中外商企业福航金属制品厂，年产建材 3000 吨，产值达 1170 万元。

表 5 - 2　　　　　　1991 年至 2007 年主要企业产品

企业名称	主要产品
科峰厂	塑料编织袋
石灰厂	石灰
新民机砖厂	砖
树脂厂	松节油、松香
皮革厂	皮鞋
永盛秧盘厂	秧盘
福航金属制品厂	钢条、水泥
赖村脐橙场	脐橙、柑橘

赖村镇工业在发展壮大过程中，逐步形成了自身的特色，概括为：民营企业成为主体，企业规模不断做大做强，企业结构趋向农业产业服务化。

第二节　镇村企业体制改革

赖村工业从形成到发展阶段，始终贯穿着一条集体经济管理的模式，这种管理体制坚持"按劳分配、多劳多得"的分配方式和原则，兼顾国家、集体、个人之间的利益，走强镇富民道路。随着家庭联产承包责任制的落实，镇工业集体所有制越来越受到挑战，企业产权不明、缺乏利益激励、政企职责不分、行政干预过多、经济形式单一、发展后劲不足等问题日益显现。赖村镇政府顺应时代的改革潮流，摒弃昔日的管理体制，开始对镇村企业的管理制度进行了改革。

一　经济承包责任制

1985 年至 1987 年，赖村对各个企业开始签订以提高经济效益为中心内容的多种形式经济承包责任制，如企业内实行"五定、三保、五包、奖赔"的责任制，即厂部对车间定人员、定设备、定产品、定质量、定消耗；保证原材料供应、保证生产任务完成、保证产品销售。车间对厂部实行包产量、包质量、包消耗、包成本、包设备完好率，视完成情况实行奖赔制度。"一包四联六挂钩"责任制，即生产产品的成本实行包干费，节约归自己，超过自负；联系产量、质量、成本、文明生产计奖赔；将病事假、计划生育、劳动纪律、作息制度、遵纪守法、安全生产等六项与奖金直接挂钩。这两种经济承包责任制，其主要特点是从企业到车间，从班组到个人，普遍实行层层经济承包责任制，并以签订承包责任状和合同形式固定下来，实行奖赔，年终兑现。

1988 年至 1997 年，赖村各企业内部实行目标管理责任经营。其基本做法：企业实行厂长负责制和厂长任期目标审计制。企业享有财产所有权，生产经营权，产品销售、物资采购权，产品、劳务定价权，分配方式自主权，劳动用工权，人事管理权。实行民主管理，具体实施年度系统目标管理方案，考核指标有产值、销售收入、利税、生产成品资金、产品质量、安全生产、管理费上交等。年初乡（镇）企办对各企业下达考核目标，年终进行考核评分，兑现奖罚，设优胜奖、达标奖、单项奖。

企业承包责任制和目标管理责任制，是在集体经济范畴内的改革，这种改革虽不彻底，但初步改变了过去企业吃政府大锅饭，职工吃企业大锅饭的状况，使责、权、利相结合，国家、集体、个人利益相统一，职工所得同劳动成果相联系，有效地调动了企业内部的积极性，增强了集体经济基础实力。

二 企业产权制度变革

中国的乡镇企业改制，是一个由政府推行的自上而下的制度变革。最早的文件是 1994 年 3 月由农业部发布的《乡镇企业产权制度改革意见》。这一年，宁都县委、县政府相继出台了《关于进一步促进我县乡镇企业快速、高效发展的决定》、《关于加快发展乡镇企业的若干政策规定》等。这些文件对加快乡镇企业发展规定了一系列的优惠政策。主要内容有：工商行政管理方面，除国家明令禁止生产经营的产品外，所有企业均可根据市场需求，自主生产经营。物资管理方面，乡镇企业产品价格全部放开，企业可根据本厂产品在市场的竞争情况，自行确定销售价格。税收和财务管理方面，乡镇企业"转制"后，企业的经营管理人员不再由乡镇政府指派，实行股份合作经营由董事会决定，直接转制的由企业法人代表决定，公有私营企业由法人代表与乡镇政府协商确定。金融管理方面，企业"转制"后，银行对企业的正常流动资金进行核定，双方签订发贷和还贷计划，按时注入和按时归还。劳动管理方面，企业可根据生产经营需要，自行确定招工时间、招工人数和招工性质。用地管理方面，乡镇企业所需的用地，收费从优，土管部门从快办理有关手续。林政管理方面，林业部门应保证木竹加工企业生产所需的木竹供应。这些优惠政策，解决了条条管理，乡镇政府无法协调也无权处理的难题，为下一步乡镇企业产权制度变革创造了良好的环境。

1995 年初，宁都县选择青塘水泥厂、刘坑机砖厂、长胜粮油机械厂 3 家企业为示范点，对其进行经营机制转变。至同年 7 月，点上转制工作基本结束。赖村参照点上转型做法，于 1998 年在镇各个企业推行，到年底，有 11 家企业完成转制，其中公有私营企业 2 家，租赁企业 7 家，拍卖企业 2 家。转换经营机制后，企业的经济效益明显好转。

表 5 - 3　　　　　　　1998 年镇企业体制改革统计

企业名称	兴办时间	主要产品	经营体制变化
综合厂	1956.7	小型农机、农具	租赁
煤矿	1961.6	块煤	公有私营
石灰厂	1966.8	石灰	租赁
砖瓦厂	1968.12	沟瓦、红砖	租赁
铸造厂	1977.10	锅	租赁
农机站	1978.2	农业机械维修	租赁
建筑队	1987.6	建筑施工	公有私营
赖村脐橙场	1986	脐橙、柑橘	拍卖
饲料加工厂	1984.7	饲料	租赁
建材厂	1988.5	红砖	租赁
竹迳发电站	1989.12	电	拍卖

三 政府职能转变

回顾乡镇企业的发展历程，当初政府运用手中的权力，把社队部分积累资金投在兴办企业，并抽调公社国家干部和指定能力强的社办干部管理企业，为加速乡镇企业的发展壮大起到了关键性作用。如今企业实现了产权制度的改革，赖村镇政府及时认识到，现在已是该还权给企业的时候，于是，政府开始转变职能，把工作职责放在招商引资办厂，放在帮助企业招工、协调解决劳资等纠纷的问题，放在产品销售，维持一个公平、公正、公开的市场秩序，放在配套企业基础设施，创造良好环境，并努力建立自我约束机制，建设服务型政府的形象。

第三节　外商企业

由于历史及地理位置等多种因素，内地资金缺乏，技术落后，而劳力和土地廉价。20 世纪 90 年代中期，沿海地区的企业成本不断增加，使得部分企业出现内迁。赖村镇抓住机遇，适时开展了招商引资工作。

一　招商引资的政策措施

1996 年，赖村镇党委、政府把招商引资工作列入议事日程，作出了《关于扩大开放，加强招商引资工作的决定》、《致外出务工亲人的一封信》。1999 年以后，赖村制定了外商投资的优惠政策。其主要内容：对外商投资兴办生产性企业，经营期限在 10 年以上的，除按规定给予"免三减三"（企业所得税从获利年度起，前两年免征，第三年至第五年减半征收）税收优惠外，经营期限所征收的企业所得税，财政给予 50% 的奖励。对用进口材料件加工成品不直接出口，而是转让异地承担进料加工的外商投资企业再加工、装配出口的，免征生产环节的增值税、消费税；以来料加工、进料加工贸易方式进口的货物，免征进口环节的增值税、消费税。加工应税消费品出口后免征加工或委托加工应税消费品及工缴费的增值税、消费税。对来料加工企业免征其加工或委托加工货物及其工缴费的增值税、消费税。对外商投资企业购置土地兴建企业生产厂房、生活用房及生产配套设施自用的，报经税务部门审批，前三年免征城镇土地使用税和房地产税。

2000 年，赖村成立了以镇党委书记为组长的招商引资领导小组，制定了招商引资目标管理责任制，指定各村书记、主任、镇属单位负责人为招商引资第一责任人。2004 年，镇党委、政府又下发《关于加大力度，继续抓好招商引资工作的意见》，要求把长、珠、闽等沿海发达地区作为招商引资主战场，突出工业、农业项目以及劳动密集型、资源加工型、税源型企业招商。同时，赖村镇党委、政府多次组织招商人员，前往广东、福建等地引资办企业，效果较明显。据统计1996 年至 2009 年，从沿海地区引进项目 37 项，办企业 22 家，累计引资 8713.5 万元，已实现产值 5000 万元，利税 165 万元，上缴税金147 万元。

二 外商企业发展状况

外商企业来内地落户，给乡镇工业发展增强了经济实力，对壮大工业产生了强有力的拉动作用。

赖村自 1996 年启动招商引资工程至今，先后有近百家外商到赖村实地考察，其中投资办厂的有 22 家。由于受世界金融危机的影响，外商企业也陷入困境。究其原因：一是企业产品单一，依赖出口，当市场价格下跌时，立即停工停产。二是基础薄弱，资金不足。赖村引进的企业，规模大的不多。有的外商考虑眼前利益多，着眼长远利益少，看重优惠条件，引进的设备简陋，利用当地劳力、厂房等廉价资源，赚取利润，一遇风潮，卷铺盖离去。三是企业经营者管理水平和职工素质不高，也制约了企业的发展。

第四节 工业门类和效能

一 工业门类

20 世纪 50—70 年代，赖村工业门类主要有煤、红砖、石灰、农机修理、木材、篾器。80 年代至今，乡镇企业发展较快，工业门类扩大，增加金属、针织、食品加工等。

（一）建材

建材业始于 20 世纪 60 年代，以后多家兴办砖厂、沙厂。

赖村砖瓦厂，创办于 1968 年 12 月，公社投资 2 万余元，1969 年3 月投产，年生产沟瓦 15 万余片，红砖 10 万余块，年产值 43 万余元，利润 10 万元，税收 3 万余元。

建材厂，1988 年 5 月投资 18 万元，1989 年 6 月投产，年生产红砖 12 万余块，产值 34.4 万元，利润 8 万元，税收 2.5 万元。

新民机砖厂，1995年4月投资32万元，年生产红砖100余万块，产值80余万元，利润20万元，税收4万多元。

邮村洋江红砖厂，2002年投资25万元，2003年投产，年产红砖90万块，产值68万余元，利润17万元，税收2万余元。

围足坪红砖厂，2005年投资60万元，年产红砖700万块，产值300余万元，利润60万元，税收8万余元。

围足张塘砖厂，2002年投资20万元，年底投产，年产红砖400万块，产值150万元，利润30万元，税收5万余元。

赖村页岩机砖厂，1998年投资70万元，2002年建成投产，年产红砖720万块，年产值320万元，利润80万元，税收10万元。

石街新星机砖厂，2006年投资90万元，年产红砖1400万块，产值400万元，利润100万元，税收12万元。

莲子机砖厂，2003年8月投资80万元，2004年2月投产，年产红砖500万块，产值200万元，利润46万元，税收6万元。

福航金属制品厂，2003年6月投资120万元，同年11月投产，年产建材30000吨，产值1170万元，税收30万元。

浮竹沙场，2006年1月投资20万元，同年6月投产，年采沙量18000余立方米，产值54万元，利润17万元，税收3万元。

王鸥沙场，2006年1月投资15万元，同年6月投产，年采沙量15000立方米，产值42万元，利润15万元，税收2万元。

水西沙场，2007年1月投资12万元，同年2月投产，年采沙量15000立方米，年产值40万元，利润14万元，税收1.8万元。

（二）采掘

新中国成立初，零星开采煤、石灰石，产量不高。20世纪60年代以来，采掘业不断发展，逐步由半机械化开采代替人工开采。

煤矿，1961年6月公社投资5万余元，次年5月投产，年产煤1600余吨，产值82万元，利润30万元，税收4万多元。

石灰厂，1966年8月公社投资7万元，次年8月投产，年产石灰4000余吨，产值160万元，利润40万元，税收9.5万元。

莲子祥兴精制煤厂，2005年11月投资60万元，次年1月投产，年产精制煤 8000 吨，产值 270 万元，利润 60 万元，税收 13 万元。

（三）机电

1958 年，人民公社运动中，成立铁器社，仅能生产小农具、小五金等简单产品，以后成立农机厂，逐步形成机械制造和农机业的维修。70 年代开始兴建电站，解决部分农户的生活用电。

综合厂，1956 年 7 月，黄石区政府投资 7.6 万元，1957 年 7 月投入运行，主要生产小型农机、农具，年产 1800 余件，产值 54.1 万元，利润 20 万元，税收 2.8 万元。

铸造厂，1977 年 10 月公社投资 3 万元，同年 12 月投产，年生产锅头 1.6 万口，产值 13 万元，利润 18 万元，税收 3 万元。

农机厂，1978 年 2 月创办，从事农业机械的管理及维修，年产值 100 万元，利润 35 万元，税收 4 万元。

赖村供电站，原名赖村电站，1976 年 9 月建成，年供电 150 万千瓦时，1999 年 7 月改由国家大电网管理。年供电 430 万千瓦时，收入 300 万元，利润 40 万元，税收 7 万余元。

竹迳发电站，1989 年 12 月动工兴建，1991 年 12 月建成投产，投资 78.2 万元，年发电量 100 余万度，产值 21.6 万元，利润 14 万元，税收 3 万元。

围足电站，1971 年春建站，围足大队投资 5 万元，当年建成，年发电量 30 万度，产值 10 万元，利润 3 万元，税收 3000 元。

（四）针织

20 世纪 50 年代，赖村成立服装加工合作社，90 年代后，由于人民生活水平提高，针织业得到发展。

水西永明制衣厂，2006 年 12 月，投资 50 万元，2007 年 1 月投产，年产值 65 万余元，利润 18 万元，税收 2 万元。

虎井雅格斯曼制衣厂，2001 年 5 月投资 160 万元，同年 6 月投产，年产值近 200 万元，利润 80 万元，税收 5 万元。

（五）果业

赖村脐橙场，1986 年建场，先后投入资金 3000 万元，1990 年投产，年产脐橙 200 万斤，年总产值 200 余万元，纯收入 80 万元。

老街柑橘园，1984 年建园，莲子村委会投资 30 万元，1988 年投产，年产柑橘 15 万余公斤，产值 30 万元，纯收入 6 万元。

王沙脐橙场，1993 年 12 月建场，邮村村委会投资 10 万元，1997 年投产，年产脐橙 18 万斤，产值 18 万元，纯收入 4 万元。

昌源脐橙场，1994 年 12 月建场，邮村集体投资 24 万元，1997 年投产，年产脐橙 40 万斤，总产值 45 万元，纯收入 10 万元。

邮村洋江脐橙场，2003 年建场，投资 22 万元，2006 年投产，年产脐橙 4 万斤，产值 4 万余元，纯收入 2 万元。

赖村柑橘场，2001 年建场，投资 3 万元，年产南丰蜜橘 1.5 万斤，产值 3 万元，纯收入 1.5 万元。

石街脐橙厂，1995 年 5 月建场，石街村委会投资 14 万元，1998 年 12 月投产，年产脐橙 5 万公斤，产值 10 万元，纯收入 4 万元。

陂田赣州市图强果业有限公司，2007 年 8 月筹办，投资 200 万元，产值 50 万元，纯收入 10 万元。

（六）加工

粮食、饲料、油料、塑料加工，是改革开放后的新兴产业。

饲料加工厂，1984 年 7 月创办，集体投资 4.6 万元，次年 5 月建成，年加工饲料 12 万余吨，产值 20 万余元，利润 8 万元，税收 1 万元。

围足镇南粮食加工厂，1998 年创办，投资 15 万元，年加工粮食 400 余吨，产值 450 万元，利润 20 万元，税收 3 万元。

薄荷油提炼厂，2001 年建场，台湾宏基公司投资 300 万元，并建立薄荷生产基地，年产值 50 万元。

天然树脂厂，1998 年建场，浙江客商投资 66 万元，年产值 120 万元。

科峰塑编厂，1995 年建场，以后与深圳恒通实业有限公司联办，新注入资金 150 万元，年产值 100 万元。

（七）其他

莲子永盛秧盘厂，2005 年 6 月建厂，投资 80 万元，当年投产，年产秧盘 30 万只，产值 120 万元。

建筑队，1987 年 6 月组织，主要在镇内开展建筑施工业，建筑队有人员 60 名，机械和半机械设备 8 台，年收入 100 余万元。

自来水厂，1984 年 8 月建成，以后不断扩大供水量，年收入近 100 万元。

浮竹养猪场，2007 年 1 月创办，浮竹村委会投资 140 万元，养猪 1000 头，年产值 150 万元，年纯收入 25 万元。

邮村新村养猪场，2006 年办场，个人投资 21 万元，当年饲养生猪 95 头，纯收入达十余万元。

桂兴种猪场，2005 年办场，个人投资 200 万元，年均饲养种猪 100 头，年出栏猪仔（含生猪）1700 余头，年纯收入 20 万元。

香菇场，1998 年建场，浙江丽水郑志淼投资 3 万元，年收入 2 万元。

二　企业效能

从农业社会向工业社会发展，是历史演进的一般规律。改革开放以来，赖村乡镇工业发展实力的增强，给我们提供了有价值的启示。

（一）农业化效能

赖村工业的发展，为社会增加了财富，通过更多资金的投入，加速了大农业的分离，产生了诸如加工业、食品业、养殖业等，这又反过来发展壮大了乡镇工业。

（二）就业效能

1982 年，赖村全面推行家庭联产承包责任制后，农村的剩余劳动力逐年增多，为解决农民就业问题，当地政府一方面组织劳务输出，另一方面则通过乡村级和个人兴办各类企业，安置部分农民就近就业，据统计 1982 年至 2007 年，赖村各类企业年均安置职工近 2000 人，最多的 1994 年，安置职工达到 3851 人。

（三）小城镇化效能

小城镇化与工业化相生相伴。乡镇企业的发展，带动了产业的集聚，同时乡镇企业吸纳了农村部分剩余劳动力，促进了人口集聚。正是这种集聚，使农民往城镇靠拢（迁居），赖村圩镇面积由 0.4 平方公里扩大到 1.5 平方公里，聚居人口由近 1000 人，发展到 8600 余人。

第六章

第三产业经济发展情况

第三产业也称服务业，具体包括流通和服务两大部门。在经济发达地区的乡镇，两大部分涵盖的行业更广。而位居中西部的赖村镇，现要分析的第三产业，是流通和服务两大部门。流通部门是指商业饮食业、物资供销业、运输业、邮电通信业；服务部门是指金融业、保险业等。

第一节 商业的发展变化

商业流通业是赖村的传统行业，也是第三产业的主体，始终保持着旺盛的生命力。

一 供销合作社

新中国成立后，人民政府根据"发展生产，繁荣经济"的方针，大力发展供销合作事业。1951年，赖村成立消费合作社。1952年改称供销合作社，下设综合门市部、饭店、酒店、豆腐社。其流通资金来自国家贷款和农民入股。经营方式按股分红，一年结算一次，利息照付。1958年供销社更名国营商店，由集体所有制升级为全民所有制，人民生活所需的油、盐、糖、醋由供销社统一供应。

1962年，调整国民经济，供销合作商店从国营商店分出，恢复赖村供销合作社，扩设饭店、招待所，并把商业网点下伸，农村各大队设立代购销店，"双代"（代购代销）店营业人员由大队决定，铺底资金由供销社酌情拨给，供销社按其购销额付给手续费。"双代"店利润归生产大队所有，"双代"人员工资由生产大队支付。从此，形成了由供销社统一领导，统一管理的经济体制和经营格局。1972年，落实党对私营工商业者政策，赖村供销社收回下放合作商店人员，重组赖村合作商店。

1953 年至 1981 年，供销社主要收购农副产品和供应农业生产资料，见下表。

表 6 - 1　　　　　　　　　　农村物资收供品种

农业生产资料品种	生活资料品种	农副产品
化学肥料：主要有氮肥、磷肥；化学农药：主要有六六粉、乐果；农药机械、绿肥种子、农田薄膜、中小农具	絮、棉、草席、铁锅、日用陶瓷器、煤油、圆钉、自行车、半导体收音机、棉布、胶鞋、肥皂、卷烟、食盐	土糖、黄红麻、棉花、烟叶、草席、桐子、夏布、羽毛、皮张

1981 年，国家取消了农副产品统购统销和日用工业品批发专营，国营商业进入改革时期。1982 年，赖村各生产大队收购店由个人承包改为个体商业，合作商店解散，转为个体商店。1986 年，宁都县供销社对基层供销社全面实行"计划管理、定额承包、计分算奖、超利分成、欠利照赔"，即县供销社向基层供销社下达全年购销、资金周转利润指标，由基层社主任向县社承包，实行百分制，计分算奖，分季考核，年终决算。赖村供销社则对内部柜组根据不同行业和业务量的大小分别采取不同形式的责任制。

1991 年 3 月，借鉴重庆国合商业改革的经验，赖村供销社试行以"四放开"（放开经营、放开用工、放开分配、放开价格）为内容的改革。1994 年 5 月，赖村供销社实施租"壳"卖"瓢"拍卖商品的改革方案。拍卖柜组 26 个，承买职工 49 人，收回现金 110 万元，有 12 名职工未承买柜组而自谋职业。2003 年，赖村供销社进行经营机制的彻底改革，将商店及其房屋一次性拍卖，保留 1 名管理人员，其余买断工龄，办理解除劳动合同，置换身份手续。

二 粮食购销

赖村是主要产粮地之一。中华民国 32 年（1943 年 7 月），赖村设立征粮办事处，负责所辖区的田赋征收。新中国成立后的 1949 年，赖村区设粮株干部，负责借粮筹款支前和征收农业税。1955 年设赖村区粮食管理所。1958 年改为赖村公社粮食科，次年 5 月复称粮管所至今。

粮食购销，国家一直采取严格的管理措施。1953 年，国家颁发《关于实行粮食计划收购和计划供应的命令》，取消粮食自由市场，对城乡非农业人口、工商行业用粮全面实行计划销售。对农民除征收公粮外，还向余粮户实行计划收购。1954 年，国家对粮食实行统销统购，分定量、定销、统销和补助粮油供应四种。定量供应的对象是圩镇居民，凭票证购粮。对缺粮缺油的农户（人均缺粮 20 天以上者），由国家统销。1965 年，国家对粮食实行“三定”（定产、定销、定购）政策，进一步减轻农业负担。1966 年，国家对粮食坚持“四统一”（统一征购、统一销售、统一调拨、统一库存）的管理制度，保证了粮食的正常供应。1973 年，赖村贯彻江西省革委会《关于切实整顿农村粮食定销工作的意见》，对定销区实行春定秋调的办法。1979 年，赖村对农民出售粮食给予提价补贴，并恢复粮食议购议销。1982 年，粮食全购全销改购销差额包干，减少统购总量，让农民多得实惠。1985 年，国家取消粮食统购，实行合同定购，对老革命根据地贫困乡的赖村，全年自产口粮人均不足 500 斤的特困户，核定补差口粮，一定三年不变。同年，江西省批准赖村乡为赣南甘蔗生产基地，对蔗农实行粮蔗挂钩，以蔗换粮。1994 年，国家实行定购和市场计划收购，从此粮食部门独家经营、“一统天下”局面被打破，呈现多渠道粮食竞争经营格局。

新中国成立初，生猪由农户自由收购屠宰。1975 年成立赖村食品站，公社下达生猪派购计划，居民、农户凭票购买。90 年代废除生猪派购，赖村食品站撤销，其人员调其他行业安置。2009 年末，个体屠宰工 27 人，全年出售生猪约 10 万吨。

三　市场管理（见图 7）

新中国成立前，赖村市场贸易处于自由状态，集市贸易以农副产品为主，小买小卖居多，大宗交易多由行商参与。

图 7　工商分局

新中国成立后的 1953 年，赖村成立市场管委会，严禁私商私贩插手收购运销国家统购统销物资，严防厂商抬价、囤积、拒售、套购物资等行为，禁止黑市交易。但鼓励农民在完成国家计划的前提下，将农副产品进入市场交易。1962 年，中央作出《关于商品若干问题的决定》，明确集市贸易是国营商业和供销商业的补充，允许农民在完成征购、派购任务后的粮、油、猪等农副产品可以进入集市贸易自由交易，但禁止投机倒把和私商长途贩运。1971 年，禁止一、二类农副产品上市，私人经商被取缔。工商管理工作主要打击投机倒把、走私贩运。1978 年 1 月，成立赖村工商行政管理所。2003 年 1 月，更名为宁都县工商局赖村分局。其职责：依法核发营业执照，对工商企业和市场经济活动进行监督和管理，并随着集市贸易的放开，商品流通日渐活跃。

四 个体经济

改革开放后，国家逐步出台政策，鼓励发展个体经济。1983 年，成立宁都县个体劳动者协会赖村分会。1990 年改称个体私营经济协会。

1995 年起，赖村把个体私营经济的发展当作振兴镇内经济建设的重头戏来抓，进一步解放思想，优化环境，营造个体私营经济发展良好氛围，工作上做到"四不限"、"三加大"、"三个有"，即不限发展比例、不限发展速度、不限经营方式、不限经营规模；加大政策扶持力度、加大依法保护力度、加大环境整治力度；使个体私营经营者经济上有实惠、社会上有地位、政治上有荣誉。力促个体经营经济上规模、上档次、上水平。与此同时，赖村通过小城镇建设，进一步完善商业基础设施，从 20 世纪 90 年代初至今，先后新建宁康、兴康、富康街道，以及欧式步行街、陂田、邮村、新民、莲子村"农民街"。兴建商业大楼 1 幢，农贸交易棚 3 个，农贸市场 1 个。

优惠政策的出台和商业基础设施建设的完善，激活了个体经济，从事商贸的个体户已由流动分散经营向专业市场批零兼营转变，长途贩运、坐店经营的越来越多；经营包罗万象，商业品种结构由单一化向多元化转变。据统计，个体工商户从 1997 年初的 75 户，发展到 2009 年的 540 户，从业人员 1005 人，注册资金 750 万元。

第二节 交流运输、邮电通信业的发展

一 交通运输业

新中国成立后，赖村交通明显好转，319 国道、石吉高速公路均在境内通过，距赣州市 140 公里。（见图 8）

（一）道路

古时，境内陆地道有 7 条，通田头、黄石、澄江、葛坳、山寮、青塘、竹笮等地。民国 23 年（1934），开通老嵊场至于都公路。同年 5 月，江西省政府投资 1.7 万元，修通邮村至青塘公路；水道航运

图 8　汽车站

有 2 条，一条从赖村至曲洋江汇入梅江河，可通航 3 吨竹筏。另一条从新民至曲洋汇入梅江河，也是靠竹筏运输。

新中国成立后，赖村交通运输业发展快。修通乡道 10 条，即赖村至阳都、邮村至平玩龙、莲子至松山、赖村至浮竹、赖村至水西、罗坑至留田、赖村至山坑、莲子至岩背、邮村至虎井、蒙坊至龙头等，实现村村通公路。

20 世纪 70 年代，赖村开始桥梁建设，至 2007 年，建公路桥 10 座，分别为：水西石拱桥、赖村、八丘、大马石、莲子、围足、白窑、半迳、洋江、浮竹等。人行桥 23 座，临时性人行桥 56 座。

1995 年 10 月，赖村域内至于都县的公路，铺建油路；1999 年 10 月，邮村至青塘油路竣工。同时，莲子至松山至岩背、赖村至水西、邮村至虎井的 4 条村级公路也铺设水泥，公路质量不断提高。

（二）运输（见图 9）

1952 年，赖村建立客运售票站，兼货运业务。主要靠国营县汽车队、县供销车队、县粮食车队、县林业车队、县外贸等专业队运输。改革开放后，商品流动日趋活跃。1986 年，赖村设立夜宿班车，个体添置客运汽车 9 辆，每日客运量达 200 多人次。2000 年至 2007

图9　新世纪加油城

年，境内客运汽车达到39辆，年客运量19万多人次；2008年，个体货运车辆达到93辆，其中柴油车、小四轮26辆，拖拉机3台，年货运量达30万余吨。

二　邮电通信业（见图10）

清光绪六年（1880），赖村设有驿站。民国4年（1915），赖村设邮村代办所。1956年3月，设赖村邮电所至今。

（一）邮路

邮路经历两个阶段：一是步班邮路。清光绪二十六年（1900）。从赖村通往于都，设有黄沙、印山、东塘、半迳、葛坳5个点。人民共和国后，1958年实现"社社通邮、队队通邮"。邮路逐步延长，至1970年停用。二是自行车邮路。1969年，镇内设自行车邮路6条，即赖村至岩背，赖村至山坑、高岭，赖村至陂田、虎井，赖村至蒙坊、浮竹，赖村至老嵊场，赖村至新民，总长100.65公里。

（二）邮政业务（见图11）

邮政业务：1. 投送信件；2. 发行报刊。1958年实现寄信不出村；订报不出门；3. 包裹。1956年始，赖村邮电所开办包裹投递业

图 10　赖村电信所

务；4. 电报。新中国成立后，镇内设有电报业务。按通信距离分为国内电报和国际电报。1953年，邮电所办理分送、活送、送妥通知、预付回报费、核对、亲启、电局留交、未送、加急等特别业务。1977 年增汇款电报。1990 年 10 月，增礼仪电报。以后又增邮政储蓄。分为定期储蓄、活期储蓄。

（三）电话

民国 24 年（1935），赖村区公所已设电话。1950 年，重新架

图 11　赖村邮政所

设电话线路，赖村区复通电话。1956 年，赖村设 20 门交换机 1 部。1958 年，赖村公社下属 4 个乡通电话。1989 年，赖村邮电所安装开通环三路载波机 1 部。1990 年，安装 30 门磁石交换机 1 部。1994 年12 月，开通程控电话，当年境内有程控电话 39 部。1999 年，启动村

图 12　联通通信塔

村通电话工程，14 个村委会安装程控电话。当年境内有电话用户 630 户。2009 年移动电话用户发展到 14000 户。

第三节　金融业的发展

赖村的金融业，新中国成立后主要通过信用社、营业所、保险代办机构，办理人民币的存、贷，发展工农业生产。

一　机构

（一）信用社

以前，赖村境内无金融机构，新中国成立后的 1953 年，赖村区下辖 11 个乡，乡乡都成立信用社。1956 年 5 月，随着乡级机构的调整。设立赖村、水西、石街三个乡信用社。1958 年 10 月成立跃进人民公社，公社设信用社，下属各大队设信用部，以后公社易名乡、镇，仍称农业信用社。

（二）营业所

1953 年成立中国人民银行宁都支行赖村营业所，与赖村信用社合署办公。1979 年 10 月中国农业银行宁都支行与中国人民银行宁都

图 13 信用社

支行分开经营，易名为中国农业银行赖村营业所。1994 年 8 月，信用社与营业所各自建有办公楼，分开营业至今。

（三）保险代办所

1984 年 6 月，成立赖村保险代办所。代理财产保险和人寿保险业务。保险种类：农业企业财产安全保险、家庭财产保险、汽车及第三者责任保险、自行车盗窃保险等。

二　货币

货币随着时代的变迁而演变。从秦代至民国时期，使用的货币有铜钱、铜圆（俗称"铜板"）、纹银、铜锭、银元（俗称"银洋"、"花边"），还有各种纸币。以后，纸币和硬币统称人民币。

三　借贷

晚清至民国时期，农民和小本商人经济困窘，多为典当。当期一年、二年，十天、一月不等。一般月利 2% 至 3%，贵重当物利率低。廉价当物利率高，押金面定。逾期称"死当"，当物由当铺拍卖。此外，民间还有互利、高利两种借贷。互利借贷又称"约会"或"来

会"，月利率为 2%。高利借贷即"印子钱"，年利率高达 50% 至
100%；月利率 5% 至 10%，逾期不还利上滚利。苏区时期（1929 年
至 1934 年），废除了一切高利借贷。新中国成立后，私下放贷逐步被
禁止。

四 存款

赖村镇信用社、营业所的存款来自两个方面，一是财政和企业存
款，二是居民储蓄。改革开放后，人民生活逐步改善，居民的存款数
量不断增加。1966 年，赖村信用社存款余额 2.21 万元，1982 年存款
余额 15 万元，2008 年存款余额 7482 万元。赖村邮政储蓄达到 5700
万元。

第四节 第三产业的地位

改革开放以来，第三产业得到各级政府的重视，随着人民生活水
平的提高，第三产业发展速度加快。纵观赖村镇第三产业的发展情
况，其主要特点有：

一 第三产业总量增长快

20 世纪 80 年代前，对第三产业，尤其是流通领域存在诸多限
制，第三产业发展缓慢。进入 90 年代，赖村镇从出台宽松政策和完
善基础设施方面鼓励、支持发展第三产业，使第三产业不断发展。
1997 年，赖村第三产业中，仅运输、商业、餐饮业的总量达到
1711.9 万元，在三次产业中排位第二。至今一直保持第二位。

二 第三产业吸纳剩余劳动力增多

由于第三产业的发展，向第三产业就业的劳动力日益增加。据统
计，赖村镇 2009 年劳动力 26282 人，第一产业 18704 人（含外出务
工人员），第二产业 3347 人，第三产业 4231 人。其中第三产业比
1997 年增加 2768 人。

三 第三产业发展潜力大

从第三产业的内部结构看,其饮食业表现稳定,从 1995 年至 2009 年,年产值保持在 330 万—480 万元。而运输业、邮电通信业逐年增加,运输业产值从 1995 年的 107.5 万元,到 2009 年达 300 余万元;邮电通信业 2009 年完成业务总量近百万元。金融和保险行业也发展较快。

第七章

教育、文化和卫生

新中国成立几十年来，全国各地的教育、文化、卫生事业发展迅速。赖村早在60年代，各生产队（村）先后办有小学、文艺宣传队、卫生所，公社设有完中（后调整初中）、文化站、卫生院，形成了教育、文化、卫生网络。改革开放后，教育、文化、卫生事业各项基础设施进一步完善，适龄儿童入学率100％，实现"村村通"广播电视，人民的身体健康得到保障。

第一节　教育事业

赖村现有初级中学2所（民办学校），中心小学1所，完小12所，村小（教学点）9所，幼儿园25所。其中赖村初级中学占地27646平方米，校舍建筑面积8665平方米，教职工114人，学生2465人；赖村中心小学，占地面积2769平方米，校舍建筑面积3600平方米，教职工55人，学生963人；12所完小，校舍建筑面积累计5600平方米，教职工155人，学生4469人；9所村小（教学点），校舍建筑面积共720多平方米，教职工16人，学生260人；25所幼儿园，其中公办10所，学生320人，私办15所，学生约600人。

图 14　赖村私立育才学校

一　重教传统

元明年间，赖村境内有设馆授学者。清光绪二十四年（1898），宋氏办学堂，名曰"二可堂"，其名取自学堂一副对联："二宋二难堪为后进模范，可耕可读永作处世良规。"

苏区时期（1929—1934），小学发展很快，统称列宁小学，按地域划分学区，每学区设校一所，学区内的学生居家距校不超过 3 里，偏僻村庄不超过 5 里，区办中心高小，乡办初小。学校视情可实行半日制，工农子弟一律免费入学。

民国二十四年（1935），境内设立中心国民小学 1 所，保国民小学 3 所，高级班 13 个，学生 391 人。

新中国成立后，人民政府接收公办各类学校。并在此基础上，发展中学和幼儿及成人教育。1983 年，经上级检查验收，赖村在校学生 4223 人，学龄儿童入学率 99.3%，在校学生年度巩固率 99.5%，毕业率 97.19%，校外 12 至 15 周岁少年儿童无盲率 98.6%。1996 年，赖村基本工作（基本普及九年义务教育、基本扫除青壮年文盲），通过上级评估验收，适龄儿童入学率达 100%，小学毕业率

99.9%，15 周岁人口初等教育完成率 98.9%。

表 7-1　　　　　　1990 年至 2009 年小学、初中办学情况统计

年度	小学校						初级中学		
	合计（所）	完小（所）	村小（所）	学生（人）	毕业生（人）	教职工（人）	学校（所）	学生（人）	教职工（人）
1990	55	13	42	4260	894	200	1	780	62
1991	49	13	36	4369	795	191	1	780	62
1992	43	13	30	4351	763	185	1	780	62
1993	41	13	28	4223	735	163	1	780	62
1994	39	13	26	4105	720	162	1	950	71
1995	37	13	24	4207	721	165	1	1040	75
1996	32	13	19	4350	755	153	1	1350	86
1997	32	13	19	4841	734	183	1	1416	89
1998	31	13	18	4852	753	193	1	1430	90
1999	30	13	17	4884	809	201	1	1510	92
2000	27	13	14	4684	872	199	1	1890	92
2001	27	13	14	4505	916	202	1	1956	93
2002	27	13	14	4663	957	209	1	2085	93
2003	24	13	11	5306	916	225	1	2140	95
2004	24	13	11	5296	927	217	1	2245	97
2005	23	13	10	5973	982	213	1	2395	98
2006	23	13	10	5751	926	208	1	2415	102
2007	23	13	10	5710	930	217	1	2435	110
2008	23	13	10	5700	926	220	1	2443	112
2009	23	13	10	5692	940	226	1	2465	114

二　教育基础

新中国成立后，政府重视教育条件的改善工作。50 年代初期，赖村各小学沿袭因陋就简，同时着手以修缮为主的小学校舍建设。至 1960 年底统计，赖村小学校舍面积约 1200 平方米。校舍房多为土木

结构，少量为砖木结构。

1968 年，宁都全县贯彻省、地教育改革会议精神，要求农村各地"小学不出生产小队，初中不出大队，高中不出公社"。自此，全县农村学校大量增加，各地采取自筹资金，自行解决劳动力为主，国家适当补助为辅，掀起了校舍建设高潮。赖村从社队企业利润、公积金、公益金中筹措资金，并发动群众献工献料。1968 年至 1977 年，赖村共兴建校舍约 40 间，均为土木结构。1983 年起，赖村对中小学校的土木结构校舍进行逐步改造。当年投资 2.8 万元（其中自筹 2.3 万元），新建赖村、蒙坊、卫东小学教室共 8 间，建筑面积 516 平方米。次年投资 1.4 万元（其中自筹 4000 元），新建教室 2 间，建筑面积 151 平方米。1988 年至 1991 年，投资 26.2 万元（其中自筹 13.2 万元），新建教室 18 间，建筑面积 1403 平方米。1992 年，投资 21.3 万元（其中自筹 20.3 万元），新建赖村中心小学教室 12 间，建筑面积 829 平方米。1998 年，投资 82 万元，新建赖村中学教学大楼一栋，教室 24 间，建筑面积 2016 平方米。2003 年，赖村引进社会资金 400 万元，新建赖村中学学生公寓两栋，建筑面积 3000 平方米。2005 年自筹资金 300 万元，新建赖村中学综合大楼和 200 米环形跑道运动场。同时，新民、石街、水西、莲子、蒙坊、岩背、高岭等12 所完小先后新建了教学楼。至此，赖村中小学校园达到了"六配套"（即教学行政用房、生活用房、卫生设施、运动场地、围墙校门、道路绿化环境配套）建设标准。1989 年起，赖村筹措资金 15.85 万元，各中小学校配有教学仪器和远程教学设备。

三 素质教育

2000 年，赖村境内恢复幼儿园后，按教育部颁布的《幼儿园教育纲要（试行草案）》开展教学，坚持贯彻保教并重的原则，强调以游戏作为发展幼儿德、智、体、美的主要手段，注重通过游戏、体育等活动和幼儿日常生活，对幼儿进行全面发展的教育，开发幼儿智力。赖村幼儿教育，能利用当地风光、人物、经济文化发展的图片，各种植物标本、模型等直观教具进行知识教学。又通过组织幼儿参观当地名胜古迹等课外活动，进行爱祖国、爱人民、爱劳动、爱护公共财物为主要内容的思想品德教育，在德、智、体、美等方面取得了较好的成果。

各小学教育自 1979 年后，按照江西省教育厅提出的"打好基础、加强双基、发展智力、培养能力"的要求，重视改进教学，提高教学质量。在赖村中心小学，首先推广特级教师的教学经验，使用现代化教学手段，加强直观教学和实验教学，其他完小、村小则积极创造条件，把投影、录音、录像等手段用于课堂教学。20 世纪 80 年代后期，加大了实验教学力度，至 1993 年，中心小学设有实验室、仪器室，村完小设实验仪器橱，数学、自然等课的教学实验由以前的主要由老师演示，过渡到由学生动手实验操作，其他课程也探索建立"对话、互动"的师生新关系，实现了教师教学观和学生学习方式的新转变。

1995 年，认真实施中共中央《关于进一步加强和改进学校德育工作的若干意见》和《爱国主义教育实施纲要》，赖村镇制定了《学校爱国主义教育细则》，至 2007 年，各小学先后举行"知我中华"知识竞赛和"中华在我心"演讲比赛，开展《寻红军足迹，树革命理想》、《筑成我们新的长城》、《中国母亲》、《绿化赖村日》等活动，每年暑期还举行"我爱山河"夏令营活动，培养小学生热爱祖国、热爱党、艰苦朴素、勤俭节约、勤劳勇敢、尊老爱幼等传统美德，造就学生高尚的情操和优秀的品德。

赖村初级中学，自恢复高考制度后，曾一度存在片面追求升学率，一切围绕升学考试这根"指挥棒"转，出现学生课业负担过重的现象。近几年来，学校采取积极措施，逐步从"应试教育"向"素质教育"转变。在课程设置上做到国家课程和地方课程统一，学科课程和活动课程统一，形成较为完整的课程体系；教学实践上，注重校外德育资源的开发和利用，建立了一批德育基地。如人际教育基地、法制教育基地、社会实践基地、革命传统教育基地，对学生进行爱党、爱国、爱社（社会主义）及国防意识、法制意识等多种内容教育，提高学生的人文素养；心理教育上，开展心理咨询，化解学生心理问题，辅导学生个性化学习，缓解学生压力，取得了良好效果；文化活动教育上，开展文明礼仪示范教育活动，倡导文明风尚。如演讲比赛、读书征文、知识竞赛等系列活动，提高了学生的精神境界和文明素养。

四　教师队伍建设

赖村幼儿园 25 所，现有教师 59 人，各所幼儿园经常选派教师到县市参加培训，培养教师拥有一技或多技之长，满足幼儿园的教学需要。各个幼儿园制订了学习计划，采取自学与集中学习相结合的方式，不断提高教育的知识水平和教学技能。

赖村各小学，现有教职员工 226 人，其中高级教师 86 人，一级教师 95 人，二级教师 36 人。2004 年起，学科实行"以老带新、一对一"的传帮措施，强化青年教师的培养，鼓励年青教师进行学历层次提升，努力提高教师教学水平。并经常派送教师到外地考察学习，采纳先进地区的教学方法和管理经验，小学教育水平逐步提升。

初中现有专职教师 114 人，其中本科学历 50 人，高级职称 13 人，中学一级教师 38 人。多年来，学校多次组织教师参加全县开展的中学教材教法过关考试和专业合格证书考试。每年暑期均组织新教师参加见习期培训班。对少数不具备规定学历的教师，学校支持其报名参加师范院校的函授学习，使教师的知识水平和教学技能普遍提高。学校制定实施了《初中岗位责任制度》和《教职工守则 10 条》，培养了一支师德高尚和敬业爱岗的教师队伍。

五　成人教育

1955 年，国务院作出《关于农民业余教育的决定》，赖村以农业生产合作社为单位，办起了民校 30 余所。至 1957 年，全区有 1890 多人达到脱盲标准。1958 年，赖村开展声势浩大的扫盲突击活动。"二级"（社、队）书记挂帅，"三长"（社长、队长、校长）分片督战，亲自任教，突击 10 昼夜，赖村扫除青壮年文盲 1982 人。青壮年非盲率达 89.8%。1961 年至 1965 年，赖村办农民夜校 19 所，学员

419 人。1973 年，地、县重提扫盲工作，以生产小队为单位成立政治夜校。1989 年，国务院颁布《扫盲工作条例》，赖村对 15 周岁至 50 周岁的文盲、半文盲对象进行摸底，布点办班。1999 年底起，赖村组织实施《宁都县 2000 年基本扫除青壮年文盲规划》，办起成人学校 1 所，分批组织青壮年文盲入学。2004 年，经宁都县评估验收，青壮年文盲率控制在 1% 以下。在开展扫盲教育工作中，赖村镇属各单位还通过举办各种专业技术培训班，传授科学知识，进一步提高了农民科学种田的技能。

六　教育成绩

新中国成立后，特别是改革开放以来，赖村在教育领域取得了较显著的成绩。赖村中心小学先后被赣州市委宣传部、教育局评为"文明校园先进单位"、"德育示范文明校园"、"师德师风先进集体"。赖村初级中学在 2005 年中考中，考生黄平以 685 分的成绩名列全县第五。2007 年的中考，考生黄勇以 637 分的成绩名列全县第三。

推动赖村教育事业的发展，主要有以下几点做法：

（一）重视教育投入。赖村历届党委、政府重视发展教育事业，从乡村（公社、大队）两级筹集大量资金，改善初中、小学的办学条件。

（二）重视民众办学。20 世纪 60 年代至 90 年代，赖村充分发动和依靠群众，通过自愿捐款捐物，建设校园。进入 21 世纪，发扬重教传统，鼓励民间办学，增设民办学校 1 所，幼儿园 15 所。满足了农民子女的上学需要。

（三）重视学风。自古以来，赖村有重学的好风气。教师乐于再深造，不少人报考函授提升学历。学生勤学肯钻，大批学子进入高等学院。农民识字学知识、学技术蔚然成风。许多教师成为名教、少数学生考入名校。部分农民成为种田能手、养殖状元。

（四）重视乡土教材。利用物质文化遗产，独有的地貌风景和产品，通过文字、图片、实物等生动教学，让学生从小接受本地文化的熏陶，成为热爱祖国的基石。

第二节　文化事业

古时，赖村仁人志士自发地乐善助文，新中国成立后，当地政府重视文化建设。1953 年，赖村区及各乡成立文化站。以后虽易名赖村乡社会文化管理站、赖村镇文化市场管理站。但其机构保持至今，并配有专职人员。

一　文化传统

赖村有丰厚的历史文化底蕴。境内赖村牛屎坑背的西周遗址，采集地表遗物，多为石矛、石钵、石环、石镞、石凿等石器；方格纹、蕉叶纹、菱形凸圆点纹和三角窝纹的陶器。古建筑代表性的有清咸丰年七年（1857）建的古阁塔，清雍正五年（1727）落成的步青塔。清朝宋应桂、宋惟驹各建的两座进士牌坊、举人牌坊。清康熙年间建的石山岭桥，圩头永昌桥。明嘉靖三年（1551）建的黄氏家庙、如珪祠，明正德年间建的仙殿，明万历年间建的柴崇寺，清咸丰七年（1857）建的经纬阁等。这些历史文化遗产保存至今，成为民间娱乐与休闲的重要场所。此外，还有赖村籍的进士、举人留世的古文和石刻对联、诗词、散文，都有完整的保存和记载。

自古以来，赖村境内乐善好施者居多。为方便过客，村民单个或数家募捐，在道路口、峰顶山脚、险峻路段修建凉亭。留有名字的凉亭共21 个，如集福亭、乐善亭、庆余亭、歇肩亭等。好施者，每天烧好开水（茶水），挑往凉亭免费供应过客饮用。更有茶食，方言称擂茶，是客家人待客的普遍传统礼节。农历二月二十五日花朝节、六月初六食新节，婚嫁节庆，婴孩周岁和来人来客，均以擂茶款待。擂茶由芝麻、花生、豆子、麻糍干、油豆腐、瘦猪肉、红薯等多种原料制作而成，甘甜香酥，无不惹客人喜欢。该习俗始自唐代，盛于宋朝，已有一千多年历史。这种乐善好施的美德被后人广为传颂并延续至今。

赖村有独特的地方戏曲，称"半班"，以后改称"采茶戏"。相传是宁都县采茶戏的发源地。它吸收民间艺术之养料，集中原及其他剧种之所长，经长期交流和相互影响，逐步从曲艺、歌舞、三角班、前半班、半整杂、后半班等演变成的一种戏曲剧种。采茶戏使用赖村方言，通俗易懂，打骂俏皮，易为群众接受。比较有影响的节目有《睄妹子》、《补背褡》、《夫妇开荒》等。另外，还有木偶戏。相传赖村最早传人黄俊鑫技艺精湛，独人操作，一手打锣鼓，一手舞傀儡，口中演唱，动作轻盈娴熟，唱腔婉转和谐，将一个个历史人物表演得爱憎分明，栩栩如生，深受广大观众喜爱。木偶戏一般在庙会、寿诞、乔迁时演出。赖村南丰仙的五月禾苗戏、九月襄庙会、水西新圩天花坛的中秋庙会，都有唱木偶戏的乡俗。木偶戏成为赖村艺苑中的另一朵奇葩。

二 文化振兴

改革开放后，赖村发扬良好的文化传统，把握先进文化发展方向，坚持"双百"方针。面向群众、面向市场，加快了文化事业的发展。加大文化设施建设。1979 年，圩镇建起拥有千个座位的影剧院，莲子、围足村各建影剧院 1 个，共配有大小放映机 3 部。1988年，圩镇建起录像放映室。水西、石街、邮村、陂田、虎井等村均建起可容纳 800 至 1000 人不等的影剧院。2006 年，圩镇建起了文化广场，村级兴建露天舞台 13 个。通过修缮，恢复新圩、围足、老官庙、赖村街、兰陵祠等 6 个古戏台。赖村镇及各村办起了广播站、科普阅览室、玻璃宣传橱窗多个，开通了有线电视网。这些硬件设施，为赖村的文化繁荣奠定了良好的基础。培植新戏。赖村的新戏起步于1951 年，当时各村成立腰鼓队，莲子、围足等 6 个村相继成立业余剧团。"文化大革命"中，各大队易名为"毛泽东思想文艺宣传队"。富有声誉且持之以恒的，要数围足大队卫东文宣队，直到今日仍锣鼓越敲越响。该宣传队 50 年代至今，先后入队者 170 余人。排演节目1050 个，其中古装节目 46 个，如《秦香莲》、《寿诞记》、《卷席筒》、《梁祝重缘》、《洛马桥》、《挑女婿》、《钓拐》、《夫妻观灯》等；自编节目 430 多个，演出 3500 多场次，观众达 220 万余人次。曾四次赴江西省南昌市，十次赴赣州市（区），五十多次赴县会演或调演。1979 年以来，先后被团中央、江西省授予"全国新长征突击队"和"全省先进业余剧团"的称号。1981 年，文化部群文局局长许翰如到卫东文宣队视察，赞誉"这样的文宣队是全国少有的"。2003 年 4 月，中共中央政治局委员、书记处书记、中宣部部长刘云山在赣州市调研时，听了该文宣队的情况汇报后，给予高度评价。其事迹分别在中央电视台、江西省电视台作了专题报道。

三 体育活动

人民生活水平的日益提高，赖村农民体育活动丰富多彩。现各村都有篮球场、乒乓球室。镇、村、学校组织农民、学生定期开展篮球、乒乓球、羽毛球、跳绳、拔河等体育项目的比赛。节目期间，还开展文体相结合的舞龙灯、耍茶篮灯等活动。现在体育活动已成为人们追求健康幸福的一种生活享受，不仅改变了农村生活旧习，而且提升了文明形象。

第三节 卫生事业

一 医疗

民国期间，赖村境内只有少数中草药医生。新中国成立初期，政府把这些闲散医务人员组织起来，成立赖村区联合诊所。1958 年成立人民公社后，改为公社卫生院。1965 年，各生产大队先后办起保健室，配有保健员。以后易名卫生所，保健员称赤脚医生。从此社队两级形成医疗预防保健网络，农民的治病防疫有初步保障。

20 世纪 80 年代前，赖村卫生院只有一栋二层的土木结构楼房，建筑面积不足 350 平方米。病床 8 张，卫生技术人员 13 人。90 年代后，赖村加强卫生事业投入。1997 年，镇政府投资 24 万元，开辟新地址，兴建门诊大楼三层，砖混水泥结构，占地面积 268 平方米，建筑面积 730 平方米。2003 年，又投资 50 万元，兴建综合大楼（急救中心）四层，砖混水泥结构，占地面积 4891 平方米，建筑面积 2450平方米。与此同时，还添置大批医疗设备。卫生硬件设施的优化，卫

图 15 赖村卫生院

生条件得到大改善。2006 年，镇卫生院已有职工 43 人，其中专业技术人员 31 人。设西医门诊、中医门诊、外科、手术室、注射室、妇产科等。有病床 30 张，B 超机、洗胃机各 2 台，X 光机、心电图机、麻醉机、血凝仪、全自动生化仪、妇科红外线治疗仪各 1 台。为加强医疗质量管理，提高医疗水平，赖村卫生院开展"管理、质量、效益年"活动。目前，全院医疗技术和医德医风普遍提高，疾病治愈好转率每年均稳定在 95％ 以上。

1995 年起，全县村级卫生组织实行乡村一体化管理，做到五个统一，即统一领导、统一人员调配、统一业务管理、统一药品管理、统一收缴管理费。赖村镇配合县卫生局，多次组织开展了村级医疗机构清理整顿工作，清理面达 98.5％，对无证行医、假劣药品作了严肃处理。

二 防疫

1979 年，赖村卫生院内设防保办公室，配备专职人员 2 名。1986 年，医院指定两名医务人员任专职食品卫生监督检查员。1997 年，成立卫生法规监督管理站。防保办公室改名为防保站。目前，赖村防保站有专职人员 8 名，村级计划免疫人员 28 名。20 世纪 80 年代以来，赖村推行计划免疫"双卡制"，先后多次对人群使用磺甘油滴鼻、服用膦胺类药和注射乙脑、乙肝、脊髓灰质炎等疫苗，以村、街道为单位免疫接种率均达90%。

图16　赖村防保站

新中国成立以来，赖村境内多次开展突击性卫生运动。50年代，政府充分发动群众，相继开展除"四害"（蚊、蝇、老鼠、麻雀）的爱国卫生运动。60年代，开展对丝虫、钩虫、性病、麻风等疾病的普查运动、两次灭鼠运动、两管五改（管水、管粪，改造水井、厕所、畜栏、炉灶、环境）等为中心的群众爱国卫生运动。2000年以来，先后开展"非典"、"禽流感"、"艾滋病"等群防工作。还坚持每年开展清理垃圾死角、治理脏乱差地段等整治环境卫生活动。这些举措确保了无疫情发生，保障了人民身体健康。

三　妇幼保健

1955年，赖村区设立新法接生站。1976年，赖村卫生院内设妇产科，有专职助产士2人。各生产大队设妇产室，女赤脚医生兼接生员。妇幼保健网日趋完善。

改革开放后，赖村经常开展妇科病的普查、普治，发现"二病"（子宫脱垂、尿瘘）及时治疗。1993年，根据《江西省婚前健全检查管理办法（试行）》，开展了婚检工作。1994年起，逐年开展定期产检、产后访视管理工作，并实行产妇住院分娩，保证了孕产妇、新生儿的安全，消除了产妇产褥热、新生儿破伤风等疫患。另外，还坚持每年对7岁以下儿童进行一次健康体检。3岁以内儿童还开展生长发育监测、婴幼儿急性呼吸道感染防治（ABT）、小儿腹泻防治工作，使儿童死亡率降到34.56‰。

第八章

镇村建设

社会主义新农村建设，包含小城镇建设和村庄建设。赖村小城镇建设近三十年，已初具规模，村庄建设刚起步，目前正处于向整体推进阶段。

第一节 镇村规划

1991 年 10 月，赖村乡配备了乡建助理员，开始加强村镇规划建设管理。

1995 年，成立赖村镇村镇规划建设管理办公室，配主任 1 名。

2002 年，赖村镇人民政府与赣州市政规划设计院共同编制完成"江西省宁都县赖村镇总体规划"文本，并报经县人民政府批准实施。总体规划期限为 19 年，从 2001 年至 2020 年，主要内容为：

一 村镇布局

根据赖村镇镇域村庄分布、人口分布和资源产业特色，从镇域角度出发，协调周边城镇关系，合理规划村镇空间及等级规模。并根据赖村镇社会经济的发展，农村城市化步伐必须加快，村镇职能更趋多样化的要求，村镇规划分为三个层次：

第一层次：镇城中心——赖村镇区

赖村镇区位于镇域的中部，城区用地条件良好，镇区南面大部分是良田，西、北两面是低山丘陵，只有东面地质条件较为复杂，在保护耕地少占良田同时便于建设的前提下，规划镇区以改线后的 319 国道为依托向东南方向发展。城区建设用地将由现有的 25.37 公顷发展到 96.06 公顷，镇区人口由 4700 人增加到 9700 人左右，从而建设成为一个初具规模的现代化新型城镇。

第二层次：镇域中心——邮村、蒙坊、新民

邮村：位于镇域北部 6.6 公里，紧靠 319 国道，交通便利，地理位置优越，人口 3740 人，耕地 2639 亩，农民人均纯收入 1057 元，农业以粮食种植、经济作物种植为主。规划在稳定和发展农业的基础上，依托 319 国道，加强对老嵊场、陂田等村的辐射作用，大力发展集市贸易、农副产品深加工和建材业，积极吸引资金、技术和人才发展集体经济和个体经济，加快工业化进程。规划至 2020 年末人口达到 4434 人左右，人均建设用地控制在 100 平方米左右。

蒙坊：位于镇域东部，距赖村镇 3.5 公里，赖村至黄石县道穿境而过，交通便利，人口 3140 人，有耕地 3162 亩，农民人均纯收入 1014 元，工业以建材和矿产开采为主，农业以粮食种植、蔬菜和瓜果为主。规划紧紧抓住相邻镇区的地理和交通区位优势，通过引进人才、资金、技术，大力发展建材产业，通过技术革新提高矿产开采开发的效益和规模，降低成本，提高开采开发水平，增加经济效益，规划依托镇区大力发展外向型的生态农业、环保农业、绿色蔬菜瓜果种植业，积极引导农业结构调整，发展多种经济，规划将蒙坊建成赖村镇域的次中心，建成为赖村的乡镇企业基地。规划至 2020 年末人口达到 4000 人左右。

新民：位于镇区以南 7 公里处，现有人口 3289 人，有耕地 2015 亩，农民人均纯收入 993 元，农业以粮食种植农副产品生产为主。规划通过对周边有的产业结构进行调整，通过对新技术、新品种的引进和吸收，提高乡镇和农业生产的科技含量，提高工农业产品的品质和竞争力，发展外向型的乡镇企业和外向型的生态环保农业，规划将新民建成为赖村的南部中心和粮食生产基地。规划至 2020 年末人口达到 4000 人左右。

第三层次：基层村（第一、二层次以外的行政村）

老嵊场：距镇区 9 公里，人口 1558 人，有耕地 1590 亩，人均纯收入 1060 元，产业以粮食生产和药材等经济作物种植为主。规划至 2020 年末人口将达到 2000 人左右，规划在稳定粮食生产的同时，大力发展农副产品生产加工、特种养殖和瓜果业。

陂田：距镇区 11.5 公里，现有人口 2392 人，有耕地 2049 亩，人均纯收入 1025 元，产业以粮食生产为主。规划至 2020 年末人口达到 1900 人左右，规划通过粮食生产和发展多种经济等途径来推动产业发展。

虎井：距镇区 7 公里，现有人口 1268 人，有耕地 1415 亩，人均纯收入 985 元，以粮食生产、果业开发、渔业为主导。规划至 2020 年末人口将达至 1500 人左右，规划依托虎井至蒙坊公路的开通大力发展粮、林、果、渔多位一体的特色产业。

莲子：距镇区 1 公里左右，处于镇区的辐射范围内，现有人口 5331 人，有耕地 3213 亩，人均收入 1054 元，产业以粮食生产、蔬菜种植、药材、生姜等经济作物种植为主。规划至 2020 年末人口将达到 7000 人左右，规划依托镇区的建设发展，在现有产业的基础上大力发展加工工业，提高工业在经济中的比重，大力发展绿色蔬菜和生态农业。

山坑：距镇区 3 公里左右，现有人口 852 人，有耕地 637 亩，人均纯收入 985 元，产业以粮食生产、农副产品生产加工为主。规划至 2020 年末人口将达到 1000 人左右，规划在大力发展现有产业的同时，积极调整农产品结构，提升产业的竞争力和发展水平。

围足：距镇区 1.5 公里左右，现有人口 3400 人，有耕地 2428 亩，人均纯收入 1080 元，产业以粮食生产、经济作物种植、农副产品生产加工为主，规划至 2020 年末人口将达到 4000 人左右。规划在大力发展现有产业的同时，积极发展商贸流通和乡镇企业，加快工业化进程，形成规模化和特色化，积极引导农业产业结构调整，发展果业。

水西：距镇区 2.7 公里，现有人口 2853 人，有耕地 2050 亩，农民人均纯收入 1060 元，产业以粮食种植、家禽养殖、果业为主。规划至 2020 年末人口将达到 3500 人左右，规划在发展粮食生产基础上，大力发展果业开发，通过增加技术含量，改善品种，引进新技术新品种等手段提高果业的竞争力。

石街：距镇区 4.6 公里，现有人口 2692 人，有耕地 1765 亩，农民人均纯收入 990 元，产业以粮食生产、果业、家禽养殖为主。规划至 2020 年末人口将达到 3500 人左右，规划以果业、林业开发为突破口发展特色产业。

浮竹：距镇区 8 公里左右，现有人口 2955 人，有耕地 2724 亩，农民人均纯收入 1013 元，产业以粮食生产和经济作物种植为主。规划至 2020 年末人口将达到 4000 人左右，规划积极引导农民调整产业结构、产品结构、发展多种经济，提高农民收入和生活水平。

岩背：距镇区 6 公里左右，现有人口 739 人，有耕地 732 亩，人均纯收入 1011 元，产业以粮食生产、果业、林业为主。规划至 2020 年末人口将达到 900 人左右，规划依托山地的气候条件，大力发展新型果业，通过发展新品、优品来推动产业的发展。

高岭：距镇区 6.5 公里，现有人口 467 人，有耕地 311 亩，人均纯收入 893 元。规划至 2020 年人口达到 600 人，规划依托高岭水库，积极发展旅游观光、水产养殖和新型果业，建成赖村最主要的自然观光旅游景区。

二　镇区布局

1. 总体布局结构

根据现状，城区布局特点综合考虑城区用地条件，赖村城区总体布局形成"一镇四区"的格局，并以"三横三纵"的城市道路骨架将一镇四区紧密联系在一起，形成布局合理，功能明确，用地紧凑，结构紧密的城镇总体框架。

"四区"一是指 319 国道以北的城北区，二是指新街路以西的城西区，三是赖村东路以东的城东区，四是介于新街路和赖村之间 319

图 17　赖村镇政府

国道以南的城南区。

2. 功能分区

城南区是以居住、商贸、文教为主，兼具市政公用等功能的综合区，是镇区的核心区域，是镇区的居住和商贸中心，是近远期建设重点；城北区是以工业、市政公用事业为主的北部片区，是赖村镇加快工业化进程，发展工业经济的重要载体；城西区是以居住、交通运输为主，兼具医疗卫生、办公、商贸等功能的西部片区；城东区是以办公休闲为主，兼具居住、文教、商贸等功能，是赖村镇的行政中心。各区之间以"三横三纵"的干道网紧密联系，以满足城镇的发展需求。

3. 居住建筑用地规划

赖村镇居住建筑用地规划尽可能成片紧凑集中布置，应符合居民生活行为特点和活动规律布置小区及公建。居住小区的建设先做好详细规划，统一配套公用工程设施，合理确定公共服务设施的项目、规模及布局形式，合理地组织居民室外活动和休息场地、绿地和居住小区外交通等，为居民创造一个生活方便、卫生、安静、安全、经济、美观的居住环境，使之成为环境优美、设施齐全、有利于工作和生活的新型集体化生活居住区。

老镇区的居住建筑用地规划与旧城改造相结合，有重点地改变居住建筑密度高、房屋陈旧、容积率低的不足，改变老镇区居住风貌，增加绿地面积，改善居住环境质量，严格控制其低水平的改建新建活动。

在新开发的居住区中要成片开发，以多层建筑为主，要求建筑造型活泼、立面形式新、风格活泼，建筑和绿化必须同步建设，各种工程管线走向要求统一规划建设，顺应未来信息化发展的趋势，居住区中宽带网的建设也要充分加以考虑。

规划居住用地 34.28 公顷，人均 35.34 平方米，占城区规划建设用地的 35.69%。

规划居住用地开发建设应遵循《城市居住规划设计规范》（GB50180—93）及其他规定、规范，根据要求配建相应的生活服务设施，建立完善的新区社会化服务体系，注重居住区环境建设，建立完善的居住用地（区）绿地系统，便于居民休息，居住区公共绿地面积比例不应低于 10%，加强基础设施配套、住房成套建设，提高住房成套率。居住建筑人均使用面积不应低于 9 平方米（建筑面积不应低于 12 平方米），注意生活区道路系统建设，区内道路（不含宅间小路）不应小于 3.5 米，以满足消防要求，住宅建筑净密度不宜大于 40%，住宅面积净密度不宜大于 1.2 万平方米/公顷。

4. 公共建筑用地规划

公共建筑用地规划布局遵循以下原则：

①应按照镇区总体规划及功能分区，配建相应功能的公共设施。

②接近居住区（点），有利于生产、生活。

③各功能性设施应充分考虑服务半径和配套水平，集中紧凑布置，便于经营管理和相互联系。

④布局应分级化、网络化、系统化，建立镇区级、区级及小区级三级公共设施体系。

⑤布局应同时考虑镇区土地的地价级差因素。

⑥各类公共设施应根据建设规模，退离红线 2 米以上，其中主要街道及交叉口大型公建应退红线 5 米以上。

（1）行政办公用地

规划根据镇区功能分区，同时考虑方便管理，相对独立原则下，规划在319国道北侧新建赖村行政中心。

规划行政办公用地3.10公顷，占建设总用地的3.23%。

（2）教育设施用地

现规划区有中学1所，在校生1500人，教师76人，小学1所，在校生890人，教师32人。

规划考虑到镇区规模的扩大、人口的增长、周边人口及人口年龄特点，一方面保留现有的中学和小学，并在原有的基础上扩建，完善教学设施，增加户外活动面积；同时为使设施分布与功能分区和居住区人口相一致，满足服务半径，方便学生就近入学的要求，规划在赖村东大道以东设置一所小学，增加托幼若干，以满足学龄前儿童教育需要。

规划现有及新设中学应根据"六配套"原则，就地调整改造与兴建，指标定为：

中学1000—12000平方米/千人；

小学650—700平方米/千人；

（3）文体娱乐设施用地规划

现基本无相应的文化娱乐设施，未形成城区文化娱乐中心。

规划要结合旧城改造和新区建设，配建相应的文体娱乐设施，丰富居民业余文化生活，规划重点在老国道南侧，对应城区广场增设一处集娱乐、活动、电影三功能相结合的文化娱乐城。

规划在扩建后的赖村中学设置多项体育场地包括标准田径场，既可满足学校学生锻炼运动需要，又可供城镇开大型运动会，另外要求在每个居住小区设一儿童游戏场（100—200平方米）。

图18　赖村人民广场腾飞雕塑

（4）医疗设施用地规划

规划区内现有一所卫生院，有专职医务人员 36 人，病床数 30 床，属一等甲级医院，因现有卫生院位于老城区，与学校、居住各项用地交错一起，建设用地受限，不能满足镇区医疗卫生事业的发展需要，为此规划在派出所以西 319 国道一侧新建一大型赖村医疗救护中心，占地 1 公顷左右，同时增设医疗服务项目，如：急救、妇幼保健、卫生防疫等服务项目，使之成为区域性医院，在新区建设和旧城改造的同时，按照社会化服务体系的要求，加强基层卫生保健网的建设。

（5）商业服务设施用地规划

现有商业服务设施主要集中在老国道和新街两侧。

要加强对老国道和新街路沿街商业服务设施的改造建设，大力推进集中连片商业服务设施新项目的建设，重点是近期推动老政府地块新农贸市场的建设和管理，远期在赖村东大道南端和中段增设两个专业市场，与新街、老国道的商业服务设施一起继续推动赖村商贸中心的发展。规划公共建筑用地 20.26 公顷，占总建设用地的 21.29%。

5. 生产建筑用地规划

本着保护耕地，少占不占良田的原则，根据赖村自身的产业特点和发展条件，为建设一个环境优美、舒适的现代化城镇目标，规划要求镇区内除污染小、效益好、技术含量高的新型工业企业，可集中安置在镇区北部工业园区内，其余工业发展用地集中或分散安置在镇区周边以外发展。

要依托拓宽改线后的 319 国道便利的交通条件，抓住东部发达地区产业转移的有利时机，积极吸引各类资金、技术和项目，建设好镇区北部 I 区工业园区，加快赖村工业化进程。

规划生产建筑用地 9.33 公顷，占总建设用地的 9.71%。

6. 仓储用地规划

根据工业用地布局，交通物流和行业特点等因素，在工业园东西两侧规划两处仓储用地方便物资的储运和集散。

7. 绿地系统规划

规划根据镇区总体规划及功能分区，充分结合地形及水系特点，以块状绿化为重点，带状绿化为纽带，街头绿化为点缀，形成点线面相结合的镇区绿地系统。

（1）块状绿化：共有两块绿地，一为政府对面的绿地广场，二为新街路西侧的生态公园。

（2）带状绿化：包括防护绿地，道路交通绿地等。

（3）街头绿化：规划要求加强居民区点绿化建设，同时在镇区主要街口设置绿化小品，美化镇区和起昭示作用。

规划镇区绿化用地 10.01 公顷，其中公共绿地 7.45 公顷，占总建设用地的 7.76%。

人均 7.68 平方米。

镇区各建设用地情况详见建设用地平衡表。

表 8 - 1　　　　　　　　城区建设用地平衡表

序号	用地代号	用地名称		现状			规划		
				面积（ha）	人均（H2/人）	比例（%）	面积（ha）	人均（H2/人）	比例（%）
1	R	居住用地		11.6	24.68	45.72	34.28	35.34	35.69
2	C	公共建筑用地		5.95	12.66	24.45	20.26	20.89	21.09
		其中	行政办公用地	1.77	3.77	6.98	3.10	3.20	3.23
			商业金融用地	1.68	3.57	6.62	7.01	7.23	7.30
			文教体卫用地	2.50	5.32	9.85	10.15	10.47	10.57
3	M	工业用地		0.54	1.15	2.13	9.33	9.62	9.71
4	W	仓储用地		1.26	2.68	4.97	1.95	2.01	2.03
5	U	市政设施用地		0.36	0.77	1.42	3.17	3.27	3.30
6	T	对外交通用地		0.25	0.53	0.99	0.61	0.63	0.64
7	S	道路广场用地		5.41	11.51	21.32	19.01	19.60	19.79
8	G	绿地					10.01		
		其中：公共绿地					7.45	7.68	7.76
合计		城市建设用地		25.37	53.98	100	96.06	99.03	100

注：2000 年末规划区范围内总人口 4700 人。2020 年末镇区规划人口 10700 人。

第二节　圩镇建设概况

一　街道建设

新中国成立后的五六十年代，赖村圩镇位于莲子村域内河岸边，那时只有一条长不足百米，宽不到 2 米的小街，两边店铺为土木结构，低矮且潮湿。

上世纪 70 年代至现在，赖村新街建设可分三个阶段：

（一）起步阶段（1970 年至 1986 年）

70 年代，赖村公社管委会决定在现址羊岭建设新街，兴建了公社办公楼、供销社、卫生院、综合厂等店面楼房。1974 年，赖村圩镇集市迁入新街。以后建起赖村影剧院、贸易棚、粮油公司、农业银行营业所、农机厂和赖村车站等楼房店面，至此，赖村新街发展到 319 国道。

（二）扩展阶段（1993 年至 2000 年）

1993 年起，赖村乡财政拨付资金 32 万元，发动乡属（办）单位和群众筹资 1119 万元，在圩镇街道以南，兴建"兴康街"，呈"丁"字形。主街长 280 米，宽 26 米。东西走向的街道长 160 米，宽 20 米。街面建设有公安派出所、营业所、信用社、邮电所、供销社等大楼及农民私人建房，共有店房 116 间。"兴康街"东北侧建了一座占地 1500 平方米的农贸大市场，内设百货、水果、蔬菜、肉食、畜禽交易行。1994 年至 1996 年，镇政府多方筹集资金 382.5 万元，在 319 国道旁开发建设宁康大道。大道两侧建店面房 170 间。1996 年底，镇内公安派出所、农业银行营业所、信用社、邮电所、供销社等有关企事业单位陆续迁入宁康大道和兴康街办公楼办公。新街正式启用。1998 年至 2000 年，开发店下路，供销社拆迁店面 810 平方米，兴建集经营、住宿多功能商业大楼一幢，建筑面积 2520 平方米，又兴建百户商住楼一幢，建筑面积 10000 多平方米。

（三）形成规模阶段（2001 年至 2008 年）

2001 年起，镇政府将行政区域和商业区域适当分开，整个圩镇重心北移。2002 年以后,在圩镇北的 319 国道旁,先后兴建财税大楼、急救中心、镇党政和机关大楼、工商、赖村村委会大楼、公安交警和公安派出所联署办公大楼。又新建店面房 110 间。累计建筑面积达 2 万平方米。以后新建欧式步行街一条。建商贸市场和农贸市场各一个,占地面积 8530 平方米。同时,还硬化街道长达 5200 米,总面积 114580 平方米,铺设下水道 1560 米,建立垃圾处理场 1 个。

二 公共设施建设

公共设施是城镇建设的重要内容,它与满足商贸业发展和人民生活需求有着直接的利害关系。赖村镇的公共配套设施主要有如下几个方面:

(一) 居民供水

为适应圩镇规模的不断扩大和人口的增加,镇政府对自来水厂进行了 3 次扩容:1985 年,政府投资 7.5 万元,安装水管 3 公里长,建储水沉淀池两个、供水点 4 个;1997 年,政府又投资 16 万元,扩大储水沉淀池 3 个,增设供水点 6 个;2006 年,政府再次投资 90 万元,扩建日产自来水 1160 吨,可供万余人的生活用水。

(二) 文教医疗

圩镇内有赖村初中、私立学校、中心完小各 1 所,幼儿园 3 所。各学校内设图书室、乒乓球室、篮球场等。1997 年建成卫星地面接收站,圩镇开通有线电视。1997 年至 2006 年,赖村卫生院兴建门诊大楼和综合大楼(急救中心)各 1 幢,内有 B 超机、洗胃机、X 光机、心电图机、麻醉机、血凝仪等医疗设备。街道还设医疗门诊 4 个,方便了患者就地诊治。

(三) 公共交通

319 国道自东北至西南从赖村圩镇穿过,全是水泥路面。圩镇设立客运售票站兼营货运业务,停放夜宿客车近 10 辆,每日客运量达 200 多人次。

(四) 公共休闲

2006 年,镇政府投资 200 余万元,兴建占地 31000 平方米文化

图 19　新农村虎井—陂田公路

广场。内种植各种花草和常青树，成为居民娱乐和健身活动场所。

第三节　村庄建设概况

一　新村示范点建设

　　2004 年至 2006 年，赖村镇以 319 国道为线，选择莲子、邮村、老嵊场 3 个村委会的 188 个自然村为新农村建设示范点。采取"一拆二粉三加四整"（一拆旧房，粉墙、粉沟，加强改水、改厕、改灶，整治村庄、环境、道路、社会治安）的方法进行整治。三年中，赖村镇筹资近 400 万元，组织镇村干部 50 多人，长年抓新村建设。经统计，共拆除旧住房、厕所、猪牛栏建筑面积 44147 平方米，清理垃圾、污泥 45000 平方米，建起小康楼 213 栋，"三格式"（三只格子）无害化粪厕所 762 个，硬化进村小组公路 166 条，计 64.5 公里。硬化村庄中人行道 11946 平方米，硬化房屋檐阶、水沟 33456 平方米，粉刷墙面 117231 平方米，新开挖压水井 212 口，建休闲场所 74 个，将闲置的祠堂进行清理、整修，变成 11 个农民活动中心。

　　2007 年，在提升原有示范点的基础上，新建省市县扶助新农村建设示范点 14 个，镇增新农村建设点 3 个，村设新农村建设示范点

图 20　莲子大马石新农村

5 个，涉及 10 个行政村。至 2008 年，各级投入资金 300 万元，共拆除空心房（无人居住的旧房）4.2 万平方米，拆除猪牛栏 1.8 万平方米，硬化进村主干道 17.4 公里，硬化入户道 15.5 公里，硬化房屋檐阶、水沟 10.3 万平方米，改水 1503 户，改厕所 1286 户，粉刷墙面 28 万平方米，建成休闲娱乐场院所 10 处，绿化村庄面积两万平方米。

　　几年来，赖村镇新农村示范点建设工作扎实有效，先后获得全县新农村建设一等奖，被赣州市委、市政府评为全市"塑造新风貌"先进单位、村庄整治先进乡镇。安下社区、路江社区被评为全市先进示范点。

二　基础设施建设

（一）水电设施

　　1958 年成立人民公社后，政府重视水电建设，组织赖村境内群众，先后兴建小（一）型高岭、低岭、红星水库 3 座。小（二）型温屋寨、石前、中田坑、磨岭、龙头水库 5 座，塘坝工程 186 座，引水工程 345 座，总蓄水量 90.4 万立方米，有效灌溉面积达 21044 亩。也保证了境内 4 万多农村居民及畜禽有充足的水资源。

1971年起，赖村掀起大办水电站的热潮，至2007年，共建竹迳、围足、洋江、映红、低岭、高岭、石塘、坝后、塘下大小电站9个，总投资458.1万元，装机容量2505千瓦，年发电量达到454万千瓦小时。

1995年起，对农村电网进行改造，新架设高压线杆近400公里，新增高压计量箱10台，新建配电房3间100平方米，满足了村民各项用电之需。

（二）交通设施

改革开放后，政府提出"要想富先修路"的号召，极大地调动了人民群众修路的积极性，至2007年，修缮镇村公路11条，共85.7公里，其中铺设水泥路面5条计21.7公里。架设大小型钢筋水泥桥梁10座，共长427.18米。

（三）邮电设施

1998年，赖村安装光纤网络，启动村村通电话工程。以后，县移动公司、联通公司分别建立电话基站，开通移动、联通电话。

（四）农民街

赖村境内莲子、邮村、新民、陂田4个村委会，兴建"农民街"各一条。

以上设施的完善，为搞好村级新农村建设打下了基础。

第四节　镇村建设措施

经过多年的摸索，赖村镇对新农村建设有一套可行的办法。

一　有科学的规划图

1970年，赖村制定《赖村圩规划》，在羊岭建设新圩，使新圩靠近319国道，比老街圩镇范围扩大一倍。

2002年，赖村镇政府与赣州市政规划设计院共同编制《赖村镇总体规划》，整个圩镇沿319国道往北移，把商业区与行政区分开。圩镇范围扩大至1.5万平方米。可容纳一万余人口。

2007年，赖村会同县建设局，采取整体打包的方式，聘请甲级资质的浙江大学城市规划设计院，设计村庄"五图一书"和"三图一书"。

三十多年来，赖村党委、政府领导班子换了一任又一任，但每届领导班子都能围绕规划设计图搞建设，避免了盲目性和重复性，使赖村这块圩镇"蛋糕"越做越大。

二　有善于理财的管家

推进圩镇和村级建设，需要大量的资金，在镇财力不雄厚的情况下，赖村历届管财的政府领导，勤于理财，善于聚财。20世纪七八十年代，赖村政府组织群众投工投料，修公路、筑水库、建电站、做校舍等，90年代，政府通过主动争取上级拨款和自己筹、群众出，以及以地兴财等办法，建起了兴康街、宁康大道和其他公共设施。2004年以来的村级示范点建设，政府继续努力争取上级专项拨款和市、县属单位支持，并引导群众自愿建房，取得了新农村建设的初步成效。

三　有以点推面的工作方法

村级新农村建设，不仅农民在思想上有一个认识接受的过程，而且就相当一部分农民来说，还有一个经济上积聚资金的时间。因此，赖村从2004年起，选择319国道旁的莲子村、邮村、老嵊场村各1个村小组为示范点，并通过示范点发现问题，总结经验。2005年，又选择条件较成熟的邮村11个村小组，作整体推进的示范点。2006年，又借助省市县部分单位的力量，在赖村境内的其他11个村委会各选择1至2个村小组或自然村为示范点。各个示范点都取得了明显效果。实践证明，以点推进，群众容易接受，矛盾容易解决，资金更容易集中使用，工作顺畅，成效显著。

四　有实施村级规划的管理机构

村级建设规划，由于地理位置和原村庄建设的结构不同，它不可能用一个模式去照套，需要因地制宜，重新设计规划。赖村示范点的经验告诉我们，建立乡镇规划建设管理站，组建一支稳定的、高素质的队伍十分必要。自新农村建设以来，赖村先后多次选派规划建设管理站的技术人员到县学习，保证了村级新农村建设的质量。

第五节　镇村建设评析

调查组以多层次的座谈会，听取了近60人参加会议的发言，一致认为圩镇建设已成规模，布局合理，公共设施配套较齐全，村庄建设后，道路变得宽广、房屋变得整齐，村容村貌变化大，镇村建设工作取得了群众的拥护，其效果也得到认可，从而密切党群关系和政群关系，为全面推进社会主义新农村建设奠定了良好的基础。

在调查中，群众也对镇村建设提出了不少意见，归纳为：圩镇房屋建设与公共配套设施建设相隔时间长，给居民生活带来极大不便；圩镇部分居民卫生意识差，卫生管理制度不全。村庄规模小，布局散，农村建房以村小组或自然村落为单位，规划呈"散、小、乱"的特点，个别地方"天女散花"，既不成线，也不成点，很难找到几百户集聚的村庄；村庄建房频率快，形式乱。由于盲目仿效攀比，造型设计风格杂，农民住宅的主房和厨房相互分割，晒场、庭院、家庭作坊混杂，造成用地浪费；村庄设施配套难，投效低。由于民房的散居，导致农村配套设施工程量大、成本高、到位难、水平低。

要解决以上问题，一是强化镇村建设的工作力度。圩镇建设要做到房屋建设和公共配套设施同步进行，村庄建设以规划为重点，尽量建设规模较大的客家园林家园，解决无序问题，避免浪费土地和资金的现象。二是建立健全卫生等各项管理制度。要适时开展爱国卫生活动，教育居民养成讲卫生、爱清洁的生活习惯。

第九章

财政收支

赖村镇于 1986 年开始建立乡级财政所。财政所既是乡镇政府的办事机构,又是财政局的派出机构。特殊的双重身份,财政收支的运作,一方面取决于上级政府的一系列制度设计,另一方面又具有一定程度上的自主特征。赖村镇的财政收支基本达到平衡。

图 21　财政所

第一节　财政收入

新中国成立以来,公社、乡镇财政收入主要来自税收、上级补助、自筹资金。

一　税收种类

(一) 田赋

自宋元时期,官府开设田赋,按亩分夏、秋两季纳税。把名目繁多的税收归并为田亩征收。1931年征收田赋,主要有地丁、漕粮和租课。以后田赋改制,废除地丁、漕粮等名称,改征地价税,并以银元计征。1932 年,苏维埃政府将田赋改农业税。1936 年,国民党把田赋改征实物，每元折稻谷 2 斗。1945 年抗日战争胜利，国民党中央政府宣布免征田赋一年。1948 年，田赋每元征谷 5.3 斗（合 57 斤）。

（二）农业税

1949 年 10 月，宁都县人民政府开征农业税。1950 年以户为单位，按累进税率计算应征，称为"公粮"。1958 年执行"稳定负担，增产不增税，灾歉减免"的全国统一税制，按自然条件，以正常年景的产量评定常年亩产量计征，公粮改称农业税。1963 年，农业税征收改用"按价计算，以粮抵缴"的办法，以征粳稻为主。1979 年按起征点征收，对低产、缺粮、人均口粮在起征点（1979 年 400 斤，1980 年 450 斤）以下的生产队免征农业税。1983 年实行家庭联产承包责任制后，农业税按耕地面积分摊到户，改以人民币计征。2005 年起免征农业税。

（三）工商税

明清两代，田赋以外统称杂税。清代杂税有契税、落地税、茶课租、牛只税、牙帖税、当帖税、分司署税、土地租等。民国时期，税种税目繁杂，有契税、牙税、当税、厘金、盐附捐、房捐、印花税、烟酒税、烟酒牌照税、屠宰税、营业税、所得税、遗产税、卷烟管理税、货物税、营业牌照税等 23 个税种。新中国成立初，在整改旧税制的基础上，开征货物税、营业所得税、印花税、屠宰税、营业牌照税等 11 个税种，废除其他一切苛捐。1950 年，全国统一工商税制，开征货物税、工商业税、屠宰税等 14 个税种。1953 年，国家修正工商税制，开征税种有商品流通税、货物税、工商业税等 9 种。1958 年，改革工商税制，单列所得税。1963 年，开征集市交易税。1966 年后，征工商统一税、工商所得税、屠宰税和车船牌照税 4 种。1973 年起，取消车船牌照税。80 年代初期，对个体工商户和集体企业以 8 种超额累进税率征收所得税。1984 年进行全面工商税制改革，主要税种：产品税、增值税、营业税、对外商投资企业征收的工商统一税等。1994 年，再次实行以分税制为主要内容的税制改革，建立以规范化的增值税为核心、营业税相互协调配套的新流转税体系。沿用至今。

表 9－1

1986 年至 2009 年度财政收入情况统计表

单位：元

年度	农业税	农业特产税	工商税	契税	国有企业所得税	预算外收入	其他收入	上级补助收入	自筹收入	合计
1986	124423	6723	81364		3697	5325	13900	105409	4857	345698
1987	82370		97160			7466	1000	215866	2030	405892
1988	73235	24333	137903			26848		248651	94718	604688
1989	139100	27473	185303			9218	3324	245080	95831	705329
1990	142200	23827	199303			7644	25500	247505	361043	1007022
1991	138603	61598	208227			29580	11235	328950	340405	118598
1992	155077	82779	238593			49648	7000	419191	355369	1307857
1993	162600	105286	317415			136978	16400	309373	425250	1473302
1994	254800	181800	279200			173312	31500	334100	524452	1779184
1995	296300	439109	632129			121733	97000	350023	675577	2611871
1996	384700	520733	602205			211540	88000	463561	1197640	3468379
1997	403400	513311	700097	1140		190801	63950	366459	1860822	4099380
1998	393000	587043	837437	5500		2255337	62300	294042		4434659
1999	351100	534244	815521	14000		2281791	63000	517925		4577581

续表

年度	农业税	农业特产税	工商税	契税	国有企业所得税	预算外收入	其他收入	上级补助收入	自筹收入	合计
2000	331900	552000	800400			2415900	108200	837000		5045400
2001	272900	594100	722100			2836300	134500	1434200		5994100
2002	1262400	80000		35000		2162200	170000	3447800		7157400
2003	1315100	62100		60000		1897200	173500	3302500		6810400
2004	844900	34100		71700		1530900	160000	3854000		6495600
2005				105000		1137900		5335400		6578300
2006				80000		722100		3237600		4039700
2007						162261		3572100		5194711
2008						1361100		3602000		4963100
2009						1407000		3720200		5127200

此外，对企事业单位和个人，另外按照规定征收各种补税收入，如房产税、土地使用税、防洪基金、卫生费、绿化费、地方教育基金等。

（四）其他收入

乡镇其他收入主要有上级拨款、育林基金、中小学校学杂费、市场管理费、各种罚没款等。

二　收入情况

赖村镇与全县其他乡镇一样，1986 年起，实行"定收定支"的包干制。1995 年推行"分税制"财政管理体制。财政收入呈逐年较快增长的态势，财政收入任务年年完成。

镇财政收入 1986 年 34.56 万元，1998 年突破 200 万元，2004 年达到 649.5 万元，2006 年国家取消农业税、农业特产税、工商特产税，除上级补助收入外，镇收入降至 80.21 万元。

三　增收措施

多年来，赖村镇政府把完成收入目标任务，达到财政收支平衡当作工作的重点来抓，在做好财税共管和预算内外挖潜的基础上，不断探讨创新，努力保持镇财政收入逐年提高。

（一）加大力度抓征收

从 20 世纪 70 年代至 21 纪初，在征收农业税和农业特产税工作中，赖村每年抽调干部，组成清收队伍，由党政班子领导带队，深入各村（大队）督征，发现问题，及时处理，尽量把不利于征收的因素消灭在萌芽状态。

（二）优化结构保增收

赖村镇对第一产业，引导农户调整粮经比例，实现增产增收，并做好产前产中产后服务；对第二产业，从当地的实际出发，积极引导技改，更新设备，调整结构，增加企业利润；对第三产业，扩大流动服务领域，加强硬软件建设，改善服务环境，提高经济效益。

（三）培植财源促增收

民营企业是财政增收的潜力所在，赖村镇在发展本地私人企业的同时，加大招商引资力度，注重引进外地财税型企业；落实优惠政策，采取减免、缓交、奖励和无偿提供生产场地等措施，扶持发展企业。

第二节 财政支出

20 世纪 80 年代以来，赖村镇财政支出按照"量力而行、量入为出"的原则，做到保人头、保教育、保农业、保平衡，基本保证了各项事业的正常资金供应，促进整个社会的全面发展。

一 支出情况

1986 年，赖村镇财政总支出 35.8703 万元。2006 年，财政总支出达到 510.2769 万元，比 1986 年增加 31.16 倍。赖村镇自执行国家政策，取消征收农业税和农业特产税后，支出增幅远远大于收入增幅，体现了基层财力越来越依赖上级财政的增补度。

赖村镇的财政支出中，1997 年前，文教卫生"人头费"和抚恤救济金占大头，1998 年以后，农林水和预算外支出比例大。按其行政类、社会事业类（文教卫生、抚恤救济）、经济类（农林水、粮补）、其他类（含预算外和自筹支出）四个类型划分，2006 年财政支出比例结构分别 8%、28.4%、33.18%、30.35%。

二 支出管理

赖村镇财政始终把规范管理放在突出位置，坚持"量入而出"的方针，在努力"开源"的同时强调"节流"，保证提高财政资金的使用效益。

（一）实行部门预决算制度

近几年，赖村镇重视抓好年初预算计划，注重计划的完整性、科学性。计划出台后，严格按照规定和标准执行，对需要追加的预算，经过报告，审批程序，并做到公平、公正。

（二）执行政府采购制度

按照《政府采购法》的要求，从政府公务服务，办公用品，到

表 9 - 2　赖村镇 1986 年至 2007 年度支出情况

单位：元

年度	农林水事业费	文教卫生	基本建设	抚恤救济	行政管理	其他	上解支出	预算外支出	自筹支出	农民种粮补助支出	合计
1986	5526	221812		74648	35340	19000		2300	76		358703
1987	8060	227961		106446	38960	14969		6466	32		402894
1988	8940	292535		123207	41000	18440		3040	59170		546332
1989	9600	369080		156400	47510	17670		8992	118540		727792
1990	19735	371050		165660	53540	28350		10632	253800		902767
1991	19800	399783		160520	70090	19544	6432	13315	276913		966397
1992	24670	557564		272621	93489	42916	26780	8342	513373		1539755
1993	29020	578178		164500	105746	65672	48480	2000	354774		1342070
1994	26246	816225		200918	134386	33010	63280	173312	585893		1505966
1995	46739	884730		253075	183162	206503	90100	2000	693459		2359768
1996	81010	1197980	100000	178785	209740	81115	96200	143544	1023643		3112017
1997	86575	1270082		200809	283860	82010	304907	199801	1069933		3497977
1998	50000	1563829		248995	280000	62059	119276	2222410			4546569
1999	52326	1774800		274925	282505	115166	131973	2410000			5041695

续表

年度	农林水事业费	文教卫生	基本建设	抚恤救济	行政管理	其他	上解支出	预算外支出	自筹支出	农民种粮补助支出	合计
2000	55200	1806200		296000	312000	510200	125400	2568700			5673700
2001	136700	2400600		296300	316100	522700	125400	2577100			6374900
2002	121600	2986100		444800	369700	933000	140000	2576700			7571900
2003	104700	260100		377200	471700	620100	3079400	2117100		162780	7193080
2004	176300	203400		114600	360400	756200	3353800	1516500		920396	7401596
2005	210000	237800		114600	408000	1101200	3343800	1169700		919731	7504831
2006	224000	231700		114600	408000	1023300	1106300	505500		1469369	5102769
2007	258800	520200		634800	690500	120000		69200		1797441	

工程项目,逐步纳入政府采购。通过公开竞标,执行审报、审核、结算等程序,提高财政资金的使用效益。

(三) 严格控制非生产性支出

镇财政在调查分析财政支出存在问题的基础上,逐步建立和完善了财务支出的工作制度及措施。如镇规范了招待标准,要求镇机关招待来客一律在内部食堂用餐;控制各种会议、削减会议费用;杜绝了公款出国出境旅游;加强了机关水、电、电话、公车的管理等。

三 公有资产管理

随着大兴乡镇企业和社会主义新农村建设的推进,赖村镇政府一方面大力筹措资金,加快了集体办企业和公共基础设施的建设,另一方面健全管理机构,加强公有资产的管理,确保其资产及收益不流失。

(一) 成立资产管理机构

1985 年,赖村乡成立农村经营管理站,负责全乡村级财务的监督和集体资产的管理。并指定乡办企业办负责乡级集体企业财务和资产的监管。1999 年,赖村配合全县乡镇、村债权债务大清理工作,对镇村财产进行了清理登记,建立账目,摸清家底。以后还建立"村有镇管"的资产管理制度。

(二) 加强资产流转管理

90 年代以来,镇村两级企业转换机制,赖村对少数企业实施资产拍卖。同时对其他闲置的公共房屋也公开拍卖。如竹迳电站拍卖160 万元,原赖村镇办公楼拍卖 50 万元。然后将这些资金转向新的开发项目,发挥了资产的使用效益。

(三) 做好资产收益入账

针对镇村两级集体企业的转制,镇企业办认真做好原企业资产的评估和租赁合同的签订,并要求其履行资产收入的监督。

第三节 财政管理

赖村镇结合本地实际,认真贯彻上级有关财政管理体制的改革。

一　落实新的财政管理体制

自 1986 年至 2002 年，乡镇级财政改革体制的内容，中心点是"包"字。如 1986 年，县政府对乡镇财政提出"定收定支，收入上交，超收分成，减收受罚，支出下拨，超支不补，结余留用，一年一定"的管理体制。1995 年，实行分税制后的乡镇财政管理体制为"划分税种，核定基数，增收分成，一定三年"。2002 年，农村税费改革后，其管理体制也大致相近，仍突出一个"包"字。为此，赖村镇政府每年年初制定全年财政收支目标，年底实施奖罚。财政目标管理的实施，调动了镇机关干部收财节财的积极性，推动了财政收支平衡大目标的顺利实现。

二　实行"零户统管"制度

2000 年以前，镇属各单位都配有会计和设有账目。2001 年，赖村镇根据上级有关规定，取消下属各单位银行账号和会计（各村由镇经济管理站统管财务），由镇财政所统一管理各单位的资金和账目，实行融会计服务与监督管理为一体的新型财务管理体制。

三　坚持一支笔审批制度

镇财务支出，以前一度出现二支笔或更多笔审批发票的现象，造成财务混乱。90 年代以来，镇政府相继出台《镇财务审批若干规定》，明确规定镇财务由镇长一支笔审批，超过 5000 元资金的，提交镇政府会议讨论批准，十万元以上的项目，还须镇党委会讨论决定。财务审批的规范化，保证了镇财政的健康运行。

四　建立电算化管理制度

2003 年起，赖村镇财政所配置了专用电脑，安装了电算化软件，实行财政收支的计算机管理。2006 年，还着手将各村财务纳入电算化管理系统。至今已全面实行电脑记账，所有账号和数据资料全部进入电脑，从而提高工作效益，加强了财务管理。

第十章

党政机构

赖村于 1949 年 8 月设立中共赖村区党委、政府，1958 年 10 月改为赖村（跃进）人民公社，1984 年 6 月改赖村乡，1995 年 11 月改赖村镇，实行镇管村体制。至 2007 年，召开中共赖村公社代表大会 6 次、中共赖村乡代表大会 3 次、中共赖村镇代表大会 4 次，均选举产生了中共赖村委员会；召开赖村公社（乡）人民代表会 13 届、赖村镇人民代表会 4 届，均选举赖村政府领导班子。目前，中共赖村镇委员会下设党支部（含总支）18 个。赖村镇自治村（居）民委员会 16 个。

第一节 党的组织

改革开放后，中共赖村党委以邓小平理论和"三个代表"重要思想为指导，努力实践科学发展观，团结带领全镇人民开拓创新、奋发进取、扎实工作，实现了国民经济持续、健康发展和社会各项事业的全面进步。

一 党委领导机构

2006 年 4 月，选举产生中共赖村镇第四届委员会，由 9 个党委委员组成。设党委书记 1 名，兼任镇人大主席；副书记 1 名，兼任镇人民政府镇长，其余党委委员分别为纪检书记、组织委员、宣传委员、人武部长、常务副镇长、副镇长、妇女主任。

党委成员的分工，曾因机构改革和经济社会的发展变化有所调整。20世纪八九十年代，党委设专职副书记2至3名，即兼乡镇长、分管党群副书记、分管农业副书记。进入21世纪初，分管农业副书记改为政法书记。

镇党委设办公室，与政府办公室实行"两块牌子，一套人马"运作，党政办公室主任、副主任负责文秘等日常工作。

二 党组织建设

多年来，赖村党委坚持把党的建设与经济建设有机地结合，相互贯彻与促进，不断推进党的组织建设。

（一）适时调整党的基层组织设置

根据城镇建设发展的规模，在增设居民委员会时，成立党支部；随着镇属单位的减缩和乡镇企业的扩大，镇属党支部由原来5个调整为2个，增设企业党支部1个。

（二）结合整党整风，加强基层组织建设

20世纪80年代至今，规模较大的整党整风有三次：1981年，根据中共中央关于整顿党的基层组织的指示精神，赖村公社党委对各生产大队、社属单位党支部开展整顿工作，通过组织整顿，全社19个党支部，其中合格党支部达到16个，基本合格党支部3个；1984年10月，乡村两级同时开展整党，按照"四边"（边学、边议、边查、边改）一条龙方法进行。全乡整顿党支部20个；1991年，结合农村社会主义教育，整顿村级基层党组织，清理村级集体财务，加强村级经济建设，通过整顿基层组织，调整了一批党支部、支委，增强了党组织的战斗力。1992年至1994年，在农村党支部中开展"八有"达标活动，即：坚强的领导班子、过硬的党员队伍、健全的组织活动、完善的工作制度、正常的工作秩序、一定实力的村级集体经济、成立了合作经济组织、良好的村风。1997年以后，每年开展民主评议党支部活动。通过这两项活动的开展，有力地促进了农村基层党组织的建设。莲子

村党支部连续几年被地（市）、县委评为先进基层党组织。

三　党的思想建设

赖村党委围绕党的中心工作，采取各种形式，积极地对党员开展有效的思想教育工作。

（一）开展党员教育活动

除通过"三会一课"（党的小组会、支部会、民主生活会和党课）制度和举办党员培训班等形式对党员进行经常性的思想教育外，赖村党委还根据党的农村经济政策，先后开展了党员"十带头"、"扶贫结对"、"科技先锋"等活动，运用"三讲"（讲学习、讲政治、讲正气）、"三个代表"（代表中国先进生产力的发展、代表中国先进文化的前进方向、代表中国最广大人民的根本利益）大规模的学习活动，对党员进行基础理论知识的灌输，不断提高党员的思想政治素质。

（二）健全党内民主制度

1993年起，开展了民主评议乡镇党委工作。1999年起，赖村镇积极稳妥地推进村级党支部换届选举工作。全镇15个村，共选举出党支部委员105人。民主选举村支部委员的做法，推进了农村基层民主政治建设的进程。镇党委还依据干部人事工作的有关规定，建立了民主测评、民主推荐、任用公示等制度，杜绝了不按程序任免干部的现象。

第二节　行政机构

一　镇人民代表大会

镇（区、公社、乡）人民代表大会是镇级地方权力机关。赖村第一届人民代表大会始于1954年。"文化大革命"期间，人民代表大会制被迫中止。1978年12月恢复人民代表大会。以后每隔3至5年召开一届人民代表大会。大会主要总结审议本届政府工作，部署下届政府工作目标和任务；进行换届选举，采取等额无记名投票，选举产生镇（公社主任、乡）长，采取差额无记名投票，选举（候选人中）副镇

（公社副主任、副乡）长，以举手表决的方式，选举人民陪审员。大会闭幕后，每年召开一次人民代表全体会议，审议政府工作报告、人大主席团报告、财政预决算报告；对镇（公社、乡）级重大决策事项进行审议和表决。1990年3月成立赖村乡人大主席团以来，历届镇（乡）人大由党委书记兼任人大主席，配1名专职人大副主席。人大定期组织人大代表进行视察，对镇（乡）政府实施的重大工程项目和人民群众普遍关心的热点、难点问题组织视察专访。

表 10 - 1　　1978 年以来赖村镇（公社、乡）历届人大代表情况

年　份	大会届次	代表数	会议议题
1978 年 12 月 8 日	第八届公社人大会	314	审议通过《赖村公社革命委员会工作报告》；选举新一届公社革命委员会成员
1980 年 10 月 27 日至 29 日	第九届公社人大会	148	审议通过《赖村公社革命委员会工作报告》；选举新一届公社革命委员会成员
1984 年 7 月 17 日至 18 日	第十届乡人大会	137	审议通过《坚持改革，锐意进取，为开创我乡经济建设新局面而奋斗》的工作报告；选举新一届政府成员（乡长 1 名，副乡长 4 名，经联会主任 1 名）
1987 年 4 月 9 日至 10 日	第十一届乡人大会	81	审议通过《赖村乡政府工作报告》、《护林公约》；选举新一届政府成员（乡长 1 名，副乡长 2 名）；选举出席县人大代表 7 名
1990 年 3 月 7 日至 8 日	第十二届乡人大会	64	审议通过《赖村乡政府工作报告》；选举新一届政府成员
1993 年 1 月	第十三届乡人大会	75	审议通过《赖村乡政府工作报告》；选举新一届政府成员
1996 年 1 月 25 日至 26 日	第一届镇人大会	63	审议通过《赖村镇政府工作报告》；选举新一届政府成员；选举人民陪审员
1999 年 1 月 24 日	第二届镇人大会	66	审议通过《赖村镇政府工作报告》、《人大主席团工作报告》、《财政预决算报告》；选举新一届政府成员
2002 年 1 月 27 日	第三届镇人大会	68	审议通过《赖村镇政府工作报告》、《人大主席团工作报告》、《财政预决算报告》；选举新一届政府成员
2007 年 3 月 1 日	第四届镇人大会	68	审议通过《赖村镇政府工作报告》、《人大主席团工作报告》、《财政预决算报告》；选举新一届政府成员

赖村镇人民代表大会主席团下设办公室，配有 1 名办公室主任。办公室主任配合人大主席团成员，组织人民代表定期开展视察活动和专项检查活动，并把活动情况以书面形式报告，起到人民代表联系人民群众的桥梁和纽带作用。

二 镇人民政府

（一）机构设置

赖村镇（乡）人民政府是基层政权的行政执行机关。设镇（乡）长 1 名，由镇（乡）党委副书记兼任，主持政府全面工作，并主管财政工作。副镇（乡）长职数 2 至 3 名，1992 年后增设镇（乡）长助理。镇（乡）内设党政办公室、计划生育办公室、财政所、民政所、农技站、水保站、企业办公室、综治办公室、土地管理所、武装部等。县核定给赖村镇党政机关公务员 37 人，2003 年减为 30 人，事业编制人员 75 人（不含公安、教育、土管、卫生），2003 年减为 43 人。

（二）职能转换

20 世纪 90 年代以前，赖村政府的工作职能主要是抓农业集体生产和发展乡镇工业，走社（乡）强民富的道路。1982 年起，随着农村家庭联产承包责任制的落实，尤其 1998 年，镇办集体企业转为民营，政府逐步理清了与农户和企业之间的关系，政府从农业、工业的微观经济层面退出，使农民、企业主重新释放出活力，农业、工业生产得到了较快的发展。

政府职能转换后，把原先伸向直管农业、工业的两只手缩了回来，集中精力抓如下几项工作：一是搞好服务。政府出台有关政策，并组织队伍，为农民供产销服务；运用推广科技知识，引导农户实现大农业的产业化；优化发展环境，引导企业走科技创新、技术创新之路，实现企业效益的增长。二是抓好镇村建设。按照镇村二级规划，集中人力物力，完善镇村基础设施，提高镇村社会主义新农村建设水平。三是保护环境。继续做好水土保持工作，治好河道、山坡，实现山清水绿目标。四是保持社会稳定。开展普法宣传活动，推动以法治镇进程，提高政府和公民的法治意识；落实综合治理目标责任制，做好信访调解、治安整治工作，保证社会安定。

（三）处理好各种关系

赖村镇政府在运作时，能正确处理好与镇党委、人大和各种社会组织以及上级的关系。其做法：一是主动接受镇党委的领导，对党委作出的各项决议决定，认真组织实施。二是主动接受人大监督。对人大代表的提案，能给予明确答复；对人大代表提出的合理建议，能积极采纳；重大事项经提交人大会议通过后生效；政府还定期向人大汇报工作，听取意见，改善工作。三是支持、引导群团及其他社会团体的工作，发挥它们在经济社会发展中的作用。四是指导村委的工作。镇政府对村民委员会组织而言，不是领导关系，村民委员会是自治组织，但其行政管理，都是通过村民委员会来实施的，经多年的摸索，赖村镇政府的基本做法：通过镇党委发挥村级党组织的领导核心作用和战斗堡垒作用，以确保党在农村的政策落实和各项具体任务的完成；通过村干部目标管理考核办法，确保镇政府作出的决议决定落实到位；通过民主选举换届，掌握村级主要干部的任免权，保证政令畅通。目前，赖村镇各村委员干部的配置：小村（1000人以下），配备村干部3名，村党支部书记兼主任，村副主任、计生办主任兼其他职务；中等村（1000至3000人），配备村干部4名至5名，村党支部书记、主任或专职书记和专职主任，计生办主任兼其他职务，治保主任兼其他职务，民兵营长或妇女主任兼其他职务；大村（3000人以上），配备村干部5名至6名，村党支部书记、村主任，计生办主任兼其他职务，治保主任兼其他职务，妇女主任兼其他职务。

三　村民委员会

村民委员会是村民群众的自治组织。其主要职能是负责村民自治，发展各项村级经济社会事业，进行民事调解等。根据其职能，村委会下设民事调解、治安保卫、民政福利、公共卫生委员。多年来，赖村镇在抓村委会组织建设中，重点落实了村民自治和村务公开两项制度。

（一）村民自治

为加强村级基层政权建设工作，1993 年至 1994 年，县、乡选择莲子村为村民自治示范点。制定了《莲子村开展村民自治示范活动方案》，严格贯彻执行《村民委员会组织法》，民主选举村干部。新当选的莲子村村民委员会，既搞好自我管理、自我教育、自我服务，又完成国家各项任务，取得了物质文明和精神文明双丰收。1994 年12 月，莲子村村民自治示范建设经赣州地区民政局验收合格，被地区行署命名为村民自治示范村。1995 年，村民自治在赖村境内全面推行。1999 年、2002 年、2005 年，各村先后进行了第四届至第六届村民委员会换届选举，参选率 98.6%。

（二）村务公开

1998 年至 1999 年，赖村镇制定《"村务公开、民主管理"工作实施方案》，要求各村开展村务公开工作。村务公开内容涉及财务、人事、文卫、社会事业等，尤其突出财务公开为重点；公开方法建立规范化、板报式、永久性公开栏；公开的程序和时间，严格先党内后党外，先审定后公开的程序，做到每季度至少公开一次。同时建立健全村民代表会制度、意见反馈制度、监督督办制度，自觉接受群众监督。村务公开工作的开展，理顺了村委会的职能，密切了干群关系，带来了政风正、民风淳。

第三节　纪律检查委员会

赖村镇设纪律检查委员会，有纪委委员 5 名，由镇党代会选举产生。镇纪委书记，负责纪检监察工作。多年来，赖村镇纪委坚持党的基本路线为指导，围绕经济建设这个中心，全面履行"保护、惩处、监督、教育"职能，全镇的党风廉政建设保持了健康发展的势头，为全镇的经济发展、社会稳定作出了积极的贡献。

一　建立各项党风廉政建设制度

1992 年起，赖村建立了党风廉政建设双向考评制度，制定《党员党风廉政考评手册》，考评全镇党员，制定《党员干部党风廉政档案册》，考评镇机关干部、镇属单位和各村党员干部。考评方式采取党员自查和群众评议相结合，每年由党组织写出考评意见，记入考评册中，镇纪委对考评意见进行监督检查，对一些群众反映的问题，找其党员及时提醒，要求改正，并将考评情况作为考察任用党员干部的重要依据。

2003年，赖村镇制定《党风廉政建设工作责任制》，由镇属单位、村党支部向镇党委签订责任书，年底，镇属单位、村级党员干部对工作职责履行和廉洁自律情况在党员中述职述廉，接受群众监督。这对加强党风廉政建设，保证党员干部自律起到了促进作用。

二 开展党风廉政教育

赖村镇纪委根据上级党委和纪委的工作部署，一是开展了理论教育。学习内容主要有《廉政准则》、《中国共产党党员纪律处分条例》和党和国家主要领导有关党风廉政建设与反腐败的重要讲话。学习采取轮训、知识竞赛、自学等形式，从而加强党员的思想理论武装，增强拒腐防变的能力。二是开展典型教育。镇纪委以正反典型，积极开展示范和警示教育。利用《党风廉政月刊》登载的案例，对党员进行以案说纪、以案说法教育；还发掘身边的勤廉兼优典型，进行榜样教育。如宣传表扬了莲子村党支部党风廉政建设的先进事迹。三是开展影视教育。镇纪委购置30余部党风廉政电教片，组织播放200余场（次），党员受教育面在90%以上。

三 查处违纪行为

镇纪委配合上级纪委，从1990年以来，先后开展了清理公款配置通信工具、购买摩托车和乱收费滥罚款等违纪行为，收缴了违规用公款购置通信工具、购买摩托车和报销的话费，取消了对农民不合理的收费项目，完善了财务制度。同时，查处了个别党员干部违反计划生育政策的行为，严肃了党的纪律。

第十一章

群众团体和宗教

新中国成立初的群众组织，有工会、共青团、妇联，并坚持至今，发挥了一定的作用。还有农民协会，后改为贫下中农协会，中苏友好协会，均在20世纪60年代中期停止活动。改革开放后，增加的群团组织有科学技术协会、计划生育协会、老龄委、关工委以及其他民间团体组织。宗教信仰，20世纪六七十年代被限制活动，以后被取缔。80年代起，落实党的宗教政策，寺院增加，信教人数上升。

第一节　群众组织

一　工会

（一）工会组织

新中国成立初，赖村境内的小学校、供销行业等单位建立基层工会，"文化大革命"期间，工会组织瘫痪。1985年起，赖村陆续组建赖村初级中学、赖村中心完小、赖村卫生院、赖村粮食管理所、赖村供销社等单位工会组织，工会会员247人。1993年，建立赖村乡政府机关工会，会员58人。由1名乡党委副书记兼任工会主席。随后镇供电所、竹迳电站、林场也建立工会组织。至此，全镇建立基层工会9个，工会会员362人。

（二）工会活动

1985年以来，赖村境内基层工会按照宁都县总工会的工作部署，主要开展了如下活动：一是开展职工"三德"（社会公德、职业道德、家庭道德）知识竞赛和"质量、品种、效益"劳动竞赛活动。坚持每年"五一"节期间，举办书法展览、下棋、乒乓球等比赛，活跃职工生活；二是参政议政。各单位工会组织，定期召开职工会议，听取职工意见，解决职工的实际困难，维护职工的正当利益。

二　共青团

（一）团的组织

1953 年，赖村设立中国新民主主义青年团工作委员会。1966 年"文化大革命"，赖村团委组织陷于瘫痪。1973 年 2 月恢复团委至今，赖村镇团委下辖团支部 20 个，目前共有团员 1078 人。

全国各基层共青团代表大会每 3 年至 5 年召开一次，选举产生新的共青团委员会。1953 年至 2009 年，赖村共召开共青团代表大会 20 次。2004 年 11 月 3 日召开的共青团赖村镇第二十次代表大会，选举团委委员 7 人，其分工：书记 1 名，副书记 2 名，宣传委员、组织委员、学习委员各 1 名。镇团委书记为专职干部。

（二）团的活动

20 世纪八九十年代，配合党的中心工作，共青团活动搞得有声有色，为经济建设作出了贡献。1983 年至 1990 年，赖村团委带领广大共青团员和青年积极投身"四化"建设，开展"争当新长征突击手（队）"活动，如"状元赛"、"能手赛"、"造林赛"，号召团员青年致富会富，全乡涌现团员青年种植大户 17 户，养殖专业户 9 户，营造集体青年林 300 余亩。1991 年至 1999 年，在团员青年中掀起"农业开发"和"跨世纪文明工程"活动，如"再造赖村绿化赛"、"兴造青年果园赛"。全镇团员青年新建果园 210 亩，青年林基地 200 亩，培养青年星火带头人 11 名；围绕学雷锋这条红线，全镇团员、青年成立学雷锋送温暖小组 12 个，助耕帮困小组 3 个，积极为群众做好事。同时，还开展"希望工程爱心"活动，镇团委发动团员青年捐款多次，累计 3000 余元，救助失学儿童 13 名。

进入 21 世纪，由于受市场经济的影响和农村青年大批外出务工等因素，基层团组织活动有所减少。

三 妇联

（一）妇联组织

20 世纪 50 年代后期，赖村公社及下辖各生产大队陆续建立妇代会。至 2009 年，赖村镇妇联配备妇联主席副主席各 1 名，为专职干部。16 个村（居）委会均有兼职妇女主任。

（二）妇联工作

改革开放以来，镇妇联认真执行党中央在新时期对妇女工作的各项方针政策，组织妇女开展"四自"（自学、自爱、自重、自强）、"四有"（有理想、有道德、有文化、有纪律）活动，鼓励妇女自强不息，摆脱贫困，建设家园；开展"七大养殖"（养猪、牛、鸡、鸭、鹅、蜂、兔）竞赛活动，激励广大妇女在经济建设中大显身手；开展创评"五好"文明家庭活动，倡导文明新风，促进社会和谐。

为提高妇女的法律保护意识，镇妇联重点抓了《婚姻法》、《妇女权益保障法》、《人口与计划生育法》的宣传学习，教育妇女知法、懂法、守法，运用法律武器保护自己。镇妇联下设法律咨询站，建立了镇、村、组三级妇联信访网络，加强与公安派出所的联系，确保各种矛盾在基层处理化解，使遗弃女婴、非（未）婚先孕、女青少年早恋、女童辍学等问题大为减少。

四 老龄委

1993 年，赖村成立老龄工作委员会，由乡（镇）老干部办公室主任兼任老龄委主任，村委会成立老年人协会，乡（镇）老龄委每年重阳节、春节期间均组织单位开展敬老活动，为老年人送温暖。

2007 年，赖村镇老龄委对老年人进行了一次调查；全镇 60 岁以上的 4599 人，占总人口的 9.2%。其中 60 岁至 64 岁 1465 人，65 岁至 69 岁 1123 人，70 岁至 74 岁 977 人，75 岁至 79 岁 537 人，80 岁至 84 岁 293 人，85 岁至 89 岁 146 人，90 岁至 99 岁 25 人。

五 关工委

1999 年，赖村镇成立关心下一代委员会。主任由镇党委书记兼任，副主任由镇党委组织委员兼任，各相关单位负责人为成员。村（居）委会成立关工小组，由党支部书记任组长。镇关工委组织动员老干部、老党员、老教师、老模范担任关工委的报告员、学校的辅导员、失足青少年的帮教员，为青少年一代的健康成长办实事办好事。

第二节 宗教

一 宗教发展及活动

赖村境内宗教信仰，以佛教为主，道教次之。

新中国成立初，赖村境内寺庙有 8 座，教徒 16 人。"文化大革

图 22 岩石寨青云寺

命"中，禁止宗教活动。1983 年起，党的宗教政策得到全面贯彻落实。"文化大革命"中被挤占的山林、土地、房产逐步归还寺庙，为宗教人士开展正常的宗教活动和自食其力提供了物质条件。到目前，经宁都县批准的佛教寺庙 18 个，长住寺庙教徒及僧尼共 36 人。每年

信佛人群定时或不定时敬香、拜佛、诵经等正常宗教活动约 14900 余人（次）。

表 11 - 1　　　　　赖村境内宗教场地及活动情况

名　称	僧　尼	活动人数
中华寺	2	1000 余人次
新云寺	2	900 人次
朝阳寺	3	1100 余人次
祝圣寺	2	800 余人次
观音堂	2	800 余人次
紫峒山	4	1000 余人次
球金寺	2	700 人次
东胜寺	2	900 人次
青云寺	2	800 人次
天仙寺	2	1000 人次
天马寺	2	1000 人次
兴隆寺	2	900 人次
福云寺	2	800 人次
龙华寺	2	700 人次
青真寺	3	900 人次
荣华寺	1	600 人次
水莲寺	3	800 人次
经纬阁	2	1100 余人次

二　宗教管理

赖村镇宗教管理工作由镇党委宣传委员兼管。

根据中共中央、国务院有关做好宗教工作的通知精神，镇配合其宗教事务局，曾对境内的宗教活动场所进行清理整顿。清理内容有滥建庙宇、滥塑神像、滥念经布道、滥收徒传戒、滥布施化缘、寺观教堂财务管理、反动会道门组织和其他违法活动。整顿从活动场所、常住人口、管理组织、规章制度等方面进行。通过清理整顿，各寺庙教徒相对调整集中，常住人员相对稳定。宗教活动、生产生活、财务管理等各项制度得到健全，进一步争取、团结、教育了宗教人士和信教群众。

第十二章

军事和政法

改革开放以来，乡（镇）人民武装部认真探索新形势下的治军特点和规律，推进了人武工作和民兵建设向前发展；政法工作以维护社会稳定和治安秩序平稳为重点，促进了全镇改革开放经济建设和社会各项事业的全面发展。

第一节　人民武装

一　武装机构

1950 年 11 月，赖村区成立民兵大队部。次年 7 月改称区人民武装部。后随着名称变更，曾称公社、乡人民武装部，现称镇人民武装部。下辖基干民兵连 1 个，基干民兵排 3 个。2009 年底，赖村镇民兵 4110 人，其中基干民兵 173 人，一类预备役 101 人。

二　武装工作

镇人民武装的基本职能：组织民兵开展军事训练。每年配合县人武部，对民兵进行规范训练。训练项目有射击、投弹、军械修理等；组织民兵积极投身经济建设，开展植树造林、扑灭山火、抗洪抢险、扶贫帮困等活动。协助镇政府开展国防教育、征兵宣传，做好兵员征集工作。经统计 1998 年至 2009 年，赖村镇向部队输送入伍青年 178 人。

第二节　社会治安

一　机构设置

1972 年 12 月，赖村公社成立治安委员会，设委员 7 人，配专职保卫干部（特派员）2 人，下辖 12 个大队均成立治保委员会，设委员 5 人，配专职治保主任 1 人。至今，各村保留兼职治保主任。1973 年，赖村公社、各大队成立治安调解委员会，各生产小队设治安调查小组。现在镇仍保留调解委员会，各村改称调解小组。1985 年，赖村乡成立法律服务站，后易名法律服务所，现配备干部 6 人，聘请律师 2 人。1987 年 12 月，赖村成立公安派出所，配备干警 3 人，现增到 6 人。1992 年，赖村成立社会治安综合治理办公室，配专职主任 1 人，干事 1 人。2003 年，赖村成立森林公安派出所，配干警 2 人。次年成立公安交警大队，配交警员 5 人。至此，赖村的社会治安和综合治理形成完备的管理体系。

2004 年，赖村公安派出所被评为全县"优秀基层单位"。赖村公安交警大队被评为全县"先进单位"。

二　综合治理

"文革"期间，赖村社会政治秩序较混乱。党的十一届三中全会和全国五届人大二次会议后，赖村开展了严厉打击经济领域的犯罪活动，社会治安趋于稳定。1990 年起，赖村公安派出所先后组织力量，开展打击车匪路霸、流窜犯罪、盗窃自行车的专项斗争；开展对车站、影剧院舞厅、农贸市场和学校周边电子游戏室、桌球室等公共娱乐场所的清理整顿；开展取缔农村封建迷信、赌博、卖淫、嫖娼等扰乱社会的不法行为，维护了社会的正常秩序。与此同时，赖村镇按照"属地管理、条块结合、以块为主"和"谁主管谁负责"的综合治理原则，对各村、镇属单位实行社会治安综合治理目标管理。各村委书记、主任和镇属单位负责人向镇党委书记、镇长签订目标管理责任制。年终由镇社会综合治理办制订考核方案和评分细则，对责任单位进行检查考评,实行"一票否决"制。从而增强了镇村两级领导干部齐抓共管的政治责任心。

1997 年以来,根据宁都县综治委的工作部署,赖村镇开展文明村的建设活动。赖村镇莲子村受到赣州市(地)综治委的多次表扬,并被县综治委命名为"安全村"。2004 年至 2006 年,赖村连续三年被评为市、县"综合治理一类乡镇"。

三　民事调解

改革开放后,群众利益出现多元化,民事纠纷呈上升趋势。赖村乡村两级治安调解组织,按照党的政策和国家法律,及时处理了各种民事纠纷案件,有效地减少了犯罪事件的发生。1991 年起,赖村乡村两级坚持"调解结合、以防为主"的工作原则,把大量的民间纠纷解决在基层,杜绝了群体纠纷上访案件。仅 2000 年至 2009 年,累计调解民间纠纷 1631 起,调解成功率达 95% 以上。另外,赖村法律服务所,发挥扎根基层、面向基层、服务基层的优势,积极提供法律服务。2000 年至 2008 年,共办理民事纠纷案件 816 起,代理诉讼案件 48 件,非诉讼法律事务 39 件,解答法律咨询 630 件。这些有效工作,化解了矛盾,增强了村民的团结,促进了社会安定。

赖村镇在抓好综合治理,维护社会稳定中,其主要特点:一是引导镇(乡)村两级干部正确、全面地化解社会矛盾,耐心细致地做好说服解释工作。二是畅通群众诉求渠道,建立健全大调解机制。三是深入基层,生活在群众中,了解群众,熟悉群众,善于及时发现问题,把矛盾解决在萌芽期间,当大的矛盾出现后,能调动各方面的力量,运用科学方法,化解矛盾,并把坏事变成教育群众的好事。

表 12 - 1　　　赖村 2005 年至 2008 年民事和刑事案件统计

年份	民事纠纷(件)	刑事案件(件)
2005	221	27
2006	215	25
2007	196	24
2008	184	21

第十三章

人口与控制

　　赖村历来的人口变化，总趋势是不断增加，但其中有升有降，起伏不大。明朝至清朝人口发展缓慢。新中国建立后，1949 年至 1976 年，人口增长过快，1977 年推行计划生育后，人口增长率才得到控制。2007 年，人口出生率 10.41‰，死亡率 4.22‰，自然增长率为 0.559‰。

第一节　人口现状

　　2007 年统计，赖村镇总户数 9174 户，总人口 50225 人。现对其各种结构组成情况进行分析。

一　人口结构

（一）性别结构

　　民国三十六年（1947），康乐乡（赖村）总人口 13610 人，其中男性 6818 人，占总人数的 50.1%，女性 6792 人，占总人数的49.9%。新中国成立后，1953 年经第一次人口普查赖村区总人口为14133 人，其中男性 7238 人，占总人数的 51.2%，女性 6899 人，占总人数的 48.8%。1964 年 6 月的第二次人口普查，赖村公社总人口为20674 人，其中男性 10501 人，占总人数的 50.8%，女性 10173人，占总人数的 49.2%。1982 年 6 月第三次人口普查，赖村公社总

人口为 33401 人，其中男性 17013 人，占总人数的 50.9%，女性
16388 人，占总人数的 49.1%。1990 年 6 月的第四次人口普查，赖
村乡总人口为 37522 人，其中男性 19098 人，占总人数的 50.9%，女
性 18424 人，占总人数的 49.1%。2000 年 11 月的第五次人口普查，
赖村镇总人口为 42513 人，其中男性 21934 人，占总人数的 51.6%，
女性 20579 人，占总人数的 48.4%。2005 年统计，赖村镇总人口为
49401 人，其中男性 25537 人，占总人数的 51.7%，女性 23864 人，
占总人数的 48.3%。从以上性别结构的比例，可以看出 1990 年以
前，男女性别搭配比较合理，而 2000 年至 2005 年，女性比例偏低。

（二）年龄结构

根据全国人口普查资料，按统一标准，将不同年龄段人口分成少
年组、成年组、老年组。1982 年，赖村公社总人口 33401 人，其中 0
岁至 14 岁的少年儿童 8170 人，占总人数的 24.46%，15 岁至 64 岁
的成年人 21571 人，占总人数的 64.5%，65 岁以上老年人 3660 人，
占总人数的 10.96%；1990 年，赖村乡总人口 37522 人，其中 0 岁至
14 岁少年儿童 8878 人，占总人数的 23.66%，15 岁至 64 岁的成年人
24231 人，占总人数的 64.58%，65 岁以上老年人 4413 人，占总人数
的 11.76%；2000 年，赖村镇总人口 42513 人，其中 0 岁至 14 岁少
年儿童 10356 人，占总人数的 24.36%，15 岁至 64 岁的成年人 26902
人，占总人数的 63.28%，65 岁以上老年人 5255 人，占总人数的
12.36%；2005 年，赖村镇总人口 49401 人，其中 0 岁至 14 岁少年儿
童 13190 人，占总人数的 26.7%，15 岁至 64 岁成年人 30283 人，占
总人数的 61.3%，65 岁以上老人 5928 人，占总人数的 12%。以上资
料证明，赖村镇从 1982 年始，老人比例已占总人口的 10% 以上。

（三）家庭结构

1953 年，赖村区总户数 3436 户，户均 4.1 人，其中 1 人至 2 人
的 206 户，占 6%，3 人至 4 人的 1443 户，占 42%，5 人至 6 人的
1271 户，占 37%，7 人以上的 516 户，占 15%。1982 年，赖村乡总
户数 5409 户，户均 6.4 人，其中 1 人至 2 人的 216 户，占 4%，3 人
至 4 人的 1676 户，占 31%，5 人至 6 人的 2866 户，占 53%，7 人以

上的 649 户，占 12%。1990 年，赖村乡总户数 7328 户，户均 5.1
人，其中 1 人至 2 人的 221 户，占 3%，3 人至 4 人的 4328 户，占
59%，5 人至 6 人的 2051 户，占 28%，7 人以上的 733 户，占 10%。
2000 年，赖村镇总户数 8869 户，户均 4.6 人，其中 1 人至 2 人的
178 户，占 3%，3 人至 4 人的 5320 户，占 60%，5 人至 6 人的 2572
户，占 29%，7 人以上的 709 户，占 8%。2005 年，赖村镇总户数
10284 户，户均 4.7 人，其中 1 人至 2 人的 278 户，占 2.7%，3 人至
4 人的 6376 户，占 62%，5 人至 6 人的 2879 户，占 28%，7 人以上
的 751 户，占 7.3%。从了解的情况，1 人至 2 人的户，一般为年老
夫妻或结婚不久的年轻夫妇。3 人至 4 人的户，家庭由夫妇俩和儿女
组成。5 人至 6 人的户，多数家庭由父母、本人夫妇俩及儿女组成，
也有家庭由本人夫妇俩和多个子女组成。7 人以上家庭成员一般由其
祖父、父母、本人夫妻俩及儿女组成。也有的家庭成员由父母、多个
兄弟夫妻及儿女组成。

（四）文化结构

新中国成立前，赖村境内文盲占总人口的 84% 以上，新中国成
立后，人民政府经大力发展教育事业，并几度开展扫盲运动，文盲逐
渐减少。1958 年，赖村公社青壮年非盲率达到 89.8%；1982 年，第
三次人口普查，赖村公社总人口 33401 人，其中小学文化程度者
10820 人，占总人口的 43%，初中文化程度者 2926 人，占总人口的
8.8%，中专，高中文化程度者 832 人、大专 4 人，占总人口的
2.4%，文盲、半文盲 10119 人，占总人口的 30.3%；1990 年，第四
次人口普查，赖村乡总人口 37522 人，其中小学以上文化程度者
22879 人（大学本科 8 人，大专 17 人，中专、高中 1306 人，初中
3615 人），占总人口的 61%，文盲、半文盲 7879 人，占总人口的
21%；2000 年，第五次人口普查，赖村镇总人口 42513 人，其中小
学以上文化程度者 34860 人，占总人口的 82%，文盲、半文盲 1621
人，占总人口的 18%；2004 年，赖村镇经县评估验收，全镇达到了
扫除青壮年文盲的要求，文盲率在 1% 以下。

（五）姓名结构

2007 年统计，赖村镇有 46 个姓氏，其中三千人以上的有宋姓 12975

人，黄姓 12299 人，肖姓 7234 人，温姓 4802 人；二千人口以下，一千以上的有刘姓 1075 人；一千以下，五百人以上的有谢姓 746 人，谭姓 646 人，陈姓 554 人；五百人以下，一百人以上的有胡姓 409 人，曾姓 358 人，李姓 356 人，艾姓 332 人，张姓 314 人，林姓 317 人，何姓 192 人，王姓 144 人，蒙姓 135 人，赖姓 112 人；一百人以下的姓氏，按人数依次为：罗、崔、凌、丁、邱、卢、潘、雷、董、周、乐、高、郭、彭、兰、葛、廖、杨、管、吴、万、魏、邹、钟、唐、邓、江、范。

二 人口流动

　　除少量人口因工作调动或结婚外迁，人口流动主要体现在劳务输出。自 1985 年始，赖村镇（乡）农村富余劳动力向沿海经济发达地区输出。1985 年至 1990 年，每年输出约 200 人以上，从事的工种主要有机械操作、纺织、缝纫编织、建筑、修路、挖煤、森林砍伐等。1991 年 5 月，县、乡先后召开劳务输出工作会议，会议要求把劳务输出工作当作振兴农村经济、保持社会安定的大事来抓，鼓励各界人士提供或反馈劳务信息，认真考察输出点。自此，全镇（乡）大批年轻力壮的劳力常年或季节性外出打工，1991 年，外出打工人员为 4800 余人，1994 年增至 8000 余人，占全镇（乡）劳动力的 25%，这些劳动力主要流向广东、福建、浙江、上海等沿海地区，人均年纯收入可达 2000 元至 8000 元不等。1995 年至 2007 年，全镇劳务输出一直处于鼎盛时期，每年外出务工人员一万余人，形成一股"打工潮"。据调查统计，2007 年，全镇农村劳动力总数 26282 人，外出从业人员 10169 人，占劳动力总数的 38%。外出从业人员中，境外 6 人，省外 10026 人，省内市外 71 人，市内 66 人。这支打工大军每年从外地赚回人民币 1600 多万元，为促进赖村镇的经济发展发挥了重要作用。

第二节　人 口 控 制

一　组织机构

　　计划生育是一项国策。1977 年以来，赖村认真组织实施计划生育政策法规，人口出生率逐年下降。2007年人口自然增长率比1977年减少26.121%。

1977年起，县社两级政府开始把计划生育工作列入议事日程。同年成立赖村公社计划生育办公室，配备专人负责日常计划生育工作。1995年，镇计划生育办公室配备专职干部2人。各村配备计划生育专职干事1人，享受固定补贴。同年，镇计划生育办公室下设计划生育服务所、计划生育行政执法服务队、计划生育协会。村成立计划生育自治组织。至此，镇村两级强化了对计划生育的管理和服务。

二　落实计划生育政策

根据上级党委、政府不同时期的工作要求，赖村狠抓计划生育政策的宣传落实。1976年，宁都县委、县政府下发《计划生育若干问题的试行办法》，赖村公社制订了"一对夫妇以生育两个孩子"为宜的具体实施方案；1980年，宁都县委、县政府下发《计划生育若干问题的暂行规定》，赖村公社提出"生一胎、限三胎"的政策界限。1990年，江西省颁发《计划生育条例》，赖村乡对符合政策，可以生育二胎的对象，规范了严格的审批程序。多年来，赖村在宣传贯彻计划生育政策工作中，采取结扎、上环、人流等节育措施，计划生育取得了明显成效。

三　计划生育特点

在长期的计划生育工作中，赖村镇摸索出一套工作做法。推行计划生育目标管理体制，从1990年起，镇政府每年都要制订计划生育工作目标管理方案，建立各种形式的包干责任制，做到镇长向县委、县政府递交计划生育责任状，村党支部书记、村主任向镇党委政府签订计划生育责任状。镇领导包片（一村或数村），镇驻村干部包村，村干部包对象，一级向一级负责，没有完成计划生育责任状的不能评先，实行计划生育一票否决权。建立账卡管理制度。20世纪80年代中期以来，赖村镇（公社、乡）设置了《计划生育登记卡》、《已婚育龄妇女卡汇总表（一、二、三）》、《死亡情况登记表》、《生育情

表 13 - 1　　　　　　　　1990 年至 2008 年计划生育情况统计

年份	育龄妇女（数）	结扎			上环	人流引产	节育率（‰）	人口自然增长率（‰）	计划生育率（‰）	晚婚率（‰）
		合计	男扎	女扎						
1990	12534	264		264	238	15	84.3	1.21	76.3	51.9
1991	12664	273		273	241	17	87.9	1.23	79.3	50.9
1992	12675	281		281	236	14	88.1	1.1	78.4	49
1993	12688	274		274	248	23	93.2	1.08	80.1	51.3
1994	12683	281	2	279	259	18	92.6	1.076	79.2	50.7
1995	12693	259		259	286	13	93.9	1.07	78.2	53.0
1996	12734	246		246	278	17	90.9	1.03	79.1	51.0
1997	12761	237		237	283	19	91.8	1.03	76.1	49.9
1998	12188	271	1	270	276	22	96.9	0.947	82.1	51.22
1999	12242	283		283	279	28	96.3	0.945	79.7	52.0
2000	12140	297		297	293	28	98.9	0.941	80.1	50.6
2001	12513	288		288	257	27	96.6	0.921	81.0	50.7
2002	12636	310		310	263	21	97.6	0.913	82.3	53.1
2003	12569	281		281	259	18	96.3	0.897	85.7	51.6
2004	12578	274		274	246	23	98.7	0.893	82.2	52.7
2005	12644	293		293	249	23	97.7	0.867	80.3	53.52
2006	12987	291	1	290	253	17	99.05	0.867	80.32	52.68
2007	13013	78	2	76	1933	19	98.53	0.559	88.52	59.43
2008	10073	165		165	163	13	98.02	8.02	75	55.37

况登记表》、《生育指标落实花名册》、《四项节育手术花名册》、《重点管理对象花名册》、《计划生育报表》。村（居）委会设置《已婚育龄妇女情况登记表》、《死亡情况登记表》、《计划生育呈报表》、《生育情况登记表》。村民小组设置《计划生育情况月报表》。对这些账卡表册要求月月清理，做到内容准确"四相符"，这项工作曾得到省领导的称赞。成立镇村两级计生协会。发挥"五老"（老党员、老

干部、老模范、老教师、老军人）的作用，通过他们做好计划生育对象的思想工作。推行计划生育村民自治，赖村各村落实了《计划生育自治章程》，实现了计划生育自我教育、自我管理、自我服务、互相监督的民主管理机制。

第十四章

居民生活和社会保障

经济社会的发展，带来了居民生活水平的逐步提高，社会保障制度也逐渐完备。赖村镇居民经历了由贫困到温饱，再初步向小康迈进的过程。

第一节　居民收入

1980 年起，赖村党委、政府以"强镇富民"为奋斗目标，带领全镇人民走共同富裕的道路。

一　收入情况

新中国成立前，中国处于半封建半殖民地社会，赖村人民深受封建统治阶级压榨，各种杂税负担沉重，加之频发天灾，战事频繁，人民生活贫苦。

新中国成立后，经土地改革运动，农民成为土地的主人，劳动所得归自己。农业合作化后，执行"各尽所能，按劳分配"的社会主义分配原则，调动了农民发展农业生产的积极性，集体收入部分逐年增多，家庭副业收入也有较大增多。1957 年，赖村全区农民集体分配收入人均 33.2 元。1958 年，实现人民公社化，强调"一大二公"，农民的生产积极性受到一定程度的抑制，但政府加大了农田基本建设和投入，经多年平整土地、兴修水利等，生产条件大为改善，土地增产增效益，1977 年，集体分配收入人均 89 元，比 1957 年增长近 2 倍。

80 年代初，农村实行家庭联产承包责任制，农民生产积极性再一次得到调动，栽种杂交水稻的普遍化，种植经济作物面积的增多，土地增产增效益幅度大，果业、养殖业的规模化、农民的土地和家庭副业收入增加。乡镇企业和沿海发达地区企业的蓬勃兴起，吸纳了农村大量的剩余劳动力，使农民务工收入成为许多农民家庭的重要来源之一。经统计，赖村镇人均纯收入由 1978 年的 90 元，增加到 2009 年的 2010 元（宁都县人均纯收入已达 2558 元）。

表 14 - 1　　　　1978 年至 2009 年赖村镇居民人均纯收入统计　　单位：元

年份	人均年纯收入	年份	人均年纯收入
1978	90	1994	898
1979	92	1995	916
1980	93	1996	968
1981	93	1997	970
1982	95	1998	1315.74
1983	96.5	1999	1322.05
1984	244	2000	1330.52
1985	267	2001	1339.6
1986	280	2002	1362.7
1987	347	2003	1377.3
1988	522	2004	1525
1989	524	2005	1618
1990	629	2006	1733
1991	632	2007	1855
1992	698	2008	1920
1993	795	2009	2010

从赖村镇调查的情况反映，农民的收入渠道比20世纪70年代前增多。家庭经营成分增加。不仅有农业方面的种植业和副业方面的养殖业等传统产业收入，而且新增林业的竹、木、果和经商收入，这些收入约占农民人均纯收入总数的68%。新增工资项目收入。这主要是多数农户家庭抽出青壮年劳动力，长期从事本地企业或外出务工，其收入约占农民人均纯收入总数的30%。农村政策性收入。如农业种粮补贴、无偿扶贫款、购买农机具补贴等收入，约占农民人均纯收入总数的2%。

二 主要举措

20世纪80年代，赖村被国家列为老革命根据地特困乡。赖村党政一班人，与时俱进，敢于创新，探索出一条带领农民脱贫致富的新路子。其做法：

（一）实施扶贫奔小康工程

1986年，赖村配合地县工作部署，制订了扶贫方案，采取结对帮贫的方式，从资金、科技、硬件建设等方面扶持贫困户，乡财政和乡机关干部投入扶贫资金100余万元，扶助硬件建设项目24个，科技项目13个，农户502户，至1990年，脱贫人数2703人。90年代中期，赖村镇根据地、县"五年奔小康"的要求，制定了奔小康示范村建设规划。镇机关抽调20%的干部驻村，帮助示范点选择落实"短平快"的启动项目，五年期满，全镇3个示范点，农民人均纯收入达到2010元，比全镇平均水平高出790元。小康示范村的集体经济年收入5万元以上。

（二）组织劳务输出

赖村党委、政府充分发挥共青团、妇联的作用，成立职业介绍所，实行报名登记、车辆接送、送人入厂一条龙服务，使赖村剩余劳力外出务工急剧增加。

（三）大办企业和经商

赖村制定优惠政策，营造良好氛围。不仅乡村集体办企业，还积极鼓励农民户办、联户办企业和引进外商办企业。此外，还鼓励农民经商，推动发展经贸流动体系。

（四）加强对农民负担的监督管理

八九十年代，赖村曾出现加重农民负担、侵犯农民合法权益的现象。对此，赖村党委、政府从逐步建立和完善制度入手，实行农民负担手册登记、专用收据收款、项目审核、专项审计、来信来访接待等8项监督管理制度。

第二节　居民消费

20世纪90年代至今，赖村居民的生活不断发生变化，生活质量不断提高，消费的重心开始往居用行方面转移。

一　食品

赖村农民的食品消费支出占生活消费总支出的比例逐年上升。2007年食品消费支出1018.09元，占生活消费支出的48.7%，同比1997年，食品消费增加317.09元。其食品结构，主食比重下降，副食品比重上升，农民开始讲究营养和保健。副食品种，过去仅有传统的自酿米酒和自制小吃，如今白酒、啤酒、鲜橙及其他水果，已成为普通农家必备食品。

表14－2　　赖村镇农村住户人均主要食品消费量比较

实物名称	单位	1996年	1997年	实物名称	单位	2006年	2007年
生活用粮食	公斤	342	352	谷物	元	324.38	351.49
豆制品	公斤	4.5	3.1	薯类	元	10.9	15.53
蔬菜	公斤	103	84	豆类	元	7.28	8.4
植物油	公斤	7	7.3	食用油	元	47.37	63.10
动物油	公斤	0.4	0.33	蔬菜及制品	元	94.07	111.03
猪肉	公斤	10	10.5	肉、禽、蛋、奶	元	162.69	197.58
家禽	公斤	2.1	2.5	水产品及制品	元	30.14	36.65
蛋类	公斤	1	1.5	烟、酒	元	79.26	90.74
鱼虾	公斤	3	4	茶叶饮料	元	4.11	2.54

实物名称	单位	1996 年	1997 年	实物名称	单位	2006 年	2007 年
食糖	公斤	2.8	1.2	其他食品	元	90.58	74.67
酒和饮料	公斤	8.4	6.4				
糕点	公斤	0.7	0.6				
干鲜瓜果	公斤	16	17				

二　住房

新中国成立后的五六十年代，赖村境内住房多为墩土墙、土砖结构，房屋模式多数为"三大间"，少量"五大间"。20 世纪七八十年代，土砖墙、墩土墙逐渐被淘汰。农户多采用砖木结构，部分农户开始使用钢筋水泥建房，房屋模式为单元化、家庭式多层楼房。90 年代，尤其进入 21 世纪，赖村境内出现建房热，农户普遍采用混砖结构建设的小康示范楼。少部分楼房外墙贴有瓷砖或喷有涂料，室内地面铺有木地板、瓷砖。经调查统计，2007 年人均居住消费支出为 425 元，住房消费已成为农村消费的一大热点。

表 14 - 3　　　　2007 年赖村镇浮竹村王欧小组住房情况统计

居住户		住房类型		住房结构		总住房面积（m²）	人均住房面积（m²）
户数	人口	楼房（m²）	平房（m²）	钢筋混凝土（m²）	砖木（m²）		
16	93	1770	430	1710	490	2200	23.6

三　高档商品

农户收入的提高，以及男女青年结婚的讲究，推动了购买高档商品的消费热。20 世纪 70 年代，自行车、手表、缝纫机进入农家，80 年代农家摆放沙发、电风扇、电饭煲、收录机、电视机，90 年代后，许多家庭拥有摩托车、液化灶、彩电、VCD 机、住宅电话等，进入 21 世纪，部分农户还购买了用于客运的客班车、小四轮（农用车）、小轿车、电脑、手机等。人们外出大都骑自行车、摩托车或乘客班车，以车代步，以电话代写信已成习惯。

表 14 - 4　　赖村镇浮竹村王欧村民小组农户高档商品拥有情况统计

年份	通信设备		家用电器								交通运输			
	电话机	手机	电视机	电风扇	热水器	电冰箱	收录机	洗衣机	电脑	缝纫机	客车	小轿车	摩托车	其他农用机械
1994	1		3	3						15			3	15
1995			4	1						11			8	9
1996			5	1						12			7	11
1997			8	3						11			8	10
1998			9	4						10			9	11
1999			10	5						12			9	11
2000			16	64						11			10	12
2001	4		16	64						10			10	12
2002	8		16	64						10			10	13
2003	9		16	61						10			21	13
2004	10	10	16	62						10			15	16
2005	12	30	16	63						10			13	16
2006	12	40	16	64						10			20	16
2007	12	50	16	65						10		1	20	16
2008	12	64	16	64		1			2	10		1	32	16
合计	80部	194部	183台	588台		1台			2台	162部		2辆	195辆	197部

四　服　饰

清代，男女都穿大襟衣、白头大脚裤，女人衣服另加红、绿、黄、蓝等彩色边装饰。冬天男戴布帽、棉纱帽，女扎满额、绉纱。

民国时期，青年男人改穿对襟便衫，老年人仍穿大襟衣、白头大脚裤，妇女普遍穿无边装饰的大脚裤，公务人员则穿中山装。学生穿学生装，大户权贵穿绫罗绸缎、旗袍、衣裙。除衣着外，女人头上还梳有几子，插有银钗子、银梳子，胸前、背后戴有用银制作成的精致的银链子、银牙钗子等。

新中国成立后，人们的衣着不断变化，服式随时而易。20 世纪 50 年代至 70 年代，常见的式样有解放装、列宁装、青年装、春秋装、中山装等，衣料由土棉布、棉绒布、化纤布、混纺布、涤棉布、毛料、呢绒、腈纶、涤卡等。

20 世纪 80 年代初，开始流行裙子、连衣裙、夹克衫、滑雪衫、羽绒衫、马甲、棒针衫、拉链运动衫、长短风衣、健美裤等，并有少数人穿西装。服装颜色由过去单一的藏青色、铁灰色、蓝色逐步变为多色、多花、大红大绿或一衫多色。裤子由过去的白头大脚裤、直筒裤变为喇叭裤、牛仔裤、西服裤。鞋子由草鞋、布鞋、木拖鞋变为胶鞋、全塑凉鞋、皮鞋等，许多妇女还穿起了高跟鞋。袜子由棉袜变为尼龙袜、丝光袜。20 世纪 80 年代中后期，青年男女又出现了 T 恤、裙裤、蝙蝠衫、灯笼袖、泡泡袖等流行服式，但中老年人和部分青年人较青睐西装，少数人爱穿中山装。妇女则多以襟衫为主。部分先富起来的青年男女兴起了戴金耳环、金戒指、金项链、金手链。

20 世纪 90 年代后，服饰面料逐渐由过去厚、重、硬转向轻、薄、软，不少外出打工男女青年的衣着跟大城市青年男女一样时髦。中老年人的衣着也由单一的颜色和款式向多姿多彩的套装发展。

2000 年以来，人们追求返璞归真，久违的旗袍、唐装又开始在境内流行，服饰要求由普通化转向高档化、品牌化、个性化。

第三节　社会保障

2000 年来，赖村镇政府重视抓好社会福利事业，在上级的支持下，努力筹措和用好有效资金，逐步建立了各项社会保障制度。

一　社会福利

20 世纪 70 年代前，赖村先后兴建村级敬老院 9 所，即：莲子村、新民村、陂田村、邮村、老嵊场、蒙坊村、浮竹村、赖村、虎井

图 23 富康街口和谐石

村。各敬老院由所在大队拨给一定数量的山林、耕地、鱼塘，坚持各
大队主办、县民政局补助、自己劳动赚一点的办法。当时 9 所敬老
院，共有 178 人，其中优抚对象 33 人，社会对象 118 人，工作人员
27 人。每人每月平均生活费达到 200 元以上，高于当地农民平均生
活水平。

1997 年 10 月至 1999 年 7 月，赖村镇投资 34 万元，在围足村新
建赖村中心敬老院，庭院面积 5000 平方米，建筑面积 821 平方米，
其中老人住房 3 幢 6 套 24 间，拨给耕地 3.75 亩，山地 163 亩，水塘
一口。2000 年 10 月，全镇 53 名五保户（含工作人员 3 名）喜迁新
居。2006 年，"五保户"每年人均生活费达到 1800 元，加上庭院经
济收入，超过当地一般群众生活水平。

二 农村基本养老保险

1993 年 5 月，赖村乡设立农村社会养老保险管理所，与乡民政
所合署办公。各村委会设立代办员。乡政府采取低档起步，多档投
保，党团员、干部、乡企业职工带头投保的方式，至 1998 年，共吸
纳投保对象 1141 人，收取养老保险费 29.3286 万元。

三 最低生活保障

1998 年，县人民政府作出规定，城镇居民每月收入不足 90 元的家庭、农村年收入不足 500 元的家庭列为最低生活保障对象，享受最低生活保障救济金。2006 年，赖村镇政府制定了享受最低生活保障待遇的审核制度，明确规定了"个人申请、村（居）委会核定、镇政府审核、县民政局批准、村（居）委会张榜公示"的程序。并成立由村（居）委会成员、村（居）民代表及其有关人员参加的评议小组。

根据生活水平的变化，县人民政府每年对最低生活保障线标准作适当调整。2008 年，农村居民最低生活保障金由原来每人每月 25 元提高到 70 元。目前，全镇有 1178 人纳入最低生活保障线，2006 年 1 月至今，累计发放保障金 172.095 万元。

镇人民政府还完善了灾民救济、社会捐助、结对帮扶、大病救助为主要形式的特困群众救助体系，实行常年救助一年一定，临时救助对象随时审定的动态制度。

四 医疗保险

2005 年，赖村镇全力推行新型农村合作医疗制度。该制度的实施，由政府组织引导，农民自愿参加，政府多方筹资，以大病统筹为主。同年 12 月，镇成立新型农村合作医疗管理所。2009 年，赖村镇共有 49100 人参加新型农村合作医疗，收缴参合资金 403195 元，已享受补偿 31562 人，补偿金额 249.76 万元。

第十五章

经验与目标

回顾新中国成立后几十年的历程，在经济社会发展中，赖村曾走过弯路，也获得许多成功经验，展望美好未来，他们充满必胜信心。

第一节　经验体会

改革开放以来，赖村党委政府始终把握中央经济发展战略，并将中央的政策与赖村的实际相结合，及时抓住机遇，调整和更新发展理念，采取有力举措，促进赖村经济社会不断向前发展，其主要经验体会：

一　抓住机遇，大力发展乡镇工业

赖村坚持贴紧改革大潮，注重发展乡镇工业。20 世纪 80 年代初，党中央国务院提出体制改革的农村政策，赖村抓住这一机遇，谋划出在社队企业的基础上，大力发展乡镇企业，走以工补农的发展战略。当时赖村乡村运用手中有限的权力，把不多的积累集中起来，用于创办和发展集体企业。至 1990 年，赖村乡村二级集体企业由 1981年的 24 个增至 156 个。并在企业中签订以提高经济效益为中心内容的各种形式社会责任制，逐步提高了乡村集体企业经济效益。90 年代，邓小平同志南方谈话以后，全国经济进入快速发展时期，赖村抓住这一机遇，解放思想，冲破姓"社"、姓"资"的束缚，提出"四轮驱动"（乡、村、个体、股份），既重视兴办乡村集体企业，又积极支持和鼓励发展个体和私营经济的股份制企业。后又提出"企业转机"和"招商引资"办企业，即由乡村集体经济企业转向民营企业为主，由发展本地企业转向落户外来企业。到90年代末，赖村除供水、供电等少数集体企业外，其他均转向股份制企业或拍卖为私人企业。通过加大招商引资力度，一大批外商企业在赖村落户。进入21世纪，赖村呈现民营企业、外来企业二足加一补（少量集体企业）的态势。乡镇工业发展壮大历程启示人们，抢得发展乡镇工业的先机，在社会主义市场经济中，才能获得先发优势。

二 抓住农业，构筑现代农业产业体系

赖村坚持加强农业基础地位不动摇。为了使粮食生产不滑坡，为保障国家粮食安全作贡献，他们突出抓保持种粮面积和推广优良品种这两大措施。从1984年至2007年，在强调粮经产业结构调整时，仍把粮食复种面积保持在4万亩左右。2005年后，还增至5万余亩。同时大面积推广杂交水稻优良品种，不断提高稻谷质量和单位面积产量，全镇年粮食总产近2万吨。发展畜禽传统产业，为提升生猪、鸡、鸭、鹅养殖业的竞争能力，赖村采取多种措施，争取扶贫资金，加大生猪品种改良，建立公司＋农户服务体系，扶植养殖专业户的生产和销售，使生猪、鸡、鸭、鹅养殖业呈现持续、强劲的发展势头。着力发展特色农业，根据市场需求和当地条件，赖村做强做优脐橙、蘑菇、蔬菜等基地，建立万亩脐橙场基地、万平方米蘑菇基地、千亩反季节蔬菜基地，初步形成了一镇一特、一村一品的种植产业。赖村在大力发展乡镇工业的同时，坚持不忘农业，努力做大农业这块台板的思路，是贯彻落实科学发展观的生动体现，也是中部落后乡镇脱贫奔小康的成功举措。

三 抓住镇村，推进新农村建设

赖村坚持"小城镇化带动农村，新农村化致富农民"的战略思路。早在20世纪70年代，就启动另选新址建设新圩镇街道的工程。

经过三十多年的努力，筹集资金几千万元，建设大小项目 300 余个，按高标准、高起点、高品位的原则，将圩镇分成商业区、行政办公区、娱乐活动区、别墅区，使圩镇面积由原来不足 0.4 平方公里，扩大到 1.5 平方公里，人口不足 2000 人发展近万人口。2004 年起，赖村镇启动新农村建设示范点，通过房屋、村路、水井、厕所的拆迁和改建，村风村貌焕然一新。圩镇和新农村示范村庄建设的成效告诉我们，这是一条推动农村经济发展富民之路，不仅促进了第三产业的发展，也给农民带来了生活水平的提升。

四　抓住民生，促进社会和谐发展

赖村坚持以人为本，高度关注民生，走共同富裕之路。特别是近几年来，采取一系列政策措施，着力解决人民最关心、最直接、最现实的利益问题，促进社会和谐。一是扩大就业。大力扶持民营企业，安置农村剩余劳动力进厂，或从事个体服务行业。组织和鼓励农村大批青壮年到沿海发达地区务工，使劳动者从就业中获得稳定收入。二是加大社会事业投入，对教育、卫生、文化设施建设投入了大量资金，全面完成了农村中小学危房改造，不断改善农村办学条件。认真落实"两免一补"政策，大大减轻了学生家长的经济负担。全镇小学适龄儿童入学率达到 100%，初中普及率 90% 以上；镇卫生院基础设施和医疗设备名列全县第四位，疾病控制体系和医疗救治体系不断健全；兴办了文化广场、广播电视、电话村村户户通。三是完善社会保障体系。2006 年以来，积极推进新型农村合作医疗，目前农民参与率已达 95% 以上。2004 年建立了"农村低保"制度，至今有 1000 多人享受到生活补助。还有部分农民参加了农村基本养老保险。以上这些举措，基本形成了惠及社会的社保网络。四是综合治理工作上新台阶。建立了镇村综合治理机构，完善了各项治理制度，开展了"五好家庭"、"文明信用户"、"文明单位"等评选活动，弘扬了乐于助人、无私奉献精神，提高了群众文明意识。经过多年的宣传教育，群众对计划生育从不自愿逐步转向自觉行动。总之，通过赖村党政齐努力，优化了社会环境，促进了社会进步，出现了社会治安稳定、人民安居乐业的新局面。实践证明，政府抓民生，使人民群众得实惠，越能得到人民群众的拥护，工作就越顺畅，成绩就越显著。

第二节 经济目标及措施

一 目标

当今正处于改革开放和现代化建设的重要时期，也是抢抓机遇，加快发展和全面建设小康社会的关键时期。今后，赖村镇经济社会发展的总体要求是，全面贯彻党的十七大精神，以邓小平理论和"三个代表"重要思想为指导，深入贯彻落实科学发展观，继续解放思想，坚持改革开放，着眼追赶型、跨越式发展，加快工业、农业、圩镇建设转型上升，全面推进村级新农村建设步伐，增强综合经济实力，提升和谐社会建设水平，到2015年，力争经济总量再翻一番，主要经济指标进入领先地位，努力实现小康目标。

具体经济指标：全镇工农业总值达到19900万元，年平均增长12%，人均生产总值翻一番；全社会固定资产投资总额5000万元，年均增长15%；农村居民人均纯收入突破4500元，年均增长17.6%；人口自然增长率控制在10‰以内。到2015年上述目标实现时，赖村镇的经济发展将步入新的阶段，赖村圩镇已成为"四县八乡"的中心重镇，镇村两级面貌将发生新的变化，人民生活提高到新的水平，呈现出经济较繁荣、人民生活较富裕、环境较优美、社会较和谐的新镇。

实现上述目标，一方面要认识其可行性和必然性，这就是赖村镇具备良好的基础和条件，主要是有党的正确路线、方针、政策的指导，有政治稳定、社会安定的环境，有经过30年改革开放积累的雄厚社会财富和探索并形成的路子和经验。另一方面也要充分估计到前进道路上的困难和问题，清醒面对加快发展中兄弟乡镇你追我赶的严峻挑战，进一步增强加快赖村发展的紧迫感和责任感。从经济社会全局看，最重要的是坚持以科学的发展观为统领，按照均衡发展、可持续发展、和谐发展的要求，把加快发展和全面发展、协调发展、和谐发展有机地统一起来，保护好、引导好、发挥好各方面加快发展的积极性，聚精会神搞建设，一心一意谋发展，为了实现赖村镇的共同经济目标而奋斗。

二　措施

围绕实现上述经济目标，赖村镇下一步采取的主要措施：

（一）持续发展达到转型提升

经济保持一定的发展速度，提高质量和效益，才能有望实现提升。今后赖村镇面临的任务：一是通过发展，壮大农业主导产业，努力提升农业产业化水平。这就要求赖村镇针对现有农业产业优势和特点，以及独特的地理优势和土壤条件，进一步做大做强脐橙产业，开发和管理好两个万亩脐橙基地。继续引进外资，发展反季节大棚蔬菜、蘑菇等基地，依靠"能人"，扩办稻田养鱼、生猪、鸡、鸭、鹅养殖基地。大力发展产业协会、流通中介等农业合作经济组织，拓宽产品销售渠道，减少农民的市场风险，达到农民增收。二是通过发展壮大企业规模，提升工业化水平。继续采取招商引资、农民工返乡投资等方式，突出发展劳动密集型、资源加工型、税源型的企业，并引导企业优化结构上档次，打造自己的品牌。三是通过发展基础设施建设，提升小城镇化水平。按照圩镇规划，目前圩镇已达到一定的规模，但交通、文化、卫生等基础设施和市场管理仍有待完善，还要集中财力、人力，既抓基础设施建设，又抓市场秩序和环境卫生管理，逐步形成规模大、品位高、气势雄、功能全的小城镇。

（二）以点带面推进新农村建设

通过抓点，推动面上的工作，这是赖村镇党委政府的传统工作方法。几年来，赖村实现年均增加建设新农村示范点（村小组）6个，完善提升点5个（村小组），配套示范点10个（村小组），累计受益群众达1.2万人。如今赖村面临5年内完成全面推进新农村建设任务。这就要运用从示范点取得的经验教训，按照"生产发展、生活宽裕、乡风文明、村容整洁、管理民主"的要求，遵循"政府引导、群众主体"的原则，以圩镇为辐射中心，把生产要素向农村扩散，基础设施向农村延伸，公共服务向农村覆盖，现代文明向农村传播。

通过建设大批的农村新楼房，去引导和促使农民集中居住，让农民真正享受到城里人的居住条件、生活环境和社会保障。

（三）全面协调实现和谐社会

和谐社会，涉及从宏观到微观，从经济到社会，从群体到个体等各个方面各个层次，必须协调，综合推动。就实现和谐社会的任务而言，一要统筹好经济社会协调发展，加强土地、矿产、林木等资源管理和环境保护，努力建设增长绿色型、资源节约型、环境友好型社会。二要协调发展社会事业。重视发展文化教育卫生事业，突出加大旅游开发，推出"九寨十八岩"风景区，打造旅游胜地。注重地方特色文化开发利用，抓好卫东文宣队、龙灯队建设；重视完善计划生育利益导向机制，切实做好人口与计划生育工作；重视拓宽就业渠道，健全社会保障体系；重视推动村民自治为主要内容的民主法制建设，提供政治保障；重视安全生产监管体制，落实安全生产责任，推进社会治安防控体系建设，促进社会文明进步，维护社会安全稳定，形成和谐赖村。

（四）发挥"核心"和"主导"作用

赖村要发挥党的"核心"和政府"主导"作用为重点，全力推进全镇经济社会发展。第一，进一步理顺党组织与镇村行政组织关系。中国共产党是执政党，赖村镇党委要掌好舵，把握方向。对重大发展战略，党委要经过科学论证，并由镇党代会通过确定，而政府则要起到组织实施的主导作用。村委会是自治组织，对党的政策、经济任务，党委要通过村党支部去组织实施，并带头执行。第二，进一步理顺党委、政府与企业农户的关系。过去，无论是发展乡镇企业，还是调整农业产业结构，都是赖村党委、政府承担着领导者的角色。现在，赖村党委、政府的工作重心转向做好工业、农业服务，转向发展社会公益事业。以后党委、政府要继续根据新的形势作出新的调整，努力把握好"度"，当好自己的服务角色。第三，进一步理顺党委、政府与社会的关系。改革开放发展到如此程度，党委、政府的作用，就是从制度约束出发，制订出能够促进社会发展的制度规则，从而实现党委、政府与社会的良性互动。

附一 经济社会统计表格

表1 本乡镇区域面积

| 年度 | 总面积（平方公里） | 农业用地（亩） | | | | | 非农业用地（亩） | | 荒地（亩） |
		总计	耕地	林地	草地	水面	总计	其中企业用地	
1995	177.99	129876	29501	91775		8600	41000	1020	
1996		132101	29501	94000		8600	41000	1020	
1997		137096	29496	99000		8600	43000	1020	
1998		138019	29419	100000		8600	45000	1100	
1999		139310	29410	100900		9000	46000	1100	
2000		150410	29410	112000		9000	46000	1100	
2001		156410	29410	127000		9000	49000	1200	
2002		168092	27092	130000		9000	50000	1200	
2003		175392	27092	139000		9300	50100	1200	
2004		182392	27092	146000		9300	51200	1300	
2005		190557	27092	154110		9355	53396	1300	
2006		190557	27092	154110		9355	53396	1300	
2007		190557	27092	154110		9355	53396	1300	
2008		190557	27092	154110		9355	53396	1300	
2009		190557	27092	154110		9355	53396	1300	

表2   本乡镇人口   单位：人

年度	年末人口			按城乡分		按农业非农业分		户数
	总计	男	女	城镇	乡村	农业	非农业	
1995	38546	19704	18842	2100	36446	37274	1272	7611
1996	38962	20186	18776	2200	36762	37671	1291	7676
1997	39352	20091	19257	2300	37052	38050	1302	7676
1998	39775	20303	19472	2500	37275	38458	1317	7835
1999	40202	20559	19643	2600	37602	38882	1320	7962
2000	42513	21391	21122	3200	39313	41228	1285	8869
2001	42559	21407	21152	4600	37959	41276	1283	8874
2002	42682	21502	21180	4900	37782	41393	1289	9210
2003	43103	21666	21437	5100	38003	41806	1297	9561
2004	45579	23641	21938	5600	39979	44540	1039	9635
2005	49401	25537	23864	6300	43101	48332	1069	10284
2006	49971	25827	24144	7850	42121	48832	1139	10484
2007	50075	25869	24206	8675	41400	48841	1243	11604
2008	49815	25874	23941	8687	41128	48457	1358	12089
2009	50013	25878	24135	8689	41324	48810	1203	12107

表3   本乡镇人口年龄结构   单位：人

年度	总人口	0—14 岁人口	15—64 岁人口	65 岁以上人口
1995	38546	9289	24708	4549
1996		9410	25004	4548
1997		9465	25305	4682
1998		9575	25486	4714
1999		10130	25149	4923
2000	42513	10356	26902	5255

续表

年度	总人口	0—14 岁人口	15—64 岁人口	65 岁以上人口
2001		10184	26893	5182
2002		10443	27016	5223
2003		11024	26793	5286
2004		12078	28077	5424
2005	49401	13190	30283	5928
2006	49971	13421	30492	6058
2007	50075	13462	30534	6089
2008	49815	13362	30434	6029
2009	50013	13308	30630	6075

表4　　　　　　　　本乡镇人口文化程度　　　　　单位：人

年度	总人口	文盲人口	小学文化程度人口	初中文化程度人口	高中文化程度人口	大专以上文化程度人口
1995	38546	3511	28513	4913	1516	26
1996	38962	3343	29075	4937	1578	29
1997	39352	2651	30061	5002	1604	34
1998	39775	2520	30282	4985	1951	37
1999	40202	1796	31397	5010	1959	40
2000	42513	1621	33928	5101	1820	43
2001	42259	1307	33873	5096	1934	49
2002	42682	986	34535	5089	2017	55
2003	43103	652	34611	5160	2201	58
2004	45579	403	37624	5208	2283	61
2005	49401	367	41327	5313	2327	67
2006	49971	321	41530	5585	2456	79
2007	50075	302	41561	5615	2476	83
2008	49815	281	41421	5534	2542	89
2009	50013	193	41308	5822	2598	92

表 5 本乡镇人口就业情况 单位：人

年度	劳动力			在乡镇就业情况				在外就业情况	失业情况
	总计	男	女	总计	第一产业	第二产业	第三产业		
1995	20417	10591	9826	11742	9030	1377	1335	8675	
1996	19827	9729	10098	122715	9383	1427	1405	7612	
1997	20164	10078	10086	12062	9049	1550	1463	8102	
1998	20161	10082	10079	12053	9167	1426	1460	8108	
1999	20327	10771	9556	13001	9785	1687	1529	7326	
2000	22170	11004	11166	13700	10272	1904	1524	8470	
2001	22780	11214	11566	14229	10681	2016	1532	8551	
2002	22188	11090	11098	13585	9754	2105	1726	8603	
2003	22381	11187	11194	13781	9645	2122	2014	8600	
2004	23740	11810	11930	15150	9607	2676	2867	8590	
2005	24800	12300	12500	16122	9835	2776	3510	8679	
2006	26074	13032	13042	16693	9175	3320	4198	9381	
2007	26282	13136	13146	16113	8535	3347	4231	10169	
2008	27688	14079	13609	17742	10622	3724	3396	9946	
2009	28425	14120	14305	18942	10731	3907	4304	9483	

表 6 外来人口及就业情况 单位：人

年度	总人口	劳动力			就业情况			
		总计	男	女	总计	第一产业	第二产业	第三产业
2000	106	93	60	33	93	21	42	30
2001	148	116	72	44	116	26	49	41
2002	192	141	78	63	141	30	70	41
2003	142	142	81	61	142	40	51	51
2004	131	131	101	30	131	61	40	30
2005	157	157	122	35	157	60	66	31
2006	203	203	161	42	203	62	101	40
2007	265	265	200	65	265	64	170	31
2008	284	282	202	80	282	66	172	44
2009	288	285	211	74	285	66	174	45

表7　　　　　　　　农业科技与服务人员技术职称情况　　　　单位：人

年度	合计	初级	中级	高级
1995	295	194	101	
1996	301	197	103	1
1997	303	196	105	2
1998	311	200	107	4
1999	316	202	109	5
2000	324	207	112	5
2001	332	213	114	5
2002	342	218	117	7
2003	349	221	120	8
2004	359	226	123	10
2005	364	229	124	11
2006	375	238	124	13
2007	382	241	128	13
2008	410	256	139	15
2009	422	268	139	15

表8　　　　　　　　　　　　　国内生产总值

年度	国内生产总值（当年价格）（万元）				国内生产总值比重（%）			人均国内生产总值（元）
	总计	第一产业	第二产业	第三产业	第一产业	第二产业	第三产业	
1995	7332.7	6144	686	502.7	83.8	9.3	6.9	1902
1996	6992.8	5696	601.2	695.6	81.4	8.6	10	1794
1997	7120.2	5783	625.3	711.9	81.2	8.8	10	1809
1998	7051.7	5358	1141	552.7	76	16.2	7.8	1772
1999	8009	5868	1454	687	73.3	18.2	8.5	1992
2000	8289	5817	1923	549	70.2	23.2	6.6	1949
2001	8969	6086	2102	779	67.9	23.4	8.7	2107
2002	9631	6433	2165	1033	66.8	22.5	10.7	2182
2003	11027	7317	2296	1414	66.4	20.8	12.8	2558

年度	国内生产总值（当年价格）（万元）				国内生产总值比重（%）			人均国内生产总值（元）
	总计	第一产业	第二产业	第三产业	第一产业	第二产业	第三产业	
2004	10884	7223	2201	1460	66.4	20.2	13.4	2387
2005	11435	7654.1	2300.9	1480	66.9	20.1	13	2314
2006	13188.8	9219.9	2366.9	1602	69.9	17.9	12.2	2639
2007	13552.2	9320	2507.2	1725				2706
2008	14085	9568	2615	1902				2827
2009	14561	9703	2818	2040				2911

（注：第三产业只含运输业、商业、饮食业）

表9　　　　　　　　　企业发展情况（一）　　　　　单位：个

年度	总计	国有	集体	私营	联营	外商及港澳台投资企业
1995	765		29	698	37	1
1996	262		17	241	1	3
1997	266		14	201	47	4
1998	308		15	267	21	5
1999	305		10	272	18	5
2000	375		10	352	7	6
2001	469		8	429	21	11
2002	471		8	429	23	11
2003	473		6	428	27	12
2004	492		5	435	33	19
2005	492		5	431	35	21
2006	496		5	432	37	22
2007	497		5	432	38	22
2008	501		5	435	38	23
2009	502		5	435	38	24

表 10 　　　　　　　　企业发展情况（二）　　　　　　单位：个

年度	总计	工业	建筑业	交通运输业	批发、零售、餐饮业	其他
1995	765	22	1	8	726	8
1996	262	24	1	8	219	10
1997	266	24	1	8	222	11
1998	308	30	1	10	258	9
1999	305	38	1	27	227	12
2000	375	37	1	39	286	12
2001	469	37	1	39	378	14
2002	471	38	1	36	383	13
2003	473	40	1	29	388	15
2004	492	40	1	33	402	16
2005	493	42	1	35	399	16
2006	492	43	1	35	398	15
2007	492	43	1	35	398	15
2008	498	45	1	36	399	17
2009	500	45	1	36	401	17

表 11 　　　　　　　　　农业生产情况

年度	农作物播种总面积（亩）	粮食作物播种面积（亩）	粮食总产量（公斤）	猪牛羊鱼总产量（公斤）
1995	62905	38017	13355	863000
1996	57089	38581	14275	910000
1997	57424	41814	12986	1017000
1998	57122	41438	14525	1149000
1999	55207	42548	14372	1328000
2000	63972	45561	14612	1312000
2001	63786	44416	14708	1370000
2002	51030	41613	13613	1400000

续表

年度	农作物播种总面积（亩）	粮食作物播种面积（亩）	粮食总产量（公斤）	猪牛羊鱼总产量（公斤）
2003	51423	41450	13499	1410000
2004	61934	52274	17615	1430000
2005	59857	51126	17355	1472000
2006	60195	49763	17735	1451000
2007	64476	50846	18494	1465000
2008	83524	53265	19433	1481000

表 12　　　　　　　　　　能源建设和使用情况

年度	电力设施投资（万元）	用电量（千瓦/小时）			人均用电量（千瓦/小时）	机电排灌面积（亩）	机电排灌面积占排灌面积比重（%）
		生产用电	生活用电	合计			
1995	10	25	55	80	0.002		
1996	18	60	90	150	0.0038		
1997	55	87	123	210	0.0053		
1998	7	120	200	320	0.008		
1999	12	200	230	430	0.01		
2000	85	240	260	500	0.0117		
2001	100	242	278	520	0.0122		
2002	100	255	325	580	0.0135		
2003	100	260	325	585	0.0135		
2004	50	260	330	590	0.0129		
2005	60	290	310	600	0.0121		
2006	40	107	250	357	0.0071		
2007	20	238	300	538	0.01		
2008	60	242	316	558	0.011		
2009	80	245	328	573	0.011		

表 13 道路和汽车拥有量

年度	交通道路投资（万元）	公路里程（公里）	机动车拥有量（辆）				每百人机动车拥有量（辆）
			轿车	货车	拖拉机	总计	
1995	430	13.5	1	41	110	152	0.39
1996	38	3.4	3	44	112	159	0.40
1997	6	2.8	6	51	112	169	0.43
1998	68	1.7	8	60	114	182	0.45
1999	478.86	7.98	10	62	114	186	0.45
2000	91.5	3	13	65	115	193	0.46
2001	203	4	14	70	117	201	0.45
2002	81	16.1	16	73	119	208	0.47
2003	114	13.9	18	75	120	213	0.49
2004	72	8	21	77	126	224	0.49
2005	80	10	24	86	130	240	0.49
2006	76	10	28	87	138	253	0.5
2007	65	6.7	31	93	144	268	0.54
2008	78	6	34	96	150	280	0.56
2009	90	8.5	36	96	152	284	0.56

表 14 财政预算内收入 单位：万元

年度	总计	税收	上级财政补贴	规定收费	经营收入	罚没收入	借贷
1995	114.2432	73.5409	35.0023			5.7	
1996	203.1199	150.764	46.3561			6	
1997	204.8357	161.795	36.6459			6.395	
1998	217.9322	182.298	29.4042			6.23	
1999	229.579	171.487	51.7925			6.3	
2000	262.95	168.43	83.7			10.82	
2001	324.1	158.91	143.42			21.77	
2002	499.52	137.74	344.78			17.00	

续表

年度	总计	税收	上级财政补贴	规定收费	经营收入	罚没收入	借贷
2003	490.47	143.72	330.25			16.5	
2004	496.47	95.07	385.4			16.00	
2005	546.69	10.5	533.54			2.65	
2006	323.76		323.76				
2007	357.21		357.21				
2008	360.2		360.2				
2009	372.02		372.02				

表 15 　　　　　　　　　　财政预算外收入 　　　　　　单位：万元

年度	总计	税收	各种收费	经营收入	罚没收入	专项收入	借贷
1995	12.1733		12.1733				
1996	21.154		21.154				
1997	19.0801		19.0801				
1998	225.5337		225.5337				
1999	228.1791		228.1791				
2000	241.59		241.59				
2001	283.63		283.63				
2002	216.22		216.22				
2003	189.72		189.72				
2004	153.09		153.09				
2005	113.79		113.79				
2006	72.2		72.2				
2007	162.2		162.2				
2008	136.11		136.11				
2009	140.7		140.7				

表 16　　　　　　　　　　　　　财政支出　　　　　　　　　　　单位：万元

年度	总计	行政事业费	基本建设	农业	教育	医疗	社会救济
1995	129.1006	18.3162		4.6739	75.638	5.165	25.3075
1996	162.9435	20.974	10	8.101	98.452	7.538	17.8785
1997	170.3224	28.386		8.6575	108.718	4.98	20.0809
1998	203.7815	28		5	140.852	5.03	24.8995
1999	225.5756	28.2505		5.2326	159.610	5.00	27.4925
2000	236.9883	31.2		5.52	165.968	4.700	29.60
2001	298.286	31.61		13.67	218.376	5.00	29.63
2002	406.068	36.97		12.16	304.968	7.49	44.48
2003	474.738	47.17	50	26.748	306.1	7	37.72
2004	532.7696	36.04	50	109.669	313.3	12.3	11.46
2005	498.7431	40.8		112.973	319.3	14.21	11.46
2006	530	42.6	40	108.3	302.1	16.4	20.6
2007	580.8	41	60	115	320.5	18	26.3
2008	520.8	41.5		113	321.6	18	26.7
2009	613	43.7	68	124	330.3	19	28

表 17　　　　　　　　　　财政支出用于农业情况

年度	财政支出用于农业部分（元）				支农支出占财政总支出的比重（%）
	总额	其他农业生产费	农田水利建设费	农业科技费	
1995	46739	16739	30000		7.24
1996	81010	31010	50000		7.18
1997	86575	36575	50000		10.16
1998	50000	15000	35000		4.9
1999	52326	12326	40000		4.63
2000	55200	15200	40000		4.65
2001	136700	46700	90000		8.99

续表

年度	财政支出用于农业部分（元）				支农支出占财政总支出的比重（%）
	总额	其他农业生产费	农田水利建设费	农业科技费	
2002	121600	61600	60000		5.99
2003	267480	107480	160000		11.27
2004	10966960	694960	402000		41.17
2005	1129731	739731	390000		45.3
2006	1080050	720050	360000		
2007	1110100	760100	350000		
2008	1220000	810000	410000		
2009	1207000	800000	407000		

表18　　　　　　　　　　银行和信用社存贷情况　　　　　　单位：万元

年度	年末存款余额			年末贷款余额		
		总计			总计	
1995		631			292	
1996		733			383	
1997		779			449	
1998		851			465	
1999		974			483	
2000		1065			568	
2001		1196.2			707.8	
2002		1336			1015	
2003		1500			1320	
2004		1800			1501	
2005		5100			1940	
2006		5900			2100	
2007		11250			2360	
2008		11608			2400	
2009		12030			2492	

表 19　　　　　　　　　　乡镇投资结构情况　　　　　　单位：万元

年度	总计	农业	企业	道路	能源	环境卫生	教育	办公设施
1995	587.3119	6.6739	62	430	10	3	75.638	
1996	234.053	8.101	56	38	18	5.5	98.452	10
1997	310.8755	17.6575	100	6	55	24	108.22	
1998	393.852	13	53	68	7	30	222.85	
1999	733.7025	16.2326	32	478.9	12	35	159.61	
2000	396.4883	17.52	26.5	91.5	85	10	165.97	
2001	711.046	43.67	96	203	100	30	238.38	
2002	708.128	36.16	96	81	100	40	304.97	50
2003	1052.148	127.048	200	114	100	55	306.1	150
2004	2274.9696	121.6696	750	72	50	68	1163.3	50
2005	906.2731	126.9731	210	80	60	50	319.3	60
2006	710.105	108.005	160	70	40	30	302.1	
2007	881.51	111.01	206	90	80	74	320.5	
2008	1018.6	122	210	200	100	65	321.6	
2009	871	120.7	220	100	40	60	330.3	

表 20　　　　　　　　　　投资来源　　　　　　　　　　单位：万元

年度	政府投资			本地私人投资		外来投资	
	总计	自有资金	借贷资金	总计	其中贷款	总计	其中贷款
1995	503.3119	38.3119	465	32		52	
1996	186.053	30.053	156	10		38	
1997	148.8755	20.8755	128	12		150	
1998	333.852	168.852	165	22		38	
1999	578.7026	200.703	378	120		37	
2000	351.9883	110.988	241	18		26.5	
2001	212.046	100.046	112	73		426	

续表

年度	政府投资			本地私人投资		外来投资	
	总计	自有资金	借贷资金	总计	其中贷款	总计	其中贷款
2002	77. 128	7. 128	70	45		586	
2003	250. 148	150. 148	100			802	
2004	120. 9696	50. 9696	100	634		1520	
2005	170. 2731	60. 2731	110	20		756	
2006	741. 3	61. 3	120	200		360	
2007	680	70	100	130		380	
2008	610. 7	30	80	150. 7		350	
2009	790	50	160	180		400	

（注：表19、表20不含圩镇、村建设和水土保持工程投资）

表 21　　　　　　　　医疗机构和医生

年度	医疗机构和医生			每万人拥有医院卫生院床位数（张）	每个医生负担人口数（人）
	医疗机构（个）	病床（张）	医生（人）		
1995	15	39	71	10.1	542.9
1996	15	39	73	10	533.7
1997	15	41	75	10.4	524.6
1998	15	41	77	10.3	516.5
1999	15	41	80	10.2	502.5
2000	15	44	80	10.3	531.4
2001	15	44	82	10.3	519
2002	15	44	82	10.3	520.5
2003	15	44	86	10.2	501.2
2004	15	46	86	10.1	529.9
2005	15	50	87	10.1	567.7
2006	15	52	87	10.1	574.3
2007	15	58	89	10.1	562.6
2008	15	60	90	10.2	553.5
2009	15	64	92	10.1	543.6

表 22　　　　　　　　　　在校学生　　　　　　　　　单位：人

年度	在校学生			每万人在校学生数	每个老师负担学生数
	小学	中学	总数		
1995	4207	1040	5247	1380	22.2
1996	4350	1350	5700	1413	25
1997	4841	1416	6257	1594	22.9
1998	4852	1430	6282	1582	22.1
1999	4884	1510	6394	1590	21.8
2000	4684	1890	6574	1546	22.2
2001	4505	1956	6461	1522	21.9
2002	4663	2085	6748	1584	22.3
2003	5306	2140	7446	1728	23.1
2004	5296	2245	7541	1657	24
2005	5973	2395	8368	1693	26.9
2006	5751	2415	8166	1666	26.3
2007	5710	2435	8145	1629	24.9
2008	5700	2443	8143	1661	24.5
2009	5692	2465	8157	1631	23.8

表 23　　　　　　　　　居民家庭平均收入情况　　　　　　单位：元/人

年度	工资收入	家庭经营收入	来自集体的收入	来自政府的补贴和救济	总计
1995	191.32	1382.2	59.91		1633.43
1996	254.35	1480			1734.35
1997	352.31	1490			1842.31
1998	228.02	1581.63			1809.65
1999	297.78	1454.24			1752.02
2000	309.17	1375.04			1684.21
2001	320.28	1364.98			1685.26

续表

年度	工资收入	家庭经营收入	来自集体的收入	来自政府的补贴和救济	总计
2002	443.2	1258.99			1702.19
2003	480.38	1292.04		3.89	1772.42
2004	495.04	1436.77		20.66	1931.81
2005	505.4	1600.23		19.02	2105.63
2006	586.16	1738.49		30.09	2354.74
2007	663.05	2004.84		29.66	2697.55
2008	665	2108		30.4	2803.4
2009	681	2110		31.6	2822.6

表 24　　　　　　　　居民家庭平均支出情况　　　　　单位：元/人

年度	生产性支出	税费	生活消费支出总额	总计
1995	388.17	53.7	1024.9	1466.72
1996	376	74.09	1071	1521.09
1997	392	38.89	1102	1501.89
1998	435.63	54.69	1242.85	1733.17
1999	373.18	59.54	1260.17	1692.89
2000	333.23	43.94	1135.84	1513.01
2001	312.73	68.31	1118.21	1499.25
2002	336	60.45	1560	1956.45
2003	388.17	39.66	1324.9	1752.73
2004	424.65	30.18	1593.61	2048.44
2005	516.22	17.55	1643.21	2176.98
2006	509.09	3.3	1801.75	2314.14
2007	602.35	0.94	2088.66	2691.95
2008	610.2	1.1	2100	2711.3
2009	612.5	1.2	2109	2722.7

表 25　　　　　　　　　　　居民家庭平均资产情况　　　　　　单位：元/人

年度	经营性资产		消费性资产		储蓄	总计
	总　额	其中流动资金	总　额	其中住房		
1995	339.57	160	282.07	96.04	285.1	906.74
1996	303.06	160	271	101	298	872.06
1997	346.1	160	278	123	310	934.1
1998	352	180	266.62	145.47	376	994.62
1999	373.18	180	323.41	199.46	427	1123.59
2000	333.23	180	262.51	171.47	435	1030.74
2001	312.73	200	245.67	141.84	502	1060.4
2002	305.71	200	273.16	170.16	560	1138.87
2003	388.17	210	264.94	96.04	620	1273.11
2004	424.65	260	355.61	136.17	694	1474.26
2005	516.22	280	457.22	210.29	1680	1985.44
2006	509.09	300	458.3	207.16	1921	2367.39
2007	602.35	310	657.9	373.69	2020	3360.25
2008	610.5	310	658	380	2080	3348.5
2009	627.4	312	660	386	2090	3377.4

表 26　　　　　　　　　　　居民房屋使用情况　　　　　　　单位：平方米

年　度	平均每人年内新建住房面积	平均每人年末住房面积
1995	2	17
1996	1.2	18.2
1997	1.1	19.3
1998	0.7	20
1999	1.6	21.6
2000	0.3	21.9
2001	0.3	22
2002	1.7	23.7

年　度	平均每人年内新建住房面积	平均每人年末住房面积
2003	0.3	24
2004	0.2	24.2
2005	0.8	27
2006	0.8	27.8
2007	1	28.8
2008	1	28.2
2009	1.1	28.5

表 27　　　　　　　　　社会保障

年度	社会救济和优抚（人）			资金来源（元）		社会保险（人）		
	最低生活保障人数	定期救济人数	国家抚恤、补助各类优抚对象人数	政府民政事业事业费和专项拨款	社会捐赠	参加基本养老保险人数	参加失业保险人数	参加基本医疗保险人数
1995		326	420	25.3075	0.1	219		
1996		478	431	17.8785	0.2	237		
1997		502	455	20.0809	0.1	301		
1998		810	457	24.89	0.1	384		
1999		812	459	27.49	0.2			
2000		817	462	29.6	0.2			
2001		954	462	29.63	0.3			
2002		976	463	44.48	0.3			
2003		982	474	37.72	0.2			
2004	49	984	475	41.46	0.4			
2005	33	1002	486	41.1	1			
2006	641	1177	520	47.4	3			27504
2007	903	1956	531	56.2	3.2			43950
2008	903	1956	531	56.4	2.6			45078
2009	926	2014	537	58.3	3.3		0	49100

表 28　　　　　党、团、工会及合作经济组织成员数量　　　　单位：人

年度	全镇总人口	中国共产党	共青团	妇联	工会	各种经济合作组织
1995	38546	839	1400	256	345	405
1996	38962	798	1391	256	346	408
1997	39352	810	1362	256	372	426
1998	39775	804	1207	256	376	500
1999	40202	813	1200	242	380	560
2000	42513	812	1191	242	431	600
2001	42559	808	1187	240	439	700
2002	42682	779	1182	240	447	750
2003	43103	800	1063	236	458	980
2004	45579	775	1069	236	461	1012
2005	49401	747	1078	236	467	1306
2006	49971	752	1080	236	467	1214
2007	50075	760	1084	236	466	1205
2008	49815	785	1106	236	470	1205
2009	50013	789	1112	236	473	1208

表 29　　　　　乡镇政府及事业单位编制与人员构成　　　　单位：人

年度	总计	编制内人员			编制外人员		
		总计	政府部门	事业单位	总计	政府部门	事业单位
1995	126	115	40	75	11	3	8
1996	125	115	40	75	10	1	9
1997	119	112	37	75	7	1	6
1998	116	112	37	75	4	1	3
1999	118	112	37	75	6		6
2000	107	102	37	65	5		5
2001	105	102	37	65	3		3
2002	101	102	37	65			

续表

年度	总计	编制内人员			编制外人员		
		总计	政府部门	事业单位	总计	政府部门	事业单位
2003	98	68	30	38	30		30
2004	92	68	30	38	24		24
2005	83	68	30	38	15		15
2006	83	68	30	38	15		15
2007	83	68	30	38	15		15
2008	81	68	30	38	13		13
2009	81	68	30	38	13		13

表 30　　　　　　　　乡镇政府及事业单位人员分布　　　　　单位：人

年度	党及社会团体	财经部门	文教卫生	政法	科技	总计
1995	31	16	266	7	21	341
1996	30	17	258	7	21	333
1997	30	19	305	7	20	381
1998	30	18	315	7	21	391
1999	29	17	326	7	19	398
2000	27	16	331	7	19	400
2001	26	15	338	9	20	408
2002	25	16	355	15	19	430
2003	24	15	374	17	16	446
2004	24	16	369	22	16	447
2005	24	15	368	22	16	445
2006	24	15	369	22	17	447
2007	26	15	372	22	17	452
2008	26	16	381	23	18	464
2009	26	16	389	23	18	472

表 31   乡镇管村级干部情况

年度	数量（人）	平均年龄（岁）	平均文化程度	平均补贴（元/年）	平均家庭收入（元/年）
1995	84	46	初中	2500	18000
1996	89	46	初中	2600	18000
1997	89	46	初中	2700	19000
1998	78	45	初中	2800	19000
1999	78	45	初中	2800	20000
2000	78	45	初中	2800	20000
2001	76	45	初中	2800	20000
2002	76	45	初中	2800	22000
2003	79	45	初中	3000	22000
2004	78	45	初中	5000	24000
2005	70	44	高中	5100	28000
2006	70	44	高中	5200	30000
2007	70	44	高中	5400	31000
2008	72	43	高中	5400	31000
2009	72	43	高中	5600	31400

表 32   赖村林业用地及森林覆盖率变化   单位：亩

年份	林业用地面积合计	其中									森林覆盖率（%）
		有林地面积	其中			疏林地面积	灌木林面积	未成林地面积	无林地面积	其中宜林荒山	
			林分面积	经济林面积	竹林面积						
1988	150000	60000	57000	3000		15000	32000	3000	3000	10000	35
1989	150000	60000	57000	3000		15000	52000	3000	10000	10000	35
1990	150000	60000	57000	3000		15000	57000	3000	5000	10000	35
1991	150000	60000	57000	3000		15000	57000	3000	5000	10000	45
1992	150000	60000	57000	3000		15000	57000	3000	5000	10000	45
1993	150000	60000	57000	3000		15000	57000	3000	5000	10000	45
1994	150000	60000	72000	3000		57000		3000	5000	10000	48

续表

年份	林业用地面积合计	有林地面积	其中			疏林地面积	灌木林面积	未成林地面积	无林地面积	其中宜林荒山	森林覆盖率（%）
			林分面积	经济林面积	竹林面积						
1995	150000	60000	72000	3000		57000		3000	5000	10000	48
1996	150000	60000	72000	3000		57000		3000	5000	10000	48
1997	150000	60000	72000	3000		57000		3000	5000	10000	52
1998	150000	60000	72000	3000		57000	3000	3000	2000	10000	52
1999	150000	60000	72000	3000		57000	5000	3000		10000	52
2000	150000	60000	72000	3000		57000	7000	1000		10000	61
2001	150000	60000	72000	3000		57000	8000			10000	61
2002	15000	125000	120000	5000		15000	1000			9000	61
2003	151800	125000	100000	7000		15000	2800			9000	61
2004	151800	125000	98000	9000		15000	2800			9000	65
2005	151800	125000	96000	11000		15000	2800			9000	65
2006	151800	125000	94000	13000		15000	2800			9000	65
2007	151800	125000	91000	16000		15000	2800			9000	65

赖村活立木、竹蓄积量变化　　　　单位：立方米

年份	总量	林分蓄积	其中				疏林蓄积	散生林蓄积	四旁植树蓄积	大径竹蓄积（万株）
			用材林	防护林	薪炭林	特种用途林				
1997	300000	230000	160000	40000	30000		40000	20000	10000	
1998	300000	230000	160000	40000	30000		40000	20000	10000	
1999	360000	260000	180000	50000	30000		60000	25000	15000	
2000	380000	280000	190000	55000	35000		60000	25000	15000	
2001	400000	320000	190000	95000	35000		40000	25000	15000	
2002	420000	340000	210000	95000	35000		40000	25000	15000	
2003	420000	360000	230000	95000	35000		20000	25000	15000	
2004	430000	360000	230000	95000	35000		20000	30000	20000	
2005	450000	380000	250000	95000	35000		20000	30000	20000	
2006	460000	390000	250000	105000	35000		20000	30000	20000	
2007	470000	400000	250000	115000	35000		20000	30000	20000	

森林资源说明：

森林植物

境内立地条件较好，森林植物丰富。

主要树种：有松科的马尾松、湿地松；杉科的杉木；樟科的樟树、黄樟、山胡椒、乌药、山苍子；罗汉科的罗汉松、竹柏；山茶科的油茶、茶、木荷；梧桐科的梧桐；锦葵科的木槿、木芙蓉；大戟科的盘盘子、木薯、乌柏、油桐、千年桐、野南瓜；蔷薇科的山楂、枇杷、李、梨、月季、玫瑰、金樱子、山毛桃、梅、樱桃；蝶形花科的黄檀、胡枝子、洋槐；金缕梅科的风香树、半枫荷；杨柳科的垂柳、旱柳；杨梅科的杨梅；壳斗科的板栗、茅栗；桑科的桑树；冬青科的冬青、毛梗冬青、刺叶冬青、枸骨；鼠李科的枣树；葡萄科的刺葡萄；芸香科的柚、柑橘、脐橙；苦木科的苦楝树；黄连科的黄连木；杜鹃花科的杜鹃；柿树科的野柿；夹竹桃科的夹竹桃；木樨科的茉莉；茜草科的栀子；马鞭草科的黄荆；棕榈科的棕榈等。

主要竹种：有毛竹、刚竹、麻竹、苦竹、淡竹、黄竹、实竹、箸竹、水竹、乌竹、斑竹等。毛竹，古称苗竹，为赖村镇主要竹种。黄竹房前屋后有栽种。实竹各处散生。箸竹见于山谷。水竹长于深山沟谷，溪河岸边。

主要草种：有食用类的山药、茅芋、野葡萄；药用类的黄连、三七、茯苓、千层塔、石松、众贯、鱼腥草、何首乌、金钱草、红板归、牛腾、土人参、石菖蒲、仙鹤草、高粱泡、葛根、野花生、铁扫帚、瓜子金、算盘子、蓖麻子、白茅根、夏枯草、白花茵陈、车前草、白花蛇舌草、金银花、半边莲、桔梗、野菊花、苍耳子、蒲公英、鹅不食草、百合、仙茅、山姜、龙胆草、石吊兰、野党参；饲料类的野大豆、鸡眼草、山绿豆、野苋、野苎麻、田斑；芳香类的剑兰、青兰、夜来香、满山香、栀子花、惠兰；纤维类的牛筋草、灯芯草、龙须草；花卉类的金鸡菊、野菊、秋牡丹、山杜鹃；防污草本类的苍耳、水葫芦、牵牛花等。

主要菌类：有黑木耳、银耳、香菇、平菇、鸡丝菌等。

主要藻类：有地衣、苔藓等。

林业副产品

赖村林业副产品种类较多，主要有油茶子、油桐子、乌柏子、山苍子、松脂、棕片、板栗、香菇、木耳、冬笋等。20世纪50年代至80年代中期，各种产品多由国家供销部门统购统销。推行市场经济后，产品多为自产自销。

油茶子　多产于老嵊场、邮村、陂田、岩背、山坑、高岭等村。1977年，赖村列为省办油茶林基地公社。2006年油茶子面积有1500亩。

油桐子　一般栽植于河岸、山边、路旁，也有集中栽在低山、丘陵或与杉木混交。

乌柏子　多数植于较平坦地区的沟渠旁和公路旁。乌柏子榨油，可作工业原料和照明用。

山苍子　山区、丘陵地山脚、山腰、沟溪均有生长。山苍子油可作芳香原料。

松脂　多产于老嵊场、邮村、陂田、山坑等地。可作工业原料。50年代中期割脂多些，现少量生产。

棕片　棕树多零星分散在村前屋后，多为民间自产自销。

板栗　山间有野生板栗，平原有人工栽培板栗。除板栗外，山间尚有散生的茅栗，大如指头，圆形有尖，多为民间采食，也有少量上市。

香菇　新中国成立前多为自然生长。新中国成立后，20世纪60年代开始培育菌种，进行人工接种。70年代末至80年代初，用木屑袋装人工接种成功。

附：古樟　长于赖村粮管所院内，树龄1310年，长势高32米，树围17.13米。1986年8月，这棵树被列为江南第二大樟树。中央电视台《华夏掠影》节目曾介绍过这棵古樟。

附二　地方文化资料整理

第一节　文化古迹

一　古文化遗址

赖村牛屎坑背西周遗址

遗址位于莲子村"牛屎坑背"狭长山谷中，北临水塘一口，面积约 1000 平方米。采集地表遗物主要有石器和印支陶。

石器主要为石矛、石钵、石环、石镞、石凿等。

陶器多为方格纹、蕉叶纹、菱形凸圆点纹和三角窝纹等灰陶。

从其特征看，该址为西周晚期遗址。

二　古阁塔

经纬阁　位于赖村东 800 米，清咸丰七年（1857）建，面积 100 平方米。砖木结构。三层楼阁，歇山顶，四角挂铜铃，通高 13 米。1974 年、1976 年，经过两次维修，旧貌变新颜。

步青塔　位于石下村东南 2 公里。为县级文物保护单位。清雍正五年（1727）冬始建，雍正七年（1729）春落成。六角九层空筒式砖塔，高 34.5 米，底层厚 2.05 米。占地面积 25 平方米。1951 年修葺。

三　牌坊

赖村进士坊　清朝　进士宋应桂建。

赖村举人坊　清朝　宋惟驹建。

注：牌坊，旧时用以表扬忠孝节义或科举寿考等之纪念性建筑。

四　古墓

赖村黄氏开基始祖黄唐举墓　位于赖村镇水西印山，建于明嘉靖三年（1551），保存完好。

温如珪及其妻诰命夫人墓　位于虎井下留。

五　古桥

石山岭桥　建于清康熙年间（1662—1722）。桥长20余米，高4米，现保存良好，毫无残缺。

圩头永昌桥　清咸丰年间（1851—1861），宋姓始建，原为木桥，后更建为石桥。

六　祠堂

造庙建祠，追本溯源，彰显祖德，是客家人的传统观念。历史上，赖村境内人口较多的姓氏均有祠堂。现存较大祠堂详见下表。

祠堂名	地址	始建时间	祭祀对象	存毁情况
黄氏家庙	水西印山	明嘉靖三年（1551）	黄唐举	保存完好
敏壮翁祠	东塘		黄敏壮	保存尚好
敏旭翁祠	印山		黄敏旭	保存尚好
孔兰翁祠	八圩		黄孔兰	保存尚好
孔谋翁祠	蒙坊大迳		黄孔谋	保存尚好
怀才翁祠	浮竹新村		黄怀才	保存尚好
如桥翁祠	蒙坊山迳		黄如桥	保存尚好
旸谷翁祠	上浮竹		黄旸谷	保存尚好
少谭翁祠	陀上		黄少谭	保存尚好
左泉翁祠	下浮竹		黄左泉	保存尚好

祠堂名	地址	始建时间	祭祀对象	存毁情况
吸泉翁祠	下浮竹		黄吸泉	保存尚好
仰夫翁祠	下浮竹坝里		黄仰夫	保存尚好
清池翁祠	东塘		黄清池	保存尚好
梅谭翁祠	下浮竹坝里		黄梅谭	保存尚好
葵旸翁祠	陀上		黄葵旸	保存尚好
眙寰翁祠	上浮竹兵江		黄眙寰	保存尚好
悦生翁祠	陀上		黄悦生	保存尚好
世玉翁祠	陀上寺前		黄世玉	保存尚好
功达翁祠	大岭背（上浮竹）		黄功达	保存尚好
应万翁祠	上浮竹		黄应万	保存尚好
大棋翁祠	八圩		黄大棋	保存尚好
兰陵祠	新民		肖兰陵	保存完好
文高祠	赖村圩		宋文高	保存完好
如珪祠	虎井	明嘉靖三十四年（1555）	温如珪	保存完好

七 寺庙

赖村历史上曾建有较多寺庙，至 2006 年所存寺庙见下表。

寺庙名	地址	始建时间	修葺时间	始建者
仙殿	圩洞山	明正德年间	1977 年	宋姓
紫崇寺	紫崇山	明万历年间	1977 年	宋姓
青云寺	圆石寨	明隆庆年间	1979 年	宋姓
汉帝庙	水阁下	明弘治年间	1986 年	宋姓
步青塔	长寨	清雍正五年	1951 年	宋姓
经纬阁	水口坝	清咸丰七年	1976 年	宋姓
钟鼓寺	钟鼓岩	清道光年间	1957 年	宋姓
天马寺	大马石	清同治年间	1979 年	宋姓

续表

寺庙名	地址	始建时间	修葺时间	始建者
荣华文坛	岩背	1990 年		宋姓
地藏庵	东坑	1991 年		宋姓
真君寺	安东垴			宋姓
天化坛	水西天龙岩			黄姓
新云寺观音堂	东塘鹞子岩			黄姓
东溪神庙	东塘	清雍正癸卯		黄姓
书神庙	东塘	清乾隆年间		黄姓
奎星阁	东塘	清乾隆年间		黄姓
东胜仙	下浮竹	清同治年间	民国初年	黄姓
金牛寨				
老官庙	新圩			
中华寺	蒙坊村			
朝阳寺	陂田村			
祝圣寺	虎井村			
观音堂	赖村村			
球金寺	蒙坊村村委			
兴隆寺	新民村			
福云寺	山坑村			
龙华寺	老嵊场村			
青真寺	老嵊场村			
水莲寺	蒙坊村			

八　茶（凉）亭

自古以来，赖村境内乐善好施者居多。为方便过客，村民个人或数家募捐，在道路口、峰顶山脚，险峻路段等处修建茶（凉）亭。在距村较近的茶亭，好施者每天烧好开水（茶水），挑往茶亭茶桶（或缸内），免费供应过客用水（茶水）。

过去，境内每条路上都有茶（凉）亭，随着交通事业的发展，现存不多，简列如下：

亭　名	地址	始建人
集福亭	赖村段上	宋姓建
可息肩亭	邮村	宋姓建
乐善亭	牛婆岭下	宋嗣京等
福荫亭	羊石碣	宋谨柱等
广积亭	猪婆岩	宋事瑞
余庆亭	黄荆坝	宋事诜
歇肩亭	天子地	宋姓
怡心亭	水西新圩	黄姓
黄沙茶亭	赖村堡	宋香山
慈惠亭	水西	黄华祝
福善亭	狗子垴崇上	黄华绣
善余亭	狗子垴脚下	黄姓建
善庆亭	打鼓段	黄运椐
庆余亭	高岭坳上	黄士进兄弟
功名亭	上浮竹	黄姓建
继善亭	蒙坊	黄姓
且乘亭	莲子	宋姓
笃庆亭	莲子至岩背路中	宋姓
岩背坳亭	岩背坳上	宋定科、宋定铭、宋定钊、宋定鑫、宋定钦等合建

第二节　地方风俗

境内人口源远流长，早在原始社会晚期已有人类活动。秦南定北越时，曾派大军沿江而上，后有兵士留居赖村。唐宋时期，中原居民为避战乱，大量南迁。现赖村境内多系客家民系，并形成独特的地方风俗。

节　令

一　传统节日

民间传统节日的名称与习俗具有客家色彩，除正名外，还习惯以月份称。如元宵节俗称"正月节"，端午节俗称"五月节"，中元节俗称"七月节"、"七月半"，中秋节俗称"八月节"等。

小年 农历十二月二十五，俗称"过小年"。旧时，此日晚上家家送灶君上天，点烛烧香，燃放鞭炮，祈求灶君"上天奏善事，下地降吉祥"。此日起，家家掸尘扫地，疏沟排水，抹洗门窗家具，洗涤被褥蚊帐，大搞环境卫生。小年过后，开始打黄元米果（有称黄糍）。制作各种油炸果品，磨豆腐，炒花生、豆子、薯片等，操办过年食品。人们沉浸在忙碌而欢乐的气氛中。自此至元宵节，诸事讲顺利，说话讲吉祥，亲朋、族人开始互相拜年，馈送年礼。

大年 一年最后一天谓之"除夕"，俗称"年三十"（月小为十二月二十九），过"大年"。旧时，贫家负债者，躲债在外，除夕深夜方敢归家过年，故又称"年关"。这今，家家户户除旧布新，贴春联、喜帖，挂年画，大门、后门、厨房门、仓库门，凡有门处贴"老幼均安"、"四季平安"、"五谷丰登"、"六畜兴旺"、"人财两旺"、"谷有余庆"等帖字，秉烛焚香敬祖宗，供奉年饭、酒、"三牲"。晚餐丰盛，合家围坐吃团圆饭。饭后，长辈给小孩分发红包，俗称"压岁钱"。晚上厅堂、卧室、厨房灯火通明，俗称"照年光"。入夜，年轻人下棋打牌（现在打扑克、麻将），嬉戏谈笑至通宵达旦，谓之"守岁"。人们"守岁"，一般至子时，迎新接福。近些年来，中央电视台举办春节联欢晚会，大家边看电视边守岁，待深夜零时一到，鞭炮齐鸣，热闹空前。此时，家家将大门敞开，称为"开财门"，敬香四方"神灵"，祈求保佑全家平安吉祥如意。

大年初一 即春节，一年中最隆重的传统节日。旧时，此日凌晨，家家摆设香案于门前，点烛燃香，鸣放鞭炮，跪拜天地，祈求一年平安发财，择"大利"方向出门走动几步，俗称"出行"。现时，一般在清早开门时，燃放一挂称为"开门红"的鞭炮，以示红红火火，兴旺发达。清晨，家人更换新衣，燃香烛于厅堂，向祖宗拜年。初二到十五亲友互相走访拜年，互道"恭喜发财"、"万事如意"、"健康长寿"等吉祥语。此日，有的人家全日吃素，以求"神灵"保佑全年老幼平安。

羹汤日　农历正月初七为羹汤日。这天早餐，家家户户都要吃用米、豆子、花生、番薯、黄糍、芋头、大蒜、生姜等共煮的羹汤（称七种羹）。俗说："吃了七种羹，赖子伢子做零星"。意在从这天起，大家要开始新一年的工作劳动了。

元宵　农历正月十五为元宵，俗称"上元节"。兴吃元宵、汤圆和米果及丰盛酒菜，寓圆满之意。元宵节到处锣鼓声，唢呐声，声声悦耳。入夜舞茶篮灯，放烟火，传统的游艺活动在元宵夜达到高峰。

端午　农历五月初五为端午节，俗称"五月节"，又称"端阳"、"重午"。农历五月初一起，家家门窗上挂着葛藤捆卷的菖蒲、艾枝，采百草煮水洗澡，以防百病。午间，合家老小喝雄黄酒，并用雄黄酒洒于房屋四周，除污秽、驱蛇蝎。节前，民间家家兴用竹叶包糯米粽子（有的掺肉、花生仁、绿豆等）、炒薯包子，亲友、族人之间以粽子、包子、咸蛋、香包相赠，有的还给初入学的孩子送雨伞、鞋袜、文具等，俗称"送节"，小孩兴戴香包，学生向老师敬送粽子、鸡蛋或钱等，老师回赠学生纸扎扇等。还结伙进城观看龙船，十分热闹。

中元节　农历七月十五为"中元节"。这天，民间家家户户杀鸭子，将鸭血染纸钱，焚烧祭祖，俗称"鬼节"。有的人家七月十二日，备办茶酒香烛供奉祖宗，名叫"按太公太婆回堂"。节日，将纸钱、金银锭装于大纸包内，纸包写明某祖受用、某寄字样，在入夜将鸭血染的纸钱包焚烧，俗称"烧包"。给"孤魂野鬼"享用纸钱，一律为散烧。

中秋节　农历八月十五为"中秋节"，俗称"团圆节"。节前，亲友间以月饼、柚子等互相馈赠。节日之夜，家家备办鱼肉鸡佳肴，合家欢聚。晚餐后，兴在皓月临空时在庭前设置香条，点烛燃香，摆上月饼、柚子等果品，俗称"敬月亮"。全家人团聚赏月，一般在明月下吃柚子、花生和月饼，边吃边赏月，青少年还有摸青（窃少许菜蔬瓜果），妇女们"接月光姊妹"习俗。

重阳节　农历九月初九为重阳节，俗称"重九"。民间兴吃油炸薯包、芋包之类的传统食品。文人学士喜欢在此日登高，饮酒赋诗作对。近年来，重九登高作为一项体育活动，逐渐普及。有些学校组织师生重九登高，走向大自然，健身悦情。重阳节被定为老人节后，进一步开展尊老敬老活动。

二 时令

立春 春为四季之始，民间素有"立春大于年"之说。旧时，要贴春联，点香烛敬神，俗说"迎春接福"。立春时刻一到，家家户户燃放鞭炮迎春。

惊蛰 进入惊蛰，天气转暖，冬眠百虫行将出土活动。在房屋内外墙基下撒些石灰，以防害虫进屋。

花朝 农历二月十五为花朝日，取百花盛开之意而得名。这天，农村家家用糯谷爆禾泡，以示丰登大熟之意。妇女围坐食擂茶，女孩子要在这天穿耳环孔。择此日结婚的多，取花好月圆、良辰美景为吉庆。晚上烧花灯（前年结婚的新妇，由娘家和内亲送来观音送子灯和麒麟灯，要在这天晚上烧去麒麟灯，而观音送子灯则待新妇生子后的次年花朝日晚上烧去）。

春社 立春后第五个戊日为社日，即在"春分"前后。农谚说"先分后社，无米过夜；先社后分，米谷倒囤"，又说"社过南风日日晴"。春社是旧时祭祀土神的日子，传说社公（俗称福主）是主持一方风调雨顺，人畜平安的土地神。旧时社日，人们要备三牲酒饭去敬社神，要唱社戏，祈求风调雨顺，国泰民安。

清明 这天，家家户户都用三牲、米酒、香烛、线钱进行扫墓祭祖，俗称"挂青"。旧时，由族或房支办酒席，男丁参加宴会，称为"食清明"。女人头戴扁柏或桃、柳枝。俗说"清明不戴柳，红颜成皓首"。

立夏 这天，腊味、咸蛋、米粉肉是不能少的，故有"腊杂节"之俗称。还有食糯米糖、烹狗、炖鸡、吃补品的习惯，俗称"补夏"。

六月六 农历六月初六，民间传说为罗汉菩萨"晒经日"，又说是土地公公晒银子之日。民国时期定为"晒谱日"，这天各家端出谱牒、古书和冬衣曝晒，以免霉烂、虫蛀。新中国成立后，仍兴在这天翻晒衣服书籍等。

进伏　夏至后第三个庚日为初伏，民间称这天为"进伏"、"入伏"。旧时兴进伏日吃凉粉等，说可防盛夏长疖子、生痱子。新中国成立后，进伏日吃凉粉之俗仍有，但不拘于进伏日，整个盛夏都有吃凉粉、绿豆稀饭的习惯。

冬至　旧俗称冬至为"无忌日"。民间多于这天举办婚嫁、砌灶、建房、迁居、修坟、迁墓，也焚纸祭奠新近亡故的亲友等，谓之"百事无禁忌"。

婚丧寿庆

一　婚嫁

（一）正常婚姻

旧时，婚嫁有许多习规：一是"访人家"、求婚。男家托媒向女家提亲，女家答应议婚后，男家备礼前去求婚。二是"开八字"，男家托媒向女家要女方的名字和出生年月日时。三是"定事"，又称"摘（交）鞋样"。男家卜得吉兆之后，备礼通知女家，决定缔结婚姻。男女相互交赠鞋样，表示婚事已定。四是"报日子"，男家择定婚期通知女家"接亲"。五是娶亲日，男家抬花轿到女家迎娶。归亲后，新郎新娘行拜天地、拜祖宗、拜父母、夫妻交拜礼。入洞房后行合卺礼。

新中国建立后，实施《中华人民共和国婚姻法》，废除包办强迫、男尊女卑、漠视女子利益的封建婚姻制度，实行男女婚姻自由、一夫一妻、男女平等，保护妇女儿童合法权益的社会主义婚姻制度。同时，人民政府号召婚事新办、婚事从简，提倡集体婚礼。20世纪70年代末，逐渐兴起"采家风"，女到男家查看家境、住房等，男家须盛宴款待，送红包，俗称"着发"。80年代起，随着人民生活水平的提高，又兴起婚事大办。男方除给女家礼金和酒席钱外，还要给女方购置金耳环、金戒指、金项链，置办家具、床上用品等。女家则陪送电视机、电冰箱、电扇、缝衣机、自行车或摩托车、收录机和新郎的衣、帽、鞋、袜等。讲排场，相攀比，规格档次越来越高，铺张浪费之风兴起。乡（镇）政府加强思想教育，倡导移风易俗。有的村庄现又盛行新旧结合的结婚礼仪。男婚女嫁一般先由介绍人"牵线搭桥"，在征得男女双方父母初步同意后，建立恋爱关系。其联姻程序为相亲（又称看亲）、订婚、送节、登记、迎亲、拜堂、闹洞房、回门。

相亲（又称看亲、见面）　相亲前，要括"八字"。先由男方开"八字"到女方家，女方家经"八字先生"确认男女双方"八字"相合，则将女方"八字"书写在男方"八字"之下由媒人交回男方家，再由男方家将男女双方"八字"交"八字先生"查看，如仅合两个字则不行，能合四个字以上则行，能合六个字最好，极少数能合八个字。论证"八字"相合后，双方约定日期，男家备酒、肉、饼、果等礼物，在介绍人陪同下到女家看亲，男方给女方送红包作为见面礼。女方收受礼物和红包，热情款待，以示婚事初定。

订婚（又称过茶、定规矩）　婚事初定后，双方发出拜帖，家庙帖、礼物帖、庚帖，并约定日期，女方及其亲属（父母、兄弟）到男家察访。男家除备丰盛酒席招待外，再次给女方及其亲属送红包。席间双方谈定礼金、鱼肉钱和嫁妆等。

登记　迎亲佳期确定后，男女双方到乡（镇）政府（现改为县民政局）登记结婚，领取《结婚证》，然后分别向亲友、家庭发出请柬，筹办结婚事宜。

迎亲（又称"归门"）　结婚前一天中午饭后，男方备上轿肉鱼若干、下轿公鸡1只，新郎推着挂大红花的自行车（近年来大多改为轿车），同行的有20余人（即媒人、扛大轿（或司机）、扛橱、箱、方盛等人）并带上秤帖、辞神帖、门神帖、班师帖、陪娘帖等。由乐队陪同，抬礼盒、放喜炮，一路吹吹打打到女家迎亲，女家鸣炮相迎。也有故意让小孩关门不接的，男家这时须散红包，唱开门歌，这才开门相接，迎新队伍到女家后，男方主事人要行一系列的礼数，给父母席（礼）、辞神礼、厨师礼、开桌礼、煮饭礼、担水礼、主事礼、被席礼、门师礼、裁缝礼等。礼数不到不发亲。发亲后，由新郎用自行车或轿车搭载新娘，乐队一路吹打，燃放鞭炮，返回男家。新娘由新郎陪同进男家时，公婆要回避。传说相撞日后不和睦。新娘进屋后，先在厅堂坐些时间，俗称"坐性"。接亲人员饮酒歇息，契父母忙着铺"新人床"，待新房整理妥后，由乐队将契父母接入厅堂，契娘提水给新郎洗脚更衣，即穿新郎服，又称"拜堂衫"。准备拜堂。在女方家，姑娘出嫁的前一天，迎接内亲贺客，晚上摆酒席款待，称"暖轿酒"。男家设宴款待贺客称之为"攒花酒"。出嫁日，早上新娘要修容、洗澡、化妆，中餐后，母亲、姊妹相伴哭嫁，以示惜别。随即，内亲给新娘赠送"赘身礼"，而后发亲，发亲时，喜娘给新娘盖红头巾，乐队吹吹打打到房门接新娘，由兄弟或陪娘将新娘抱入厅堂，跪拜谢祖，而后抱入花轿或上车。女家要派小孩送钥匙，要陪送1只母鸡，与男方送来的下轿公鸡成对回男家。

拜堂　各项准备就绪后，开始拜堂，首先由礼生或厨师手提雄鸡（称金鸡、凤凰）合彩（说一番祝贺话），然后由契娘向花轿中塞入"红包"将新娘从花轿中牵出。并由契爹、契娘分别扶新郎、新娘，一拜天地，二拜祖宗，三拜父母，夫妻相拜，俗称"拜堂"。礼毕，乐队将新娘新郎送入洞房，新娘由契父抱入洞房，新娘抱入床上后乐队上"八仙"，礼生将拜堂之用的花烛送入洞房，双手举两杯酒给新郎新娘喝，每杯各喝一半，称喝"合房酒"。由礼生撒花生，并念赞语。在洞房，新娘要撒果品给男女小孩子吃，意祝早生贵子。拜堂后，男家摆酒席宴请宾客，俗称"吃归亲酒"。酒席后，开始闹洞房（又称搞新人）。次日早上，乐队将新郎新婚接入厅堂拜见，即向祖父母、外祖父母、父母、舅父母、伯、叔父母等全部亲属、亲戚鞠躬叩拜，受拜者需往祖屋神龛上，敬献"红包"。礼毕，欢聚盛宴早餐，称"谢拜见"。

闹洞房　在洞房或厅堂中设置酒肴、果品等，闹房者多为青年男女，先赞祝词，由新郎新娘双双筛酒，然后闹房者出些滑稽题目要新郎新娘做，做后大家喝酒。此时，讲粗俗话，做粗俗动作，无人计较，热热闹闹至深夜，皆大欢喜而散。

归门　次日，由嫁女家主人为新娘送旧衣服。翌日早饭后，送衣服者回，由新郎新娘各为其打发一个"红包"，并送行至门口或半路，话别时，送旧衣服者为新郎新娘各赠一个"红包"，名为"送伞礼"。

（二）特殊婚姻

招亲　寡妇眷恋亡夫家庭亲人，不愿改嫁，或有女儿者，不愿女儿离家出嫁，期望老有所依，便招赘一男子到女家成婚落户，俗称"招亲"、"招郎"。由于入赘者多是无钱娶妻的男子，故被讥称为"撑门棍"。新中国成立后，政府提倡男女平等，鼓励男到女家落户，人们的观念发生变化，成为移风易俗的新风尚。

二婚亲　新中国成立前，寡妇改嫁和离婚再嫁，俗称"二婚亲"。寡妇改嫁需经亲族同意，并受人鄙视。寡妇改嫁时，须自带衣着及日常用品，在拂晓前离开亡夫家，新夫在半路迎接，婚礼简便，故称"半路夫妻"。新中国建立后，此俗已彻底废除，寡妇改嫁和离婚再嫁，婚姻自由，均不受歧视，得到法律保护。另一种类似一婚亲的婚姻，即妇女丧夫后，转配亡夫的兄弟，俗称"转亲"，民间对此持褒义，认为合乎情理之事。

附：下轿赞语

伏　以

日吉时良，天地开昌，黄帝子孙，请归周堂，梓童帝君值年月，周公制礼结成双，天煞还归天府去，地煞还归地府藏，年煞午年生贵子，月煞月月进钱粮，轿马神煞，雄鸡祭享，诸神退避，鸾与登堂。

撒帐赞语

撒帐东撒帐东，洞房花烛喜气浓；

佳人才子今相会，他日儿孙镇国风。

撒帐南撒帐南，南国佳人玉女颜；

今宵夫妻来配合，荣华富贵出其间。

撒帐西撒帐西，西天王母演会期；

天上双星欣会合，人间夫妇两齐眉。

撒帐北撒帐北，之子于归宜家室；

自此夫妇成双对，贵子麟儿早早得。

撒帐中撒帐中，中天织女度河东；

鹊桥会见牛郎面，代代儿孙在朝中。

厨官师傅喝彩语

吉日时辰大吉昌，今朝新人归门正相当；

正相当来正相当，我手提金鸡是凤凰；

手举凤凰起得高，起得高来尾又长；

尾长带来万石粮，度度节节立牌坊；

牌坊垴上戴来千年富贵，祝贺儿孙福满堂。

要你儿子生十个，要你女儿生一双；

大的儿子当朝一品，二个儿子两榜都堂；

三个儿子三年及第，再个儿子官员宰相；

五个儿子五子登科，六个儿子六位臣相；

七个儿子七姐妹，八个儿子九子八姑丈；

九个儿子年更虽小，十个儿子十福满堂。

一个女儿千金小姐，二个女儿正宫娘娘；

听我弟子来说彩，荣华富贵万年长；

天煞返归天堂去，地煞还归地府藏；

若有轿马神煞在，手提雄鸡来祭当。

二　丧葬

旧俗丧葬礼仪繁多。普遍盛行的丧葬习俗有送终、报丧、守灵、入殓、出殡、送葬、做七、守孝等。明清时期，孝子须守孝一年，守孝期间，儒生不参加应考，为官者离任回家，家中不贴红纸对联，不办婚事喜事。服丧期间，家人戴孝，重七，每七天一次到坟前杀鸡、烧纸钱、纸扎衣箱给死者。以"七七"四十九天为"满七"，至周年，子孙、内亲到坟前烧香悼念，俗称"满周年"。

旧时，民间重寿考，60岁以上而病死于家中卧室者为寿终。老人去世，俗称"归天"、"过身"、"老了"、"归家"、"归山"，办丧事称办白喜事。兴为在世老人预制衣棺，预造墓穴，称预制的棺材为寿床，预做的衣服为寿衣，预建的墓穴为寿拱。寿木用上等杉木作材料，寿床头上贴红纸书写的"福"字，棺盖上贴有"寿比南山"、"福如东海"字样。有的寿衣与寿床同时做，有的先做寿床，后做寿衣。

新中国建立后，人民政府提倡移风易俗，改革丧葬习俗，礼仪删繁就简。死者亡故后，先拜请族内尊长商量丧事操办事宜。随后，请"八仙"（八个人）前来帮忙，丧家备办酒席（俗称做斋饭）报知族内尊长及相关人士前来吊孝。如母亡故，孝子披麻戴孝报知母舅及相关人士前来最后见面，见面后再封棺。其他姑姨、姐妹等亲朋也报丧。奔丧者要挽联（或花圈）、香烛、纸线、香礼等吊孝。丧家为直系亲人备长白布条一块，旁系亲人及亲朋备短一点的白布条一块（或白毛巾）。20世纪60年代，多请礼生行祭。80年代至今，还有请道士做法事。

三 庆诞

民间生小孩，三朝、满月、周岁的要庆贺。

小孩出生，特别是男孩出生后，要向亲邻散发红蛋（一般是2个或4个双数，现在有10至20个）。婴儿出生后第三天洗儿，俗称"洗三朝"，或称"水盘之期"，亲朋赠送禽蛋，以示祝贺。产妇家设盛宴款待，俗称"做三朝酒"。婴儿出生一个月后，亲朋要赠送婴儿穿戴的衣物前来道贺，为"弥月之喜"，产妇家置席款待，俗称"做满酒"。婴儿出生一周年，名曰"过周"，亲朋携小孩衣物前往道贺。外婆所备礼物尤多，如小孩衣物、背带、披风、帽子和禽蛋等，主人同样设宴答谢，称"做过周酒"。

四 祝寿

民间男女生日，一般都要表示祝贺。小孩除做三朝、满月、过周外，平时生日，父母照例尚之以禽蛋之类的食品和购置纪念物品，以示祝贺。人到中年以后，每逢十或十一，都要庆贺一番，谓之"做生日"。年过花甲的老人无论家景如何，都有"做生日"之举。所谓六十花甲，七十古稀，八十为耋，九十为耄，百岁为期颐，通称遐龄，寿庆更为隆重。富者设寿堂，挂寿屏，吹笙奏乐，拜寿设宴，近房远族赠以匾额，谓之"钉匾"。贫者也煮茶送面，设宴祝寿。

寿日前夕张灯结彩，布置寿堂，放喜炮，点红烛，办"暖寿酒"。正日为祝寿，辰刻放长鞭炮，点大红蜡烛庆寿，儿孙亲友拜寿；早上饮寿酒，吃寿面；中午办祝寿酒，发寿饼，次日欢谢宾客。

寿庆多由晚辈或亲友发起，主要赠送寿衣、寿鞋，意在报答和表彰老人功德和养育之恩，祝愿老人健康长寿。

新中国建立后，老年人仍做生日，但礼仪从简，不设寿堂，不拜寿，仅敬送寿衣、寿鞋等礼物，设宴招待而已。

五 建房

建房要请堪舆师择地基。破土动工和上梁立柱要选择"吉日"。亲朋要道贺、出力协助，俗说"送茶"、"赠工"。主人先后设宴 3 次，即破土动工时的"落石脚酒"，上梁立柱时的"上梁酒"，竣工时的"圆屋酒"。上梁立柱时要请泥木工匠说吉利话（俗说"喝彩"），撒食米（俗说"撒粮米"），撒糯糍。此习至今沿用。

六 迁居

迁居，俗称"过火"、"乔迁之喜"。要择"吉日"，亲朋要道贺。仪式一般在黎明前进行，在原来的老灶中移火到新灶中，俗说"接火种"。出门时主人鸣鞭炮，老邻居亦鸣鞭炮，俗说"送火"。到了新住宅，主人鸣鞭炮，新邻居亦来鸣鞭炮，俗称"接火"。这天，新宅要贴对联，设宴招待亲朋及新老邻居。此习沿袭至今，但新旧邻居鸣鞭炮道迎者少。

礼仪

一 尊称

（一）姻亲类称

对亲家之祖父，称"尊姻大翁"，自称"姻再晚生"。

对亲家之父，称"尊姻翁"；对亲家之母称"尊姻姑"，自称"姻晚生"。

对亲家公，称"尊姻台"；对亲家母称"尊姻奶"，自称"姻弟"。

对亲家之子，称"贤姻少君"；对亲家儿媳，称"贤姻少奶"，自称"姻教生"。

对亲家之兄弟，称"姻家兄"，对亲家之兄妻称"姻家嫂"，自称"姻家弟"。

对亲家之亲家，称"姻姻翁"，对亲家之亲家妻称"姻姻姑"，自称"姻姻弟"。

对两边亲家之父称"尊世姻台"；对亲家之母称"尊世姻奶"，自称"世姻台"。

亲家之姐夫称"姻贤姐夫"，亲家姐姐称"姻姐"，自称"外姻弟"。

亲家之女婿称"姻贤婿"，亲家之女称"姻令爱"，自称"外姻生"。

（二）母族类称

祖母之父，称"外曾祖父"，外曾祖父之妻称"曾祖母"，自称"外曾孙"。

祖母之伯、叔祖称"外曾伯、叔祖"；祖母之伯叔祖之妻称"外曾伯叔祖母"，自称"外曾侄孙"。

祖母之兄弟，称"祖舅、舅公"，祖母之兄弟妻称"祖妗母、妗婆"，自称"外甥孙"。

祖母之姐妹夫，称"祖姨丈"，祖母之姐妹称"祖姨母"，自称"内姨甥孙"。

祖母兄弟之子，称"表伯、叔"，祖母兄弟子之妻称"表伯母、表叔母"，自称"表侄"。

母之祖父称"外曾祖"，母之祖父妻称"外曾祖母"，自称"外曾孙"。

母之父称"外祖父"，母之父妻称"外祖母"，自称"外甥孙"。

母之伯叔称"外伯叔祖"，母之伯叔妻称"外伯叔祖母"，自称"外侄孙"。

母之兄弟称"舅父、母舅"，母之兄弟妻称"舅母或妗母、妗娘"，自称"外甥"。

母之兄弟之子称"表兄弟"，其妻称"表嫂、表弟妇"，自称"表兄弟"。

母之姐妹夫称"姨夫、姨父"，其妻称"姨母、姨娘"，自称"姨甥"。

母之契爷称"谊外祖"，其妻称"谊外祖母"，自称"谊外孙"。

母之义父称"如外祖"，其妻称"如外祖母"，自称"如外孙"。

母姐妹之子称"姨表兄弟"，其妻称"姨表嫂，表弟妇"，自称"姨表兄弟"。

（三）妻族类称

妻子祖父称"岳祖父"，其妻称"岳祖母"，自称"孙婿"。

妻之伯叔祖称"岳伯、岳'祖'"，其妻称"岳伯、叔祖母"，自称"侄孙婿"。

妻之父称"岳父"，其妻称"岳母"，自称"女婿"。

妻之伯叔称"内伯、内叔"，其妻称"内伯、叔母"，自称"侄婿"。

妻之姑父称"内姑父"，其妻称"内姑母"，自称"内侄婿"。

妻之兄弟称"内兄、内弟"，其妻称"内兄嫂、内弟妇"，自称"姐夫、妹夫"。

妻之姐、妹夫称"襟兄、襟弟"，其妻称"姨"，自称"襟兄、襟弟"。

妻之舅父称"内舅父"，其妻称"内妗母"，自称"外甥婿"。

妻之侄称"内侄"，其妻称"内侄妇"，自称"姑丈"。

妻之契父称"谊岳父"，其妻称"祖岳母"，自称"祖女婿"。

妻之表兄弟称"内表兄、内表弟"，其妻称"内表兄嫂、内表弟妇"，自称"内表兄、内表弟"。

（四）姑姐妹亲戚类称

姑之夫称"姑丈、姑父"，其妻称"姑母"，自称"内侄"。

姑丈（父）之父称"姻祖"，其妻称"姻祖母"，自称"姻眷再教晚生"。

姑丈（父）之兄弟称"姻伯、姻叔"，其妻称"姻伯母、姻叔母"，自称"姻眷晚生"。

姑丈（父）之子称"表兄、表弟"，其妻称"表嫂、表弟妇"，自称"表兄、表弟"。

姑丈（父）之孙称"表侄"，其妻称"表侄妇"，自称"表伯、表叔"。

姐妹之夫称"姐夫、妹夫"，其妻称"姐姐、妹妹"，自称"内兄、内弟"。

姐妹夫之父称"尊姻翁"或"亲家爷"，其妻称"尊姻母"或"亲家婆（母）"，自称"姻晚生"或"姻侄"。

姐妹夫之祖父称"尊姻祖"或"亲家祖"，其妻称"尊姻祖母"或"亲家祖母"，自称"姻再晚生"或"姻侄孙"。

姐妹夫之兄弟称"姻家兄、姻家弟"，其妻称"姻家兄嫂、姻家弟妇"。

姐妹夫之叔伯称"姻家叔、姻家伯"，其妻称"姻家叔母、姻家伯母"，自称"姻家晚生"。

姐妹夫之子称"外甥"，其妻称"外甥媳"，自称"舅公"。

（五）姨夫类称

姨夫之父称"眷姻祖"，其妻称"眷姻祖母"，自称"姻家再晚生"。

姨夫之兄弟称"表伯、表叔"，称其妻为"表伯母、表叔母"，自称"姻家眷侄"。

姨夫之伯、叔、祖称"姻伯祖、姻叔祖"，称其妻为"姻伯祖母、姻叔祖母"，自称"姻家眷再晚生"。

姨夫之子称"表兄、表弟"，其妻称"表嫂、表弟妇"，自称"表兄、表弟"。

姨夫之女婿称"表姐夫、表妹夫"，姨夫之女称"表姐、表妹"，自称"表内弟、表内兄"。

姨夫之姐、妹夫称"姻姑丈"，姨夫之姐姐、妹妹称"姻姑母"，自称"姻家眷晚生"。

姨夫之孙称"表侄"，其妻称"表侄妇"，自称"表伯、表叔"。

姨夫之孙婿称"表侄婿"，姨夫之孙女称"表侄女"，自称"表内伯、表内叔"。

二　礼节

（一）用语礼

多用"请"、"谢谢"。

求人释疑说"请问"，请人指教说"赐教"，问人姓氏说"贵姓"，问人年龄说"贵庚"，托人办事说"拜托"。对别人的看法、见解表示称赞说"高见"，欢迎别人来家做客说"恭候大驾"。自己的举动涉及对方时则分别说"奉陪"、"奉送"、"奉还"、"奉告"、"奉劝"。请人给自己的作品提意见说"雅正"、"斧正"等。

而当自己妨碍了别人时，则说"对不起"，"请原谅"，"请多关照"。在答谢对方帮忙办事时说"有劳了"、"难为您了"、"让您费心了"。在请人原谅时说"包涵"。因故不能陪伴别人时说"失陪"，发现自己礼貌不周全时说"失敬"，分别时劝主人不要再送行说"留步"，与朋友多时不见说"久违"等。

（二）举止礼

一是，站相、坐相与走姿。

除了高雅谈吐，还注意自己举手投足。给宾主留下大方彬彬有礼的良好印象。

站着，树立自己形象。正式场合，不将手插在裤袋或交叉在胸前，仪表庄重。坐时不随意把头向后仰靠。坐下后，不两腿摇晃，或翘起"二郎腿"。

走姿轻松优美，步履轻捷，两臂在身体两侧自然摆动，显得雅观。

正如中国俗说"站如松，坐如钟，行如风"对人们举止方面的起码要求。

二是，吃相。

用餐就座，按从老到幼，从尊到卑，从女性到男性顺序排列，不抢占主宾位置。

入座后，轻松跟同席人交读，不独坐，不露馋相。主人举杯让客时，用右手轻轻端起杯子，微微向前欠身站起，揭开饮宴序幕。这时，切实注意：不反客为主；不挑食，用餐动作文雅。

餐毕。用餐中，餐纸擦嘴，不用服务员送来的小毛巾擦头和脸；餐后控制打饱嗝或嗳气；主人没有示意结束时，客人不先离席。

同时，注意正确使用餐具，不敲筷，不掷筷，不叉筷，不插筷，不挥筷，不淋筷，不杂筷，不舞筷，不截筷。

（三）送（贺）礼

应邀（指红喜事或庆典），还是闻讯（指白喜事）前往作客，一般都带点礼品，向主家表示心意。叫做"意思意思"或"表示表示"。

赠送礼物表示贺意，古往今来十分流行，族戚师友、长幼尊卑之间的各类交往常用。特别是婚嫁喜庆，男女两家互赠礼物，按传统礼仪，赠送礼物要具送礼帖单；接受礼物要出具谢帖。这叫"礼尚往来"。而礼物的名称，数量书写上用雅称，不用俗称称呼。如，鸡，雅称"德禽"。参，雅称"海参"。酒，雅称"鲁酒"。伞，雅称"宝盖"。鸭，雅称"家凫"。鹅，雅称"舒雁"。牛，雅称"大武"。羊，雅称"柔毛"。猪，雅称"刚鬣"。猪脚，雅称"猪蹄"。米，雅称"白烂"。面，雅称"玉尘"。粉，雅称"玉屑"。橘子，雅称"金橘"。瓜子，雅称"红果"。桃，雅称"寿桃"。帽，雅称"礼帽"。鞋，雅称"花鞋"、"云履"。袜，雅称"足衣"。衫，雅称"短襦"。裙，雅称"下裳、绣裳"。镜，雅称"喜镜"。被，雅称"锦被"。耳环，雅称"珠环"。戒指，雅称"指环"。椅，雅称"喜椅"。箱子，雅称"宝箱"。床，雅称"锦床"。蜡烛，雅称"龙烛、凤烛、寿烛"。鞭炮，雅称"喜炮"。对联，雅称"喜联、寿联"。书，雅称"云编"。画，雅称"丹青"。笔，雅称"毛颖"。墨，雅称"松烟"。砚，雅称"端砚"。纸，雅称"剡藤"，等等。

礼物数量写法为：大武△头，海蛤△斤，手表△只，锦巾△双，龙烛双辉，红蚕△对，喜伞成把，元帽成顶，猪蹄成对，镜屏成幅，喜柜△只，金橘成筐，福饼成盒，喜宾成双，喜炮连声，猪肉成方，鲁酒成坛，书案成面，妆镜成台，德禽△翼，仙桃成盘，牙筷大全，汤匙十全等。

礼单写法，寿礼、婚礼等帖式均大同小异，一般示送礼和受礼人双方关系而定。

（四）拱手礼

拱手礼又名长揖，是我国古代的礼节之一，至今已有两千多年历史。行此礼为：两手抱拳胸前高举，自上而下，以示问候。

拱手礼在古时不分尊卑的相见礼节，今不常用，相见一般由握手所代替，只有少数场合仍在使用。

在过年时，机关、学校等团体组织的全体成员相聚在一起举行团拜时，互相拱手为礼，以示祝贺。

过年时，单位领导向群众祝贺新年，在集体场合，环状拱手作揖，并说些祝贺话，以示拜年；在单独场合，如登门贺节，亦拱手为礼，表示祝贺。

过年时，邻居、朋友、同事或亲戚之间，在互致节日祝贺时，会边说"恭喜发财"、"万事如意"的吉利话，边拱手为礼，表示祝愿和敬意。

向人祝贺时，如向寿星祝寿，向同学祝贺考上大学，向同事祝贺升官，获得科研成果，向邻居祝贺乔迁之喜，等等，一般拱手为礼，并口说祝贺话。

开会时，如项目签约、物资订货会等，厂长、经理们也会采用拱手礼，向兄弟单位、协作单位和上级部门致敬，感谢大家的支持与关心，请求大家继续关照。一般会边说边拱手为礼。

（五）鞠躬礼

鞠躬也是我国古代的礼节之一。行此礼时弯身以示恭敬与谨慎。鞠躬礼不仅中国，在外国也是常用之礼节。

鞠躬礼，一般是下级对上级，服务人员对宾客，初次见面的朋友之间，欢送宾客以及举行各种仪式时所行之礼节。行鞠躬礼时，先立正站好，戴帽者摘下帽子，双目注视受礼者，面带笑容，然后上身向前倾斜20度左右，视线随之自然下垂。在很隆重的场合或为表达自己强烈的感情和深深谢意时，有行九十度的大礼。在行鞠躬礼的同时，还应微笑地说些表示欢迎、问候、祝愿的话，或感谢与告别的话等。

鞠躬礼在几种场合有：

演员谢幕。为对热情观众表示回敬，演员们（主要演员或全体演员）走向台前以鞠躬来谢幕。

讲演和领奖。登台演讲，在开始演讲前和演讲结束后，演讲者都以鞠躬表示自己对听众的敬意和感谢。获奖者在登台领取奖品（包括奖状、奖旗、奖金和各种实物等），也有向授奖者和全体与会人员分别鞠躬，感谢领导的关心爱护，感谢大家支持和鼓励。

举行婚礼。新郎新娘举行婚礼时，一般采用"新郎新娘三鞠躬"代替传统的"夫妻交拜"，同时，新郎新娘向长辈、亲友和来宾鞠躬表示尊敬与感谢。

悼念活动。在亲朋好友去世之后，为其举行的种种悼念活动，如在灵堂吊丧、举哀哭灵，或参加追悼大会，向遗体告别，赠送花圈、祭奠死者，等等，都要向遗像、遗体或骨灰盒行鞠躬礼。

接待外宾。有的国家的人见面时一般不握手，习惯于相互鞠躬。我们在接待这样国家的人时，尊重他国的风俗，行鞠躬礼。鞠躬的深度视对受礼或被问候人尊敬程度而定。

祀　祖

自古以来，赖村境内居民没有忘记祖先，无论人漂泊到何方，都要将祖宗灵牌随身携带，随时供奉。有"草鞋穿脚上，灵牌背肩上"之说。故家家户户建房必做厅堂，厅堂上方供神龛，神龛中央贴一红纸或置红漆木牌，上书"历代堂上考妣，一脉宗亲神位"字样。每月初一、十五必燃香点烛供奉，逢年过节则用牲、烛、帛供奉。每年清明、中元、春节供奉更为隆重；除在家中厅堂设供外，各姓氏还到各姓祭祠聚众开展祀祖活动，尤以黄、宋、肖、温等姓祀祖活动每岁无缺。黄姓以祀黄唐举、黄敏壮为主，宋姓以祀宋文高为主，肖姓以祀肖兰陵为主，温姓以祀温如珪为主。

黄姓祭祖　一年中有春祭和冬祭两次，春祭在清明前后，冬季在公历十月中下旬。祭祖文或有三种：一是祭之始宣读"请神辞"，意在恭请历代祖考祖妣，敢请尊灵降居神位，于今日为列祖致祭。二是"预告文"，其意是"今久伸情，牲醴式奠，眙告宗祊"，"列祖陟降祠诞，保我后生，人文蔚起，富贵昌荣"。三是"正祭文"，主要颂赞先祖功德，世系递衍的概括，告愿先祖"锡光子孙，承前启后"等内容。祭日五更时焚香秉烛，盛服致敬，天照鸣点，序班行礼，击鼓三百六十声，鸣钟一百零八响。即仪式正式开始。

黄姓宗祠祭祖仪式依次为：一、行预告有牲礼；二、行祀祖礼；三、行祠献礼；四、分献嗣孙祠献礼；五、分献嗣孙行亚献礼；六、主祭嗣孙行三献礼；七、分献嗣孙行三献礼；八、行侑食礼；九、行饮福受胙礼；十、行辞神礼；十一、迎神乐章；十二、祠献乐章；十三、亚献乐章；十四、三献乐章；十五、辞神乐章；十六、礼毕。黄氏十三修族谱载，宗祠祭祀的目的为：强化本姓子孙的血缘观念，强化属于同一种族的"认同"意识，生发出同于"一根"的自豪感，使家族成员和睦友善、精诚团结，为本族的兴旺发达作出不懈的努力。同时，祭祖也反映了后人不忘先祖功德及养育之恩。

宋姓祭祖　一年两次祭祖，冬至祭始祖，立春祭先祖。宋文高、宋益新、宋德贤三先祖当以清明坟前醮挂每岁无缺。宋文高当以在大祠正祭，祭祀时设席大祠，席前置香炉、香盒，上设祖考妣神位，前设熟食（三牲）、茶、酒、水果之类食品等。

仪典为：一、主祭者就位；二、舆洗；三、降神上香（二拜）；四、复位；五、鞠躬拜兴；六、读告文（二拜）；七、焚告文（将所书文告焚之）；八、礼毕。告文内容以歌颂先祖功德为主。

肖姓祭祖　温姓祭祖及其他姓氏祭祖均在每年清明前后开展，祭礼简、繁不等。

祭祖这种精神，几千年来，不论贵贱、贫富，中华民族均保留和继承了这种传统美德。由一族之祭到中华炎黄子孙的公祭，体现了民族的凝聚和大团结。

禁　忌

旧社会，人们长期受封建思想影响，几乎事事讲禁忌，主要有：

一、数目忌。男女婚配，忌女大男1岁，男大女7岁，俗称"女不大一，男不大七"。对年纪大的人，忌留住宿，恐有不测，俗语云"七十不留饭，八十不留宿"。

二、时日忌。大年初一忌泼水于户外，忌往外扫地，忌担桶挑水，忌打骂小孩。大年初一忌吃荤。正月、七月不迁居。逢七（日）忌出远门，逢八（日）忌回家，俗称"七不去，八莫归"。逢九（日）忌外出，忌探病人。"分龙日"，忌晒衣服，挑尿桶。探病人和红喜事送礼，忌午后和晚上登门。逢年过节和农历初一、十五忌说不吉利话，忌损坏东西。

三、颜色忌。办喜事忌白色、蓝色、黄色，送钱要红纸包，送礼物要贴上红纸；办丧事用白、黄、蓝，忌红色，送奠礼、香烛要用白纸包，挽幛、挽联不用红布。送葬居丧不穿红着绿。父母健在不戴白帽。新年外出拜年不穿白鞋。

四、语言忌。晨起忌说鬼说邪，新正年头忌咒言秽语，做喜事忌言灾祸。平时语言也多讲究，对不吉利的语言，要改变读或更换词汇，以避凶求吉。为忌说"药"字，去药店买药改称"检茶"。数词"四"要"红"。"无"要说成"有"，"没有了"要说成"多了"。对小孩忌直说长得好，要反说"长得丑"、"像狗一样"。"死"字平日尤其忌说。

五、其他禁忌。女人的长短裤，不能与男人的衣服共放混洗，男人忌从晾晒的女裤通过。男人忌收晒女人衣服。嫁出之女不能与丈夫在娘家同床共居，更不可在娘家生小孩。孕妇、孤、寡、再婚妇女忌摸新娘嫁妆。新娘出嫁离家门时，父母不可送行。小孩腰上平时忌系草绳或麻绳，以避披麻戴孝之嫌。在厅堂上摆饭桌忌"穿心桌"，即桌面木缝不能与"神台"和大门成直线，以免影响先灵而招致灾难。6人坐席，忌坐成相对两方各2人，另相对两方各1人的"乌龟席"。平日忌食油倒地，若食油失手倒地，须撒盐粒于其上，以掩灾祸。从小年至元宵节期间，忌到别人家点火。小孩被家畜家禽惊吓，要在那畜禽身上拔点毛塞在小孩身上，并说"吓惊了，拿还你"等吉利话。一般人突然受惊，要"呸、呸"地吐口水。带小孩出门做客，要在路边拔些丝茅放在小孩口袋中以避邪。后龙山和坟前周围忌随便动土、乱砍树木。飞鸟粪便落身上，认为不吉利，立即回家换掉衣服洗澡以避邪。耳热眼跳，预示祸福将至，有"左眼跳财，右眼跳灾"之说。

新中国建立后，移风易俗，年青一代对诸"禁忌"不甚讲究，但说吉利话却日渐盛行。

第三节　卫东文宣队

赖村围足村于1958年设为卫东大队，1968年11月组建文艺宣传队时故名卫东文宣传队。

卫东宣传队自1968年成立至今，已近四十年历史，先后入队者170余人，除初建时有几位外来下放青年，有1名教师外，均为本村村民。平时宣传队一般保持有20人左右在队。排演大小节目1050个（大节目有：《秦香莲》、《寿诞记》、《卷席筒》、《天仙配》、《金簪记》、《打金枝》、《洛马桥》、《状元与乞丐》、《梁祝重缘》等26台；小节目有：《挑女婿》、《懒汉嫁娘》、《鸳鸯坡》、《补背褡》、《睄妹子》、《老少配》、《夫妻观灯》等20余个），其中自编节目447个。演出场次5476次，演出地点300多。观众达310余万人次。曾5次赴省、12次赴地（市）、60多次赴县会演或调演。多次获得中宣部、文化部、共青团中央和省、地（市）有关部门的奖励。相关部门领导和新闻媒体多次到实地考察、采访、指导工作。对卫东文宣队坚持不懈地创办和发展给予了大力支持。

卫东文宣队的创办和发展，受到当地党政的重视和社会各界的好评。尤其近年来，赖村镇党委、政府更加重视该队的建设，加强领导，大力扶持。并以文宣队为平台，在全镇大力发展先进文化，宣传健康有益文化。以"说好赖村，唱美赖村"为宗旨，积极支持创作了一系列健康向上，喜闻乐见的新节目，丰富了群众业余文化生活，深受群众喜爱，享誉省、市。文宣队自创办以来，其历年主要演出活动等情况为：

1968 年、1969 年常年在高岭水库工地边劳动，边宣传，边排练，边演出。1969 年 1 月 28 日至 2 月 5 日，首次出席县文艺会演。黄抢堪编写的报道剧《红太阳照亮高岭水库工地》演出成功，获得好评，引起县里高度重视，当即全剧录音向全县广播。2 月 21 日至 28 日还调为县贫代会演出。

1970 年 1 月 13 日至 29 日，首次出席专区文艺调演《"脚盆"当鼓打，"尿杓"当琴拉》的器乐合奏、《快乐的小社员》和《儿童欢乐曲》三部音响演出效果良好，轰动赣州城。大会特授大鼓、二胡等纪念品。2 月 14 日，文宣队长黄三官出席江西省二届积代会，江西省革委会、省军区授予文宣队"学习毛主席著作先进集体"称号。

1971 年 5 月 16 日，调县演出，受到省、地、县有关领导接见。8 月，大队书记兼文宣队长黄三官代表文宣队出席省三届积代会。8 月 24 日，出席赣州地区文化工作会议的代表到卫东文宣队参观，并观看了演出。

1972 年 2 月至 6 月，出席县文艺汇演。说唱《上村大变样》等节目受到好评。4 月，赣州地区革委会和军分区亲临文宣队检查指导工作。6 月 21 日至 23 日，调县为民兵工作会议演出。11 月 16 日，在赖村圩为省、地、县来宾演出。

1973 年 2 月 24 日至 3 月 3 日，出席县文艺汇演。黄抢堪编写的表演唱《小秋收》和《大队有了十样机》演出成功。受到观众的热烈欢迎。同年夏季，广东佛山地区电影参观团来文宣队参观，并观看了演出。秋季，黄盛焕与黄尔炽合编宁都道情《模范少先队》在地区群文演唱材料发表。江西省在横峰县召开全省文化工作会议，黄盛焕代表文宣队在会上发言，介绍了文宣队创办情况。

1974 年 2 月，出席地区文艺汇演。10 月出席省调演。演出的主要节目是小戏《永不松弦》、《模范少队》、《大队有了十样机》和样板戏《红色娘子军》选段"征途上全靠党来把路引"，小组唱、独唱、小合奏等。11 月 4 日，团省委、省妇联领导到文宣队参观指导。12 月 24 日，调县为贫下中农管理学校大会演出。并到宁都师范作交流演出。同年，黄抡堪编写的相声《现代中国孔子》，在赣州地区《演唱材料》刊物上发表。

1975 年 1 月 15 日，地委宣传部长钟志仁、县委书记林本英到文宣队视察。2 月，出席了县汇演，演出表演唱《支援农业快快上》等节目。5 月 26 日至 6 月 28 日，全省文物工作会议在宁都召开，被调为大会演出，受到省、地、县有关领导的接见。7 月 7 日，赣南师专艺术科全体师生到文宣队开门办学，互相学习，共同演出。9 月 6 日，地区群众文化工作经验交流会召开，全队调到赣州演出，深受观众赞誉。省电影处长陈游贞说："我算服了你们。"9 月 14 日，军分区调文宣队去赣州，在军分区礼堂演出。10 月 29 日，全县民兵工作会议被调为大会演出。

1976 年 5 月 4 日，评为全省青年工作先进单位，受团省委通报表扬。5 月 26 日，江西大学中文系开门办学小组到文宣队调查、组稿。6 月 4 日，赣州行署副专员刘玉瑞和地区文化局长陈庆燕到队看望全体队员，指导工作。7 月 7 日，上海电影制片厂组稿组长和专家作者到队现场观看演出。7 月 17 日，全省建材工作会议在宁都召开，文宣队专程在宁都为会议演出。

1977 年，先后出席了地区（灯彩）汇演和省在上饶市举办的灯彩会演。演出灯彩《红区儿女庆胜利》，表演唱《报喜》、《支援农业快快上》，快板书《公社处处是岗哨》等节目。7 月 2 日，团省委书记姜佐周，副书记王福生、高冬梅带领团省委组织工作会议全体代表（含各地（市）、县团委书记）到卫东文宣队参观，举行联欢。9 月 19 日，为军分区宁都现场会演出。出席现场会的省军区副司令员杨尚堃接见了全体演出人员。

1978 年 1 月 5 日，文宣队员黄九秀出席县人代会，当选为县革委会委员、省人大代表。2 月 10 日出席了省人代会。3 月 7 日，文宣队被评为县"三八"红旗集体。4 月 30 日，导演黄树长出席全省青少年学雷锋先进代表会，文宣队被评为先进集体，获团省委奖励。6

月 11 至 17 日，出席地区民间音乐舞蹈汇演，获甲等奖。队员黄春生获乐手奖，黄丙生获演员奖。6 月 29 日至 7 月 10 日，出席省民间音乐舞蹈汇演。采茶歌舞《前程锦绣》上了省电台、电视台。

1979 年 9 月 9 日晚在宁都向文化部长黄镇作汇报演出。黄镇由省文化局副局长张涛、专区专员刘玉瑞陪同走上舞台接见了全体演员，表示慰问，并合影留念。10 月 25 至 31 日，辅导员黄抡堪代表文宣队出席地区农村宣传工作经验交流会，在会上作了发言，介绍了文宣队开展农村宣传工作的做法。10 月，团中央授予文宣队全国"新长征突击队"荣誉称号。11 月 10 日，省委宣传部群文处长殷刚、省群艺馆馆长刘瑜瑗率组到文宣队调查、并观看了演出。12 月 4 日，新华社钟记者到文宣队采访、看了演出。是年文宣队开始排演古装戏节目《种麦》。

1980 年 11 月 24 日，省委宣传部群文处处长殷刚率工作组到卫东文宣队查看史料。11 月 30 日，团中央奖给日本三洋 19 寸黑白电视机一台。是年，开始排演大型古装戏《借妻》。

1981 年 2 月 14 日至 3 月 3 日，黄抡堪代表文宣队出席省剧团经验交流会，会上作了重点发言，发言稿在江西《省文化通讯》刊物上发表；4 月 3 日，文化部群文局局长许翰如，在《中国农民报》王记者、省地文化局和县领导陪同下到文宣队视察，视察时，许局长等领导翻阅了文宣队的资料，接见了文宣队全体队员并合影留念。8 月 12 日，省团委、地、县领导到文宣队调查、看演出，赠诗曰："文宣精神令人赞，一十三年不简单。笑对往昔寒和苦，更喜翌日奇葩艳。"鼓励他们走出去闯新路。当年，文宣队又被评为全省群文工作先进单位，并获得奖状和奖金。开始走出社门，包场、售票演出。

1983 年 1 月 26 日至 31 日，文宣队出席县文艺会演。获得团体、节目、创作、演员乐手奖共 10 个。2 月 22 日，调县为军分区领导和县科技大会演出，大会赠给扩音机和音箱各 1 套。同月 20 日，调县为福州军区宁都现场会演出，受到军区领导王健恒顾问（军级）的接见。3 月，黄小莲参加地区民歌演唱会，被评为地区优秀民歌手。11 月，黄树长、黄小莲参加闽赣十二县民歌演唱交流会，双双获得表演奖。12月，黄盛焕获地区文化局等单位的《三把皮就医》创作三等奖。12月5日，参加全省业余剧团评比演出，获奖金750元。黄树长、黄雪香获优秀演员奖。黄春生、黄小荣、黄长生获表演奖。

1987年1月29日至30日，调县城参加春节游园演出。10月21日，省文化厅群文处长李才福由地、县领导陪同到文宣队视察、看演出，并和队员合影留念。11月1日，团省委领导由团地、县委领导陪同到文宣队视察。是年1至10月，该队组织了4次外出演出，共5个月，演出224场，收入13000余元。

1988年1月，出席县首届农民戏剧节目演出，获奖9个。时任赣州地委书记黄铭鑫等领导特意和队员们合影留念。7月1日，举行了文宣队建队20周年纪念活动，县委宣传部、文化局等单位领导到会祝贺。

1989年7月20日，中央人民广播电台广播了题为《农民剧团遍翠微》，文章重点宣传了文宣队事迹。10月10至13日，组队出席地区首届农民戏剧节。温金华获优秀演员奖。是年，黄抡堪被评为全省先进文化工作者。

1990年2月20日，调县向省委宣传部领导作汇报演出。11月，代表县土管局出席县"二五"普法汇演。黄树长、黄九皇又代表县计生委参加汇演，共获节目、创作、演员奖5个。

1991年7月5日，县长彭奕彰陪同新华社记者温闽到文宣队采访。9月17日省艺术档案馆馆长刘玉梅到文宣队检查艺术档案整理、归案情况。高度评价说："一个村级业余剧团有如此齐全、正规的艺术档案，在全省是第一个。"是年，被评为省、地先进建档单位；《江西文艺史料》11辑发表了黄抡堪撰写的《传播社会主义精神文明的轻骑兵》文宣队的记事；当年出版的《赣南戏曲志》，文宣队的业绩也载入史册。

1992年2月11日，《赣南日报》报道了卫东文宣队"数十年如一日，为农民送戏上门，深受农民欢迎"的事迹。6月24至25日，代表县人武部出席全区民兵文艺汇演。温金华获演员一等奖。是年，演出节目多为大型古装戏《憨痴传奇》、《鸳鸯坡》等。

1998 年至 2001 年，各项演出活动，以演小歌舞《欢天喜地》、采台歌舞《前程锦绣》、小合奏《欢乐曲》、《喜洋洋》和歌舞表演《绣红旗》及对唱《个私业主闯十难》等。

2003 年 1 月 9 日，调县为县党代会演出。演出结束后，在宁都视察工作的市委宣传部长潘昌坤由时任县委书记李蔚陪同接见了全体队员。4 月 5 日至 9 日，文宣队长黄丙生随县、市领导在赣州向中共中央政治局委员、书记处书记、中宣部长刘云山汇报文宣队情况后，刘部长说："值得总结宣传。"4 月 11 日至 13 日，为县交通警察大队交通安全宣传演出。7 月 1 日代表县林业局在县文化广场演出。演出节目有：锣鼓词《步步右行最可靠》、小歌舞《欢天喜地庆"七一"》、《睄妹子》、小演唱《三嫂喊冤》。7 月 8 日至 12 日，中央电视台"纪录片之窗"栏目新影制作中心编导温细锤、摄影师马东戈到文宣队拍摄纪录片《采茶流年》上下集。后在中央电视台 10 套播放。是年，在宁都、于都、广昌、石城、福建宁化等 30 多个县、乡、村演出，演出时间 186 天，节目 55 个，376 场。经济收入近 20 万元。

省、市、县领导先后共 18 次到文宣队视察，观看演出。题词赞誉的有中央电视台新影制作中心编导温细锤"家乡民间文艺的一朵奇葩"。中宣部舆情中心煞贻军"难能可贵，向你们学习"。省委宣传部副部长欧阳苏勤"赣南土地上成长的一朵艺术奇葩"。

2004 年，是计划生育、婚育新风宣传高潮年，每个演出点，都有演几个相关节目。1 月 9 日，赣州电视台"社会广角"栏目记者，在市、县计生委领导下到文宣队拍摄专题片《老队新唱计生曲》。4 月 6 日，省、市、县计生委领导陪同江西电视台"社会传真"栏目记者喻春龙到文宣队拍摄专题片《国策宣传搬上戏台》。5 月 10 日，江西日报记者杨林到文宣队采访。6 月 23 日 A4 版发表了杨林与廖毅的报道《婚育新风唱进万家》。7 月 1 日，参加省计生委"婚育新风进万家"活动评估会的各地市计生宣传科长到文宣队参观、观看演出。7 月 23 日，《中国人口报》新闻部主任韩跃进，在省、市、县计生委领导陪同下到文宣队采访。

是年，到文宣队视察、指导工作的有：1 月 8 日，省委宣传部副部长欧阳苏勤由市委宣传部长潘昌坤陪同视察。5 月 27 日，省文化厅副厅长王晓庆等由市政协市文化局领导陪同视察。省艺术档案馆书记吴济华、市委副书记王萍和省文联、省管协、省电视台、省舞协、九江歌舞团的作家艺术家、记者等均到现场参观，看了演出。

是年 10 月 31 日，代表县民政局出席赣州市社区文艺调演。表演唱《社区变样颂"三民"》节目获三等奖、节目创作二等奖。12 月 13 日至 14 日，全国法制宣传日，县司法局等 10 个单位在县文化广场举行文艺演出，文宣队承担全部演出节目。全年出演 55 个点，238 天，519 场，观众 30 余万人次，收入 15 万余元。

2005 年 9 月 17 日，出席省"绳金塔民间文艺"调演，获表演三等奖。11 月 21 日，省军区政委王清荷等到文宣队视察。12 月 21 日至次年 1 月 1 日，县组织文宣队到全县各乡（镇）巡回演出，宣传新农村建设。是年，演出点 84 个，演出 210 天，436 场，观众 24 万多人次。黄抡堪获"2001—2005 年婚育新风进万家活动"先进个人奖。

2006 年 4 月 28 日，代表县林业局出席县"五一"文艺晚会。9 月 29 日，《三把皮就医》节目参加县国庆晚会。12 月 30 日，《点亮心中一盏灯》参加县庆元旦文艺晚会。是年，到文宣队检查指导工作的领导有：省军区办公厅主任和军分区首长于 6 月 10 日到队视察。军分区司令员王俊杰于 10 月 12 日到队视察。12 月 13 日，市文化局长夏之明和艺校校长等领导到队视察，并审查了《三把皮就医》戏剧。全年，演出点 67 个，演出 223 天，497 场，观众 25 万人次。黄抡堪创作的《三把皮就医》小戏获二等奖，黄九皇、黄和生、黄小荣获表演三等奖。

2007 年 3 月 15 日，在梅江镇文坊村向省文化厅副厅长刘长泽等汇报演出。7 月 5 日，在围足村向市政协副主席温会礼等作汇报演出。8 月 6 日，在莲子大马石村向市委宣传部长张光华等作汇报演出。演出结束后，彭部长挥笔题词："农民演戏，演农民戏，为农民演戏，坚持农民精神家园。"11 月 27 日，在青塘向省群艺馆馆长胡爱萍等作了汇报演出。是年，在全省农民剧团展演中《挑女婿》剧目获演出一等奖。

文化部长黄镇来宁都考察时曾专场向他作过汇报演出。1981 年，文化部群文局局长许翰如到卫东文宣队视察时，曾赞誉说"这样的文宣队是全国都少有的"。1983 年，福建军区武器装备管理安全事故现场会在宁都召开，卫东文宣队到场专为会议演出。

演出地点已有 300 多个，包括南昌市、上饶市、赣州市、瑞金市及宁都、于都、兴国、广昌、石城、永丰、乐安、福建宁化等县（市）和部分乡村。

卫东文宣队自成立以来，始终坚持贯彻"百花齐放，百家争鸣"方针和"业余自愿，小型多样"的原则，做到了"坚持久，演出多，花钱少，收效大"。1979 年被共青团中央授予"全国新长征突击队"称号。1983 年被评为全省先进业余剧团。2003 年 4 月，中共中央政治局委员、书记处书记、中宣部部长刘云山在赣州调研时听了本队情况汇报后，给予了高度评价。中央电视台、江西电视台、赣州电视台和宁都电视台节目摄制组分别到赖村镇实地采访，并分别在中央电视台 10 套、江西电视台、赣州电视台和宁都电视台进行了专题报道。省、市、县有关部门领导多次到赖村实地调研。当年，共有 3 名省级领导，5 名市级领导来到赖村观看了文宣队的演出。

文宣队创始人：吴盛焕、黄春生、黄抡堪

第一任文宣队队长：黄春生

现任文宣队队长：黄树长；副队长：黄九皇

文宣队辅导员：黄抡堪（从建队至今）

第四节　民间歌谣

一　民谣

鸡公子　哆哆哆

鸡公子，哆哆哆，三岁妹妹学唱歌；哥哥哇 得好，嫂嫂哇嘴又多。

摘茶歌

正月摘茶是新年，摘茶郎子请拜年；摘茶郎子来饮酒，多多饮酒过新年。二月摘茶茶生芽，手攀茶树摘茶芽；郎摘多来妹摘少，多多少少摘回家。三月摘茶茶叶青，茶叶树下送毛巾；两边绣起茶花朵，中间绣起摘茶人。四月摘茶茶叶黄，忙坏田中莳田郎；莳得田来茶叶老，摘得茶来秧又长。五月摘茶茶叶浓，茶叶树下送斗篷；天晴送郎遮日头，落雨送郎挡雨风。六月摘茶茶叶长，摘茶郎子莫发慌；摘茶郎子莫着急，摘完茶叶禾正黄。七月摘茶秋风起，风吹茶花做茶衣；绫罗做起三五匹，打扮茶郎做生意。八月摘茶秋风凉，茶花更比桂花香；茶花更比桂花甜，中秋团圆人成双。九月摘茶是重阳，重阳美酒菊花香；三杯好酒敬茶郎，保佑茶郎生意旺。十月摘茶正立冬，十担茶篮九担空；十担茶篮空九担，正二三月来相逢。十一月摘茶雪花飞，雪花飞飞飘郎衣；郎在路上快快转，妹在家中盼郎归。十二月摘茶过大江，脚踏船头走忙忙；脚踏船头忙忙走，卖了细茶转家乡。腊月摘茶又一年，梳妆打扮接郎归；上村接到下村转，接回茶郎过新年。

莳田歌

春雨飘飘哥莳田，妹妹送茶到田边；眼看妹子食口酒，腰酸背痛心里甜。哥哥莳田田中央，妹妹送茶哥哥尝；妹妹含笑问哥哥，莳了几千几万行。哥哥莳田妹送秧，哥哥手艺正相当；莳田好比鸡啄米，送秧类仅穿梭样。哥哥莳田妹打线，莳得禾行两头翘；妹妹走前提两头，墨线弹得有介好。哥妹双双好莳田，哥妹情意比蜜甜；只要两人同心肝，年年爬起是丰年。

上只崽子过横排

上只崽子过横排，横排路上石崖崖；走了几多不平路，穿烂几多秆草鞋。

少年不学害处多

十七十八二十过，少年不学害处多；再过二十老了哩，冷水蒸饭更要柴。

兴修水利歌

吃了夜饭床边坐，听见外面打"哟嗬"；走到门前抬头看，工地火把比星多。工地火把比星多，又修水库又开河；同心合力日夜干，兴修水利幸福多。兴修水利幸福多，哪有心思屋里坐？年过花甲不服老，背起锄头 就要走。

二 革命歌谣

送郎去当兵

一送我郎去当兵，革命道路要认清，资本道路郎莫走，资本家是我敌人。

二送我郎去当兵，看人处处要留心，谁真革命谁是假，莫把假来当成真。

三送我郎去当兵，同样阶级要相亲，自己战阵要巩固，冲锋杀敌要争光。

四送我郎去当兵，绝对服从党命令，临阵脱逃身难保，革命史上有骂名。

五送我郎去当兵，冲锋陷阵要领先，纵为主义牺牲了，伟大事业永继承。

六送我郎去当兵，莫害乡村老百姓，工人就是我兄弟，农民就是一家人。

七送我郎去当兵，豪绅地主莫放轻，仇人见了饶不得，你饶他来反无情。

八送我郎去当兵，莫贪女色莫爱金，高举红旗向前进，切莫思想转家庭。

九送我郎去当兵，去作阶级的斗争，革命就是有出路，最后胜利属我们。

十送我郎去当兵，临别赠言记在心，郎去从军妻心乐，妻做妇运在农村。

红军不怕反动派

斧头不怕扭丝柴，红军不怕反动派，一下斧头两块柴，工农红军本领大。

斧头不怕扭丝柴，红军不怕反动派，今朝与敌来作战，白军枪支缴下来。

山歌不唱不风流

山歌不唱不风流，共产不兴不自由，兴起共产郎先去，唱起山歌妹带头。

决心革命不怕死

骑虎不怕虎上山，骑龙不怕龙下滩；决心革命不怕死，死为革命也心甘！

千年土地回老家

屋脊喜鹊叫喳喳，农民心里乐开花，丈田量土划阶级，千年土地回老家。

旧社会，流眼泪

思想那旧社会，思不住双目流眼泪。穷人都有本血泪史，今日要把苦水来吐。

提起那国民党，穷人怒火满胸膛。狗腿子抓丁又派款，无法缴钱把身藏。

妻离子散无团聚，老少受饿苦难当。有的流离去讨饭，有的死亡在外乡。

穷人总是天天盼，不知何时见青天。一盼盼到49年，共产党来把身翻。

大会台上把苦诉，抹去眼泪来诉苦。扫除一切害人虫，共产党江山万万年。

丰衣足食万万年

油菜开花连打连，如今日子比蜜甜，毛主席领导搞生产，丰衣足食万万年。

第五节　民间传说

狮子岩的传说

狮子岩位于赖村镇石碣村。高约30米，宽3米半，长10米，凿石级通岩洞，洞内有真君观。

传说很久以前，此地遭受水灾，已成一片汪洋。许真君游海抵此，息岩顶，忽闻狮吼震耳，问同行诸仙，诸仙回答："此处原是陵地，只缘恶狮堵住了西流水口，故日涨三尺，夜涨一丈，地成海域，万物遭难。"许真君一听大怒，口念退水咒，挥动云帚捉恶狮，眼看海水退去，恶狮张开血盆大口，妄图吞食诸仙。许真君将一金弹对准狮口掷去，狮中弹殒命，张口未合，便成了今之狮子岩。人们为了纪念许真君，便从峭壁上开凿一条长 10 米，宽 1 米的石级至岩洞，并在洞内塑像立庙。

小龙子孝母

在很久以前的东溪河畔，住着一个叫黄子荣的人家，这位黄老爷颇具学问，更具一股仙风道骨（有人说他有将帅之命，他却做起他的鸭司令来），无心仕途，隐居在这僻静山野，过着太平祥和的日子。

话说有一天，这位黄老爷的妻子怀孕了，一怀就是三年，终于要生了。临产这天，家人都想，这怀孕三年的孩子是个啥宝贝。可是，结果却让大伙惊呆了，夫人生下的竟是一条蛇一样的异物，家人看了都说要把这"孩子"处死或扔掉。可是，这位黄夫人却坚持要把这"孩子"留下来。她说，不管它是人是兽，都是自己身上掉下的肉。不管怎么说，它也是一条生命哪！那尺把来长的身体瘦得可怜，那两只水汪汪的小眼珠简直会说话。

在这位母亲的坚持下，终于把这"孩子"留了下来，但心里却十分的伤心难过。自己含辛茹苦怀胎三年才生下来的孩子，竟是一个异类。自己又作出这样的抉择，不知又要招来多少人的冷眼和歧视！伤心归伤心，难过归难过，这位母亲还是把这条小生命当做正常的孩子看待，给它喂奶，给它洗澡。还给它取名叫"小龙子"。为了不让家人惊扰孩子，特地为小龙子做了个木箱子，里面垫上红布袄子，好让小龙子休息得更安全、更安静。

光阴似箭，日月如梭。一晃又是三年过去了。三个寒来暑往、三个秋去春回。这位母亲饱受了辛酸苦辣，比带正常的孩子付出了更多的心血。但是，天不负有心人，在这位母亲的精心照顾下，小龙子终于长成了健壮的身体。世界万物，灵性相通，小龙子虽然不能和人一样说话进行交流，但它十分通人性，两只充满灵光与稚气的眼睛对母亲的喜怒哀乐，它都能感觉到。

　　这一天，孩子三岁生日，这位母亲用红布做褥褓，将小龙子裹抱在胸前，来到河边，对孩子说："孩子，娘怀你三年，养你三年，你也已经长成形了，你也应该回到属于你的世界去了。"于是，这位母亲便点燃事先准备好的香供，祈祷上苍一番之后，把小龙子放到河里，对小龙子说："去吧！孩子，回到你自己的世界去，咱母子一场，也是缘分，有恩当恩报，有仇切莫还，我已祷告上苍，保佑你无灾无难，一路滔滔，能成一条真正的蛟龙。"小龙子还以为母亲像往常一样带自己到河里洗个澡，所以在河里活蹦乱跳，十分开心。当看到自己的母亲，又焚香、又祷告、又挥手示意要离开时，又上得岸来，咬住母亲的衣襟，表示不愿离开自己的妈妈。母亲俯下身来，抚摸着自己的孩子，就像安慰第一次上幼儿园的孩子一样，尽管有百般的无奈和不舍，但还是关切地说："去吧，孩子，我们虽是母子，但毕竟有别，是命中注定终究要离开的，听娘的话，回到属于你自己的世界去吧！只要你心里还有我这个母亲，就已经足够了。"说到此母亲不禁黯然伤心。

　　小龙子似乎听懂了母亲的意思，尽管自己不愿离开母亲，但最终还是要走的，小龙子虽不会说话，但心里比什么都明白。它几次回到岸边，眨巴着双眼，眼神中充满了依恋与无奈，噙着泪水，像是要哭出来的样子。它挺着脖子，看着岸边的母亲，像在说："妈妈，孩子去了。"一个猛扎，钻进滔滔的河流中，再也没有回来。"小龙子……"这位母亲深情的呼唤着。

　　星移斗转，也不知过了多少年后，除了这位母亲心里还时常惦记着之外，也许其他人都把这件事给淡忘了，这位母亲虽然了结了一个心愿，却因此留下了又一个心结。她常想，自己的孩子一路上会不会有什么凶险，能否顺利游归大海，成为一条真正的蛟龙，尽管心里担心着，却从未说出来。

　　有一天，这位母亲感到自己快要不行了。就召集家人说："我将大限已去，看到儿孙满堂，本无牵挂，但有一事相告，不知你们是否记得小龙子的事，它虽为异类，却也是娘生的，不管日后能否遇上，你们都不能把它另眼看待。其实，它也是非常通人性的。"儿孙们一边听着，一边点头表示知道，因为此时，大家都强忍着眼泪，哽咽得说不出话来。

这位母亲离开人世。有人便在河边，摆下香供，祈祷苍天说："小龙子，你现在哪里？老夫人已经过世了，老天爷，能否帮我们找到小龙子，告诉它一声……"礼拜之后，有人就在河边等着，希望能看见小龙子，告诉它家里发生的一切，等啊等，等到黄昏将近，忽然远处的河面上，鳞光闪闪，在夕阳的霞光下，显得十分耀眼，有年长一些的说，一定是那小龙子回来了，于是大伙便喊着它的名字"小龙子……小龙子……"水里的庞然大物不停地点头表示答应。

越游越近了，有人看到小龙子庞大的身躯，开始害怕起来。小龙子呢，似乎明白了大家的心思，游得越近，身子变得越小起来，等游上岸来，已经变得像一般的蛇那么大小，上岸，从那水田里过，径自向堂屋走去，来到老夫人的灵柩前，扑通倒在地上磕起头来，然后爬到堂柱上，来一个倒挂金钩，俯身在母亲的棺木上，望着母亲的遗体，眼泪竟簌簌的掉落在棺木上……

在当时的风俗里，有名望的家庭中，老人过世，都要摆上七天七夜的香火供祭，然后再择吉日安葬。小龙子是朝去暮归，夜夜前来灵堂烧香守孝。人们看到小龙子疲惫消疲的身子，都十分同情它的孝心，劝道："小龙子，老夫人灵七已过，你也算尽了人子之孝，过些日子就去择地安葬，入土为安了，我看，你还是回去吧！"在众人的劝慰下，小龙子这才恋恋不舍地离去。

过了些日子，出殡的吉日到了，整个亲朋好友都前来送葬，好不气派，灵柩由八个高大的大汉抬着，被称作"八仙驾返蓬莱"。晌午时分，当灵柩送到离选好的墓地不远处时，天边突然飘来一片乌云，一会便下起倾盆大雨来，送葬的人们不得不放下灵柩，跑到前面的亭子里躲起雨来，雨下得很大，连周围都看不清楚，但不过一顿茶工夫，雨就停了，这正是四月初夏天气，竟然雨过天晴。人们又赶快跑出来，当送葬的人们回到放灵柩的地方时，灵柩竟不见了，在场的人都傻眼了，你看看我，我看看你，都不知说什么。

这时，风水先生从惊愕中回过神来说："好、好，此乃天葬福地也。"（原来，是小龙子在风雨中将母亲的灵柩接到另一个世界去安葬了）风水先生接着说道："黄屋之厚福啊！日后黄屋必是万万人之族也。"人们听了风水先生这么一说，才明白过来。这时，天空中飘过一朵祥云，几只仙鹤从祥云中飞过，留下几声优美的歌声，河里，河水哗哗的唱着歌，像是在送别老夫人的灵魂登上九天。

按风水先生的吩咐，人们就在路边停放过灵柩的地方，建起一厝新坟，取名"仙暇戏水"，（听着这哗哗的河水，就像一只活蹦乱跳的大暇在河里戏弄着水花）。一来呢，用作祭拜纪念之所；二来呢，是掩人耳目，不泄露天机。因为风水先生说，大家必须对当天的事情保密，保密得越久，发得越久。就这样，人们在这种信念的支持下，一直保守了这个秘密，从此就再也没有人提起小龙子的事了。似乎在人们的记忆中被删除，可是，世界上任何事情都没有绝对的秘密，每个朝代都有人把这个秘密流传下来。

好善乐施人——黄鼎瓘

相传，很久以前，在东溪衙前坎住着一位叫黄鼎瓘的人，此人乐善好施，放生为趣，颇具仙风道骨。也被人们所崇敬，周围的百姓，都亲昵的称他为"黄公"。（别号松涧老人）

忽一日，黄公得一梦，梦见七个身穿黑布长褂的人，被一条绳索绑着，这几个人拜见黄公，便跪倒黄公跟前，哀求道："黄公救我，黄公救我……"

黄公醒来，回想梦中情形，好不惊讶，又十分的惆怅，"不行，我一定得救他们"。黄公这样想，"可是，去哪里救他们呢？"

黄公惦记着梦中的情形，饭也不想吃了，放出鸭子到河里，便在这桥上走过来走过去，一边看守鸭子，一边回想着梦里的事情。一整天，心里都不踏实，就像丢了魂似的，总觉得自己有一种责任，有种义务没有完成。家人问他怎么回事，黄公说："我凌晨得一梦，见有七个囚犯，被一条绳索绑着，跪倒面前，高喊救命，我去哪里救他们哪！"儿女们劝他说："唉，不过一场梦而已，您老何必当真哪！"话虽这么说，但黄公还是惦记着梦里的事情，那救命声仿佛就在耳边回响。黄公在桥上等来等去，等到时近傍晚时分，忽见一年轻男子，肩扛一根竹竿，竹竿一端系着一串青蛙，正悠闲得意地朝这边走来，经过桥上时正与在冥思的黄公撞了个正着。"对不起，老先生！"年轻人也甚懂礼貌，向黄公作了个揖表示歉意。黄公被这年轻人一撞，回过神来，见这年轻人竹竿上的一串青蛙，定睛一看，正好是七个，正活蹦乱跳的挣扎着，嘴里还"叽里呱啦"叫个不停。黄公猜想到，莫非那七个囚犯就是这几个小精灵？黄公叫住年轻人。看了看这几只青蛙，只见它们一个个扭动身体，朝黄公眨着那圆圆的小眼，"叽里呱啦"叫个不停。"黄公救我"那声音好像就在耳边。

"你这青蛙肯卖否？"黄公朝年轻人问道。

"不瞒先生，我本靠此为生，哪有不卖之理啊。"年轻人说道，"不过今日，真有点不想卖"。"哦？"黄公应道，"这又是为何？""老母体弱多病，无钱买鸡买肉调补身子，只好抓上几只田鸡让她老人家补补。"年轻人说道。"噢，原来是个孝子，好。"黄公朝年轻人点了点头说，"如果在平日里你这几只田鸡能值几文钱？""最多也不过七八文钱吧！"年轻人回答道。"那好，我付你双倍的价钱，见你是个孝子，外加一两银子，让你买几只鸡给你母亲调补调补吧！这青蛙呢，算我买了，怎么样？"这年轻心想，既然这样，还不卖，也实在说不过去，便一口答应下来说："行，不过你老出这个价，我过意不去啊！""哈哈，不要紧的，这是我自愿出的，你是外村人吧！"年轻人点了点头。"嗯，那就是。"黄公心想，大家都知道他为人爽快，乐于助人。黄公付了银钱，将这买卖做成了，年轻人谢过黄公，欢喜地走了，黄公虽出了高出十倍的价钱，但心里还是乐了，心想，自己又做了一件乐事。黄公提着刚买来的青蛙，来到河的上游一个潭边，弄着绳子，一个一个地解开捆着青蛙的绳结，又一个一个地将青蛙放进河里。说来也怪。这些青蛙放进水里之后，不是马上离去，而是一个个欢快的在水里嬉闹着，就像游泳戏水的小孩子，样子十分好看。

黄公又开心地笑了。每次放生，他都感到莫大的快乐。当然，也说不清这是第多少回了，他常告诫后人说："天生万物，万物通灵，同生天地间，都是人类的朋友，鸟啼、蛙鸣都是和谐之音。"黄公一高兴，便觉得有一种欣慰的放松感，干脆坐在沙滩上，抽起旱烟来。

夕阳西下，晚霞照在河面上，那一群青蛙一个个在水里欢蹦乱跳，相互追耍，构成了一幅和谐的图画，十分好看。青蛙们一会儿朝黄公点头，一会儿欢蹦乱跳，像是一曲美妙的舞蹈，在表示感谢黄公的救命之恩，不知是青蛙舍不得离开自己的恩公，还是黄公想多看一看这几个小生灵。

忽然间那七只青蛙潜入水中，不见了，黄公敲了敲烟斗，起身要走，忽见河面上漂起一个盆子，这盆子越漂越近，黄公捡起盆子，心想，这哪来的盆子呢，虽然破旧了点，但也能用来喂鸡喂鸭的嘛。黄公回到家中，将捡来的盆子丢在院子里地上。这时儿媳们正好在喂鸭子，这会这盆子还真用上了，倒入谷子喂起鸭子来，等鸭子吃饱后赶回圈里，谁也没在意那破盆子。

第二天，黄公一大早起来，照常想拿着盆子倒入稻子喂鸭子去，一看这昨日捡来的破盆子，满满的一盆谷子，他心里犯起嘀咕来："这些年轻人，真不知什么叫柴米贵啊，这一盆的谷子昨晚也没收起来，要让老鼠给糟蹋了怎么办。"这时儿媳也起来得早，听到老爷嘀咕，便说昨晚是我喂的鸭子，明明吃完了，最多那缝隙里会留下几粒谷子，哪来这样没分寸哪！"这不会是你早上下了料吧？"儿媳心想是老爷子老糊涂，自己下的早料。可老爷子不认，便嘀咕道，那除非它自己会满起来，这黄公不信，当天傍晚，自己亲自喂完鸭子，将空盆子放在院里坪上。第二天一早，竟然又一盆满满的稻子，黄老爷开始有些纳闷，"难道它真的会自个满起来？那就奇怪了，除非它就是聚宝盆。"黄老爷心想道。于是，他将盆子洗干净，放到房里，试着丢进一个铜钱。并锁上房门，第二天，开门一看，哎哟，正满满的一盆铜钱呢！黄公这时竟看傻了，心想："这难道是真的，这就是传说中的聚宝盆，神了，神也。"再后来，黄公在盆里放进一块银元，第二天又是一盆银元，"真的，真的就是聚宝盆嘞"。

从那以后，放进什么，就有什么，就这样黄公的家产一天天大起来，做了房子，买了田地，还将买来的田地全部用石头砌起坎来，防止水土流失冲毁，在当时叫人很是羡慕。于是人们编了一首歌谣道："黄屋有个黄鼎瑾，金银铜钱用不完，修桥铺路还不算，还有铜钱砌田坎。"来赞美黄公的富有。

有钱当然不是坏事，但一旦十分有钱也不完全就是好事。《增广贤文》所说：求财恨不多，财多害人己。也真是，黄公家大业大，儿孙众多，黄公觉得自己老朽年迈，便召集儿女们说："树大要分枝，儿大要分家，我已年迈，你们总是要分家的。"可是，没钱的人家分家工，说有钱多好，可这有钱的人家分家就更难了，黄老爷分家，那钱财不是按数，而是用量稻谷的斛来量，可儿女们还不乐意，都说这钱多少没关系，就想分上那聚宝盆，儿女们都知道，有了那宝贝，还愁没金银？于是，大家为了这个聚宝盆，难免会争论起来。

此时，年迈的黄老爷无心去理会他们的争吵，他悄悄地背着他们，买了香供，带上聚宝盆，来到先前捡到盆子的地方，点上香供，祈祷上苍："我已年迈，儿孙满堂，家业也大，我不忍心看到儿孙们都想不劳而获，相互争吵，日后，谁能保证他们不会为此宝物而兄弟反目，骨肉相残呢？那样，真是罪过。这宝物赠将有缘人，哪里来哪去吧！"说完，将聚宝盆放入河里，用力一推，这只聚宝盆便沉入水中，再也不见了。

等儿孙发觉后，追过来已经晚了，他们都说老人糊涂，可老人此时比谁都清醒，他不为自己的做法后悔，坐在河滩上，看儿孙们忙活，他们有的潜到河里去摸，却什么也没摸到，于是，他们用土包截住河水，将丢宝的地方围起来，兄弟们全家出动，拿来桶、瓢，倾尽浑身解数，想把水抽干。可是，不管他们怎样忙活，这河水怎么也抽不完，半天下来，不见少一丁点水，儿孙们似乎明白了什么，不再白忙活了，也不再说老人糊涂了，怪只怪他们自己。

再后来，老人无疾而终，驾鹤归去，就葬在离此（东塘）地不远的山上。坟墓坐北朝南，远处看去，就像一个老人手提酒葫芦，醉倒在山冈上，"悠闲自在，潇洒无忧，手提酒葫芦，醉卧南山头。"不是神仙，恰似神仙到此游。

盘钱婆婆助行善积德人

在东塘衙前坝屋后的山上，有个叫马迹崖的石岭，陡峭的石壁上凿有三十六级石阶，人们把它叫做"三十六开"。相传，这就是盘钱婆婆经过的地方，这里原本没有石阶，只有一些古藤，这石阶是后来人为盘钱婆婆而凿的，但是盘钱婆婆却从来没从这石阶上走过，就销声匿迹了。

爬上三十六级石阶的山顶，便可看到对面不远处的石岭上有两扇大石门，那石门关着，传说那石门里面藏着无数的金钱财宝，那就是盘钱婆婆留下来的仓库。

故事应该从头讲起，这衙前坝一带，原来人烟稠密香火兴盛。有个叫黄鼎璠为人乐善好施，放生为趣，从而感动了上天。天上玉帝便派下盘钱婆婆前来度化黄鼎璠，黄鼎璠在一次放生中，偶尔得到一个聚宝盆，从而家业渐大，修桥铺路，更乐行善事了。那么，聚宝盆中的钱又是从哪里聚来的呢？这是盘钱婆婆的杰作。每天夜深人静的时候，盘钱婆婆背着从石库里取出来的金银财宝，从陡峭的山壁上，抓着古藤，艰难的将钱送到聚宝盆里，日复一日，年复一年，盘钱婆婆夜夜如此，她抓着石壁上的古藤，爬过来，翻过去，甚是辛苦，不时发出"嘿呀嘿呀"的声音。时间长了，竟有人听出了玄机，发现了这个秘密，并将此事传到了黄鼎璠的耳里。黄鼎璠本是个乐善之人，便想，神仙度我辛苦，我也该助神仙一回了。便雇来石匠，在这陡峭的石壁上修凿了这三十六级石阶，让盘钱婆婆爬得不那么的辛苦。从此后的夜晚，再也听不到盘钱婆婆那"嘿呀嘿呀"的声音了。可是事有凑巧，黄公为了不让儿孙们因聚宝盆而争吵，便把聚宝盆送回了河里。从那以后呢，盘钱婆婆再也没有来过。

原来，盘钱婆婆是受玉帝差遣，前来助黄公鼎璠行善积德的，可后来，黄公却在石壁上为自己修起路来，从此以后就不再来了。这里有两种解释，一是泄露了天机，二是认为人都是贪心的。玉帝知道此事后，便问盘钱婆婆为何不去黄屋。婆婆禀奏玉帝说："老朽受玉帝差遣，前往东溪黄屋度化那黄善人，可是现在他却为我修起路来，度起我们神仙来了，我看，他也不需要咱们度他了。"玉帝听后，似有所悟，点了点头说："原来如此，就由他去吧！那剩下的财宝，就等有缘人了。"

从那以后，盘钱婆婆再也没有来过，再也没有听到夜晚"嘿呀嘿呀"的声音了。那金银宝库的石门呢，也紧闭着，没人能打开进去过。传说只要诚心，用头对准石门磕三个响头，石门便会自动打开。可是，从那时到现在，从来没有人试过。那两扇石门依然紧闭着，也许真的要等到那有缘人吧！

水打衙前坝

在东塘至八子圻一带的石岭之下，有一个叫衙前坝的地方。（今多成河流）这里依山傍水、风景优美、青山巍峨倚户立，秀水潺潺抱村流。是山清水秀、人杰地灵的世间乐园。东溪七世孙中的老大黄敏恭居住此地，喜生八子（其中一位叫黄鼎璀）。三代当中，男性人口有八十多个，而且后来更热闹非凡，既是村庄，又像闹市，誉其名曰"八子圩"而沿称至今。与八子圩相接的"王村"也是原先的"黄村"演变过来的，这里曾经有黄姓"一条街"的盛景。

这里人丁兴旺，香火异盛，十分兴隆的景象。人多，读书人多，做官的也多。朝廷上下，处处都有从这里走出来的大小官员。这样一来交往的官员也就多了，就在村头建起一个"接官亭"，就像官衙行宫，专门接待来访的官员贵客。加上这一片土地平坦宽阔，又类似海滩，所以人们就把这个村落称之为衙前坝。

可以想象，当年的兴盛那才叫人羡慕，真是"谈笑有鸿儒，往来无白丁"。就连当朝的宰相、中堂一级的官员也造访过呢！这也难怪，单在朝中大臣中，黄姓人就占有相当的比例，不知在哪个皇帝时期，所在朝的二十八位大臣中，其中有十八位都是黄姓人氏，这是多么的骄傲，多么自豪啊！

可是，天下之万事，物极必反，就因为朝中要员黄姓人多，既给家乡带来荣耀，也给家乡带来了灾难。同朝当官，难免会有些不同的见解和摩擦，也难免遭人妒忌和排斥。在一次议朝中，无意间得罪了一位他姓奸臣，这个奸臣怀恨在心，一心想报复。一场灾难便悄悄的降临了。

有一次，这位奸臣向皇上密奏道："皇上不否觉察，我朝二十八张大臣交椅中有一十八张都是黄姓的，臣担心黄姓人臣中有谋反之心。"皇上听了说："大臣中黄姓人多这我清楚，但是谋反之意朕未曾觉察。""臣更担心的是，黄姓人有铺天盖地之势，恐怕有朝一日，连皇上您的这张也……"奸臣又说。皇上听了，非常生气，此时，奸臣又从怀里取出一样东西呈给皇上。原来是一张东溪黄姓人家乡的地图，原来，这位奸臣叫人把黄姓大臣家乡的地形地貌全部绘了下来。皇上将地图展开一看：哇，那景象竟把皇上也看呆了，倚石龙巍峨，有卧虎藏龙之势，门绕秀水弯环，像玉带缠腰之形，亭分楼阁，仙山妙境，真是妙哇，此地除了天上有，人间实在不多得呀！皇上看了连连叫妙。这实在是一块风水宝地呀，书云，这来龙巍峨，出人倍羡，这朝面宽阔出人忠良，这不像是出奸臣叛逆之形啊？

奸臣一听，计上心来说："皇上有所不知，臣也略通地术，您看这山如箭，水如弓，射向北斗中，这是不吉利之凶兆也，久必出叛逆之贼啊！您想想，朝中大臣多数是他黄姓一脉宗亲，这人多势众，日久天长，谁能保证，人无二心……"皇上一听奸臣这么一说，也觉得有几分道理，心想："是啊，这人才辈出，层出无穷，一旦造成气候，必是后患无穷。"这么一想也觉得有几分恐慌，便对奸臣说："依你之见如何应对？""皇上，依臣之见，水杜之源，木断其根，只要让其以后不再出人才，那皇上便无忧了"。奸臣继续说道，"皇上您是天子，天子的话便是圣旨，只要您让其山变形，其水改道，不就箭断弓折……"

皇上听这奸臣这么一怂恿，明白奸臣所指的意思，便拿起御案上的朱笔（听说这朱笔是姜太师留下的至宝，能画山山裂，画水水流），往东溪黄姓家乡的地图上画说："那就让这条河从这里过吧！"他在村子中画了一条线，改变了原来的河流形状。这时，皇上朱笔刚一画，天上便"轰隆"一声炸了个响雷，这皇上便一惊，这一惊之下，把朱笔一掷，掉在地图的原山上，又一声巨响，随着便电闪雷鸣。于是天上便下起大雨来，在东溪黄氏的家乡，一场大雨下了七天七夜，在衙前坝一带，真的是河水改道，就在村庄中间，也就是那皇上用朱笔画过的位置，冲出一条河来，那后山（天龙山）也就是朱笔掷落的位置被响雷炸出一个大大的山洞来，这一炸，那旁边的天马山也被震动，一时间见一匹天马腾空而起，后腿一登，登出一个石崖来，也就是今天的马迹崖。大雨下了七天七夜，洪水冲毁了村庄，淹没了房屋和大片的土地，许多来不及撤离的人也被大水冲走，不知去向。一时间，到处都是漂浮的家具，淹死的牲口以及人的尸体，一幅悲惨绝世的画面，人们哭声四起，哀声震天，这就是"水打衙前坝，三岁孩童叫哇哇"的悲惨故事。"女人呼丈夫，孩童唤爹妈，又失亲人又失家"。这正是对明朝末年这场洪水的真实写照。这些幸存的人们啊，带上灾后的亲人，含着悲伤的泪水与对家乡的思恋，不得不离开这片曾经给他们欢乐的世代生息的故土，流离失所、背井离乡，那伤心的泪水，悲惨的哀喊，今天，站在这里，仿佛还能听见。

后来，那位皇帝因此犯下天条，罪孽深重，做了不到一年的皇帝便死了，那奸臣也没有好下场。这是后话。

经过一场特大洪水后的衙前坝，田地淹没，房屋冲毁，河流改道，使这块富饶的土地改变了它原有的风景，几百年过去了，时光流逝，沧海桑田。这个繁华的村落，成了遥远的故事。今天，我们走在这个坝上，再也看不到当年兴盛的景象和善良的人们，一切只能在遥远的追忆中，带给我们内心的只是无尽的遗憾和叹息，同情与思恋。

东溪传说出有因，小龙出世引纷争。

母亲真情天不负，虽为异类知报恩。

黄屋本有积善人，真心布施感天神。

托梦相救终守信，放生偶得聚宝盆。

盘钱婆婆开石门，金银相赠有缘人。

山崖石壁本有道，何必修路失古藤。

黄宅光盛出能人，只因同朝有奸臣。

洪水冲毁衙前坝，震天哀声唤亲人。

故事道来真与假，谁能分辨假与真。

千年传说成旧事，一朝看罢惊梦魂。

第六节　新人新事录

为公献身

赖村公社莲子大队退伍军人、共青团员宋定鉴，于 1959 年农历五月初二日洪水暴涨时，为抢救国家物资，溺死于竹坑水库，年仅 20 岁。共青团江西省委曾号召全省团员、青年向宋定鉴学习。

舍己救人

赖村公社石街村肖黎微，是中国人民解放军 8512 部队战士，于 1963 年 5 月 21 日，在南昌抢救落水战友，不幸牺牲。时年 23 岁。已被追认为革命烈士。

敬老助人

赖村公社水西大队退伍军人黄新长。1977 年至 1982 年间，热心为群众送医治病 8000 多人次，免费诊治 500 多例。并照顾八旬高龄的烈属王玉英，八年如一日。

建桥修路

赖村公社塘头村民宋事瑞，从 1963 年至 1981 年，先后三次独资修建鹅颈陂桥，最后建起了长 12 米，宽 1.2 米的钢筋水泥桥，计用 2300 余元。

建亭供茶

一　建亭

赖村公社罗山村民宋事先建亭一座，计用 800 元。

二　供茶

赖村公社洋石村民宋事文、宋事樟在洋石亭供茶四十年。

见义勇为

1990 年 5 月 14 日，赖村乡莲子村共青团员宋来长，跳进青塘河救起落水女童宋小青。

调查组：王振中、杨丽琼、赖芸芳、赖向荣、邱教民